Gefährliche Meerestiere

Dr. Heinz Gert de Couet · Dr. Horst Moosleitner · Dr. Friedrich Naglschmid

JAHR-VERLAG GMBH & CO.

© Copyright 1981
bei Jahr-Verlag GmbH & Co.
Postfach 103 346, 2000 Hamburg 1

Gesamtgestaltung: Günter Scheldhofen
Koordination: Brunhilde Moldehn
Satz: Partner Satz GmbH, Hamburg
Lithografie: Brillant Offset, Hamburg
Druck: Haferkamp, Oldenburg

Printed in Germany

ISBN: 3-570-04556-0

Inhalt

Vorwort	4	Stechrochen	83
Einleitung	6	Adlerrochen	87
Europäische Seeigel	11	Elektrische Rochen	91
Tropische Seeigel	15	Barrakudas	95
Dornenkronen	19	Haie	99
Borstenwürmer	23	Seeschlangen	107
Seeanemonen	27	Kraken	111
Hydrozoen	31	Drückerfische	115
Schirmquallen	35	Krebse	119
Staatsquallen	39	Giftalgen, Giftmuscheln	123
Feuerkorallen	43	Seewalzen, Seegurken	127
Fadenschnecken	47	Koffer-, Kugel-	
Kegelschnecken	51	und Igelfische	131
Petermännchen	55	Muränen	135
Drachenköpfe	59	Doktorfische	139
Rotfeuerfische	63	Nashornfische	143
Steinfische	67	Riesenmuscheln	147
Korallenwelse	71	Stichwortverzeichnis	152
Himmelsgucker	75	Literaturverzeichnis	158
Kaninchenfische	79	Reiseapotheke	159

Vorwort

Wollte man dem Menschen einen bestimmten Lebensraum unserer Erde zuordnen und seine ökologische Nische näher bestimmen, würde man ihn ohne Zweifel als bodenbewohnendes Landtier einordnen. Aufgrund seiner speziellen zivilisatorischen Entwicklung hat er sich zwar seinem Lebensraum beträchtlich entfremdet, seine ökologische Nische gesprengt; viele seiner unbewußten Reaktionen wurzeln aber noch in dem durch seine ursprüngliche Funktion bestimmten Verhalten, und viele bewußte Reaktionen werden noch durch seine biologische Vergangenheit gesteuert.

So ist selbst dem im Asphaltdschungel der Großstädte lebenden Menschen der Lebensraum relativ vertraut. Er erkennt die Gefahren, die dort lauern, und weicht ihnen instinktiv aus. In diesem Lebensraum wirken auf ihn noch die Warnfarben gefährlicher Tiere, etwa das Schwarzgelb der Wespe – er benutzt diese Warnfarben sogar in seiner Technik, um Mitmenschen auf Gefahrenquellen aufmerksam zu machen. Vor schlängelnden Tieren oder Tieren mit langen Beinen hat er oft eine angeborene Angst – selbst wenn diese Tiere gar nicht alle gefährlich sind. Und das plötzliche Auftauchen von Augenflecken bei einem in Ruhe sitzenden Nachtpfauenauge läßt seine Hand zurückzucken.

Nun ist es dem Menschen gelungen, durch Entwicklung spezieller Geräte den ihm vertrauten Lebensraum zu verlassen. Mit Flugmaschinen hat er den Luftraum erobert, mit Tauchgeräten ist er in den aquatischen Raum eingedrungen. In diesen, ihm fremden Lebensräumen versagt sein Instinkt, hilft ihm keine Tradition. Hier muß er durch Erfahrung oft schmerzlich und immer mühselig lernen. Waren es aber erst nur wenige Pioniere, Forscher,

Wissenschaftler und Abenteurer, die in diese Welten eindrangen, so sind es heute Sportler, Touristen und interessierte Laienforscher, die in immer größerer Zahl die von einer wachsenden Industrie erzeugten Hilfsmittel benutzen, um in einst verschlossene Lebensräume vorzudringen.

Daß eine solche Entwicklung nicht ohne Folgen bleibt – sowohl für den Eindringling, den Menschen, als auch für die Eingeborenen, die Tiere dieser Lebensräume – ist verständlich.

Es war darum eine vortreffliche Idee des Jahr-Verlages, drei erfahrene Sporttaucher, Dr. Heinz Gert de Couet, Dr. Horst Moosleitner und Dr. Friedrich Naglschmid, zu bitten, in der Zeitschrift „tauchen" eine Biologie-Serie über gefährliche Meerestiere zu verfassen. Eine solche Serie hilft dem Sporttaucher, Schnorchler oder Riffwanderer, sein Augenmerk auf die Signale zu richten, die er als „lebensfremdes" Wesen nicht ohne die Hinweise eines Erfahreneren begreifen würde. Sie hilft ihm, Gefahren zu vermeiden, und sie bewahrt ihn vor unbedachten Reaktionen. Schließlich weckt eine solche Serie auch das Verständnis für die Lebewesen eines fremden Lebensraumes und schützt diese vor Menschen, die in einer fremden Kreatur immer gleich einen Feind sehen, den man „vorsichtshalber" umbringt.

Die Serie über gefährliche Meerestiere liegt nun als Buch vor. Sie zeigt, daß nur eine sehr kleine Anzahl der Tiere, die dem Taucher im Meer begegnen, wirklich gefährlich ist. Und zumeist sind es gar jene, die – gut getarnt – erst bei unfreiwilligem Kontakt mit dem Menschen Schaden bringen können. Es ist nicht möglich, diese Gefahren exakt zu katalogisieren oder deren biologische Bedeutung zu erklären. Zu vielfältig ist das Leben im Meer, und zu fremd ist uns noch das biologische Gefüge dieses Lebensraumes.

Wie auf dem Lande, so gibt es auch im Meer Tiere, die dem Menschen durch spezielle Abwehr- und Angriffswaffen, die sie zum Beutefang oder zur Verteidigung benutzen, gefährlich werden können. Daneben sind aber auch solche „Waffen" vorhanden, die durch bestimmte andere Eigenschaften, die offenbar gar nicht mit Angriff oder Verteidigung in Beziehung stehen, dem Menschen schaden können.

Nun neigt der Mensch dazu, alle Eigenschaften, die Lebewesen besitzen, auf sich selbst zu beziehen oder doch in das System „Angriff und Verteidigung" einzuordnen. Das ist sicherlich falsch. Der Igelfisch besitzt zwar in bestimmten Organen seines Körpers das gefährliche Tetrodotoxin, jedoch nicht, um sich zu verteidigen – sein Stachelpanzer ist viel wirksamer. Die biologische Bedeutung dieses Giftes kennen wir nicht – wenn es überhaupt eine gibt. Daß dagegen der Hai seine Zähne zum Angriff und zur Verteidigung benutzt, ist offensichtlich. Es ist also besser, primär nicht nach der biologischen Bedeutung gefährlicher Eigenschaften von Meerestieren zu fragen, sondern in diesem Zusammenhang einfach die Gefahrenquelle – ohne Bewertung – aufzuspüren. Und das ist in der Tat interessant genug.

Da ist erst einmal die Gruppe von Tieren, die dem Menschen mechanische Verletzungen beibringen kann: Die Riesenmuscheln, die den Fuß des Riffwanderers oder Tauchers einklemmen; die Bisse, die Haie, Barrakudas oder Drückerfische austeilen; Schnittwunden, die von den Dornen der Nashorn- und Doktorfische kommen.

Stacheln, die den Taucher verletzen können, gibt es nahezu bei allen Meerestieren: Würmern, Seeigeln, Seesternen und zahlreichen Fischen. Auch die Elektroschläge, die Rochen und andere Fische auszuteilen vermögen, gehören zu den mechanischen Verletzungen. Oft sind diese Verletzungen aber mit Vergiftungen verbunden: Seeschlangen und Muränen bringen Gifte in die von ihnen verursachten Bißwunden. Diese Gifte sind völlig unterschiedlicher Herkunft. Zu den gefährlichsten Vergiftungen gehören Stiche durch die Stacheln von Drachenkopf, Steinfisch, Feuerfisch, Rochen und zahllosen anderen. Auch Kegelschnecken stechen mit Giftstacheln, und in den Eingeweiden, die die Seegurken bei Berührung herausschleudern, finden sich Giftdrüsen. Spezielle Giftapparate besitzen die Nesseltiere. Selbst in unseren Meeren kann man mit Feuerquallen unangenehme Bekanntschaft machen.

Zu Vergiftungen führen aber nicht nur Giftbisse und -Stiche. Viele Meerestiere sind als Nahrung giftig, sei es, daß bestimmte Organe ein gefährliches Gift enthalten – wie etwa beim Kugelfisch oder bei manchen Seeigeln – sei es, daß sie durch Aufnahme giftiger Nahrung, die ihnen selbst nicht schadet, giftig geworden sind.

Das vorliegende Buch ist eine Fundgrube für den an diesen Fragen Interessierten und ein lehrreiches Wanderbuch für den Taucher, Schnorchler und Riffwanderer. Der jeweils zu den speziellen Tierkapiteln angefügte Abschnitt über Erste Hilfe ist sehr nützlich. Es sei aber darauf hingewiesen, daß oft nur der Arzt die Mittel zur Ersten Hilfe besitzt und diese auch sachgemäß anwenden kann.

Prof. Dr. Gerd Hartmann

Einleitung

Angesichts der Fülle von bestachelten und bezahnten Lebewesen muß sich die einfache Frage stellen: Warum sind Tiere giftig? Die Antwort allein im Bereich des Philosophischen zu suchen, hieße, sich die Sache zu einfach zu machen. Die Theorien von Lamarck und Darwin zur Entstehung und Evolution der Arten geben für viele ähnliche Fragen eine plausiblere Antwort: Die äußeren Gegebenheiten zwingen die Arten zu bestimmten Formen der Anpassung. Nur das widerstandsfähigste Individuum überlebt.

Gerade der Darwinismus verleitet nun leicht zu der unorthodoxen Einsicht, daß die Natur nichts hervorgebracht hat, was nicht einem ganz bestimmten Zweck dient. Obwohl uns dieses Denken manchmal des menschlichen Momentes des Staunens beraubt, wirft es Licht auf viele Fragen. Für die Schlange ist es zweckmäßig, giftig zu sein, weil sie dadurch auch große Beutetiere überwältigen kann, genauso wie für die winzigen Korallenpolypen oder die räuberischen Kegelschnecken, sie sogar Fische erbeuten.

Warum aber besitzen die Kugelfische eines der stärksten bekannten Gifte, das Tetrodotoxin, warum verfügen Rotfeuerfische und Steinfische über Giftstacheln, mit denen sie einen Menschen töten könnten? Die Erklärung, daß es sich um Abwehrwaffen handelt, trifft nur dann zu, wenn das Gift stark genug ist, den Angegriffenen vor dem Tod durch Gefressenwerden sicher zu schützen, und das sind die wenigsten Gifte. Wenn diese Waffen einen Sinn als Defensivmittel haben sollen, dann müssen mögliche Angreifer die Gefahr kennen und erkennen können.

In einigen Fällen gibt es stichhaltige Anhaltspunkte dafür: Auffallende bunte Färbung von Nacktschnecken, Schlangen und Rotfeuerfischen könnten eine dahingehende Signalwirkung besitzen; andere Gifttiere sind wieder ausgesprochen getarnt oder unterscheiden sich nur gering von harmlosen Vertretern derselben Familie. Um ein anderes Extrem zu nennen: Stachelrochen gehören zu den bekanntesten Vertretern giftiger Meerestiere, dennoch scheinen sie die Lieblingsspeise einiger Hai-Arten zu sein, deren Mäuler und Speiseröhren man gespickt mit den Giftstacheln der Spezies fand und denen das Gift offensichtlich nichts anhaben kann. In diesem Falle ist es vielleicht nur der mit einem unangenehmen Erlebnis verbundene Lernerfolg, der den Hai künftig dazu veranlaßt, sich eher ein anderes Opfer zu suchen, als ausgerechnet einen Rochen, und damit ist die Art begünstigt – nicht das Individuum, das im Magen des Feindes landet. Und genau hier ist der einzig mögliche Sinn von Giftapparaten zu sehen.

Ein wenig anders liegen die Dinge bei Seesternen, Seewalzen, Kugelfischen und anderen Spezies. Sie besitzen entweder keine direkte Giftwirkung für ihre Gegner, oder das Gift wirkt erst so spät, daß sich weder ein Lernerfolg für den Räuber noch ein Überleben für das Opfer daraus ergibt. Gerade auf diesem Sektor sind erst in den vergangenen Jahren bescheidene Erfolge erzielt worden durch die Aufklärung der biologischen Wirksamkeit dieser Gifte. In den meisten Fällen konnte den betreffenden Substanzen eine eindeutig antibiotische Funktion nachgewiesen werden.

Sie richten sich also gegen einen ganz anderen Feind, nämlich gegen Bakterien und Pilze, die besonders die Haut und die Brut von Stachelhäutern und Fischen bedrohen. So ist es nicht verwunderlich, daß gerade in den Geschlechtsdrüsen und während der Laichzeit die höchsten Giftkonzentrationen erreicht werden. Inwieweit solche Substanzen auch mögliche Freßfeinde davon abhalten, über den Laich herzufallen, entzieht sich bisher weitgehend der experimentellen Nachprüfbarkeit. Wenigstens hat diese Entdeckung dazu beigetragen, daß bisher unverdächtige Substanzen auch auf biologische Wirksamkeit geprüft werden.

Viele biologisch wirksamen Substanzen und Gifte entfalten in einer geringeren Dosis pharmakologisch interessante oder sogar heilsame Effekte. Ähnlich, wenn auch noch unzureichend erforscht, sind die Wirkungen verschiedener Gifte von marinen Tieren.

Mit dieser Entdeckung wird auch die Frage nach einer Definition von Giftstoffen aufgeworfen. Hier läßt sich der Satz von Paracelsus anwenden: In der Dosis liegt die Wirkung. Viele von Tieren und Pflanzen produzierte Substanzen entfalten erst in einer hohen Dosis eine fatale Wirkung auf den menschlichen Organismus, oder umgekehrt − viele Giftstoffe sind in einer geringen Dosis von pharmakologischer, heilsamer Bedeutung. Als einfaches Beispiel möge hier das von Pflanzen erzeugte Gift Strophantin dienen, das in äußerst geringer Dosierung Herzfrequenz- und Schlagvolumen beeinflußt und zu einem nicht mehr wegzudenkenden Medikament in der Behandlung Herzkranker geworden ist. Gerade die Verbindungsklasse der Glycoside, zu denen auch das Strophantin zählt, ist im Tierreich weitverbreitet. Es ist die größte Fraktion der Hautgifte von Amphibien, von der einheimischen Erdkröte bis hin zum tödlich-giftigen Erdbeerfrosch Südamerikas. Aber auch Seesterne, Seeigel und Seegurken besitzen Glycoside als Giftstoffe. Ein einfacher Versuch führte zu der Beobachtung, daß es sich auch bei diesen Stoffen um antimikrobiell wirksame Gifte handeln könnte. Entfernt man nämlich beständig den Hautschleim eines Frosches, geht er nach wenigen Tagen an einer Verpilzung oder Infektion der Haut ein. Die feuchte, dünne Haut der Amphibien wäre ein idealer Tummelplatz für Bakterien, wenn sie nicht durch entsprechende Gifte an der Ausbreitung gehindert würden.

Die biologische Wirkung von Giften beruht in den meisten Fällen auf tiefgreifenden Veränderungen von Zellmembramen (Neurotoxine, Myotoxine) oder nachhaltiger Beeinflussung biochemisch-enzymatischer Vorgänge (Schlangengifte, Tetanus-Toxin, Curare). Schlangengifte enthalten zum Beispiel meist mehrere Komponenten mit enzymatischer Wirksamkeit, das heißt Eiweiße, die eine bestimmte chemische Reaktion katalysieren. In den meisten Fällen wird dabei die Auflösung bestimmter Zellmembran-Komponenten bewirkt, die eine Auflösung der Zellen und damit die Zerstörung von Gewebe und Blutkörperchen nach sich zieht.

Die wenigsten Gifte besitzen eine Spezifität, das heißt, sie beeinflussen die Zellen eines primitiven Organismus ebensosehr wie die eines Wirbeltieres, und damit stellt sich die Frage, warum giftige Tiere nicht an ihren eigenen Toxinen zugrunde gehen.

Die Möglichkeiten sind vielschichtig und noch lange nicht bis ins Detail geklärt. Die am weitesten verbreitete Lösung dieses Problems ist die Kompartimentierung von giftproduzierenden Zellen und Geweben. Das heißt, daß nicht jede Zelle das Gift wahllos produziert, sondern daß dieser Vorgang auf bestimmte Zellen im Verband von drüsigem Gewebe beschränkt bleibt, die ihre höchste Entwicklung in der Ausbildung von Gift-

apparaten mit Drüsen, Ausführgängen und Stacheln oder Zähnen erfahren haben.

Innerhalb der Zellen liegen Gifte oftmals in einer inaktiven Vorstufe oder gekoppelt mit anderen Substanzen vor, die eine sofortige Wirkung ausschließen. Für Eiweißgifte ist das mit Sicherheit zutreffend, für Glycoside wenigstens anzunehmen. Eine weitere Schutzmaßnahme der Zellen ist das sofortige Ausschleusen der Substanzen in Vakuolen durch Abschnüren ganzer Zellbezirke in Gewebehohlräume.

Eine Ausnahme bildet vielleicht das hochwirksame Gift der Kugelfische, das Tetrodotoxin. Inwieweit die Zellen der Fische gegen dieses Gift immun sind, oder ob sie über einen Mechanismus der Neutralisierung verfügen, ist bis heute ungeklärt. Als Giftstoff fordert Tetrodotoxin immer noch viele Opfer, und in der biologischen Forschung ist das Toxin wegen seiner besonderen Wirkung auf Nervenzellen sehr interessant.

Noch ein Wort zu den Maßnahmen der Ersten Hilfe, die an jedem Anfang des betreffenden Kapitels zu finden sind. Die von uns gegebenen Behandlungsvorschläge beinhalten neben einfachen Hilfsmaßnahmen auch Medikationsvorschläge, die weniger für den Laien gedacht sind als für einen Arzt, da es sich nicht nur um verschreibungspflichtige Medikamente handelt, sondern auch um die Verabreichung durch die Spritze. Diese Art der Applikation sollte nur geschulten Personen und Ärzten vorbehalten sein, weil die Folgen einer unsachgemäßen Injektion oft schlimmer sein können als die eigentliche Vergiftung. Dennoch ist es ratsam, solche Medikamente und Einwegspritzen bei Reisen in abgelegene Gebiete und in Länder der dritten Welt mitzuführen, weil zwar oft ein Arzt zur Stelle ist, nicht unbedingt aber die nötigen Medikamente.

Zu einer solchen Reiseapotheke gehören neben Desinfektionsmittel und Einwegspritzen mit Kanüle auch Plasmaersatz zur Schocktherapie, Calciumgluconat zur Behandlung von Allergien und Vergiftungen, Adrenalin zur Kreislauftherapie und ein Trachealtubus zur sicheren Lagerung von Bewußtlosen und zur künstlichen Beatmung. Vorschläge für die Zusammenstellung einer Reiseapotheke finden Sie am Ende des Buches. Außerdem sollte man sich über Krankenhäuser und Ärzte informieren.

Alle beschriebenen Hilfsmittel finden auch bei anderen Arten von Unfällen Verwendung. Das Mitführen von Schlangenseren auf Reisen ist weniger empfehlenswert. Erstens werden im Falle eines Bisses sehr große Mengen Serum benötigt, zweitens sind die Kosten für Seren recht hoch, und sie sind nur sehr beschränkt lagerfähig und sehr spezifisch. Das heißt, die Kenntnis der Art wird bei der Anwendung des Schlangenserums vorausgesetzt.

Für den zoologisch vorgebildeten Leser mag die Zusammenstellung der einzelnen Tiergruppen wahllos und unsystematisch erscheinen. Wir haben es vorgezogen, eine grobe Einteilung der Tiere nach den Merkmalen der Giftigkeit vorzunehmen, also nesselnde, stechende, beißende und passiv giftige Tiere. Nur in einigen Fällen entsprechen diese Merkmale auch der verwandtschaftlichen Zusammengehörigkeit der einzelnen Tiere wie zum Beispiel bei Korallen, Hydrozoen und Anemonen. Als nesselnde Tiere wurden aber auch die Fadenschnecken im gleichen Kontext besprochen. Da alle Kapitel inhaltlich geschlossene Einheiten darstellen, sollte diese Form der Zusammenstellung keine Verwirrung stiften. Bei der Besprechung der Erkennungsmerkmale wurde jeweils auf die systematische Stellung der jeweiligen Gruppe innerhalb des Tierreiches hingewiesen, und wir hoffen, damit den Ansprüchen einer breiten Leserschaft gerecht zu werden.

Es sei an dieser Stelle noch auf die Literaturhinweise am Schluß des Buches hingewiesen, die sowohl zoologische Fachliteratur für den biologisch Interessierten umfassen, als auch populäre Bestimmungswerke, die in keinem Tauchergepäck fehlen sollten.

Dr. Heinz Gert de Couet

Europäische Seeigel

Ausländische Bezeichnungen:
sea urchins (engl.); riccio di mare (ital.); oursin (franz.); ježinac (serbokroat.)

Wissenschaftliche Bezeichnung:
Familien Arbaciidae, Toxopneustidae, Echinidae, Diadematidae

Verbreitungsgebiete:
kommen in den europäischen Meeren, insbesondere an den Felsküsten des Mittelmeeres vor

Text und Fotos:
Dr. Horst Moosleitner

Verletzungen und Vergiftungen

Verletzungen durch Seeigelstacheln gehören zu den häufigsten Badeunfällen in den europäischen Meeren. Stößt man unversehens an einen Seeigel oder tritt auf ihn, so dringen seine spitzen Stacheln tief in die Haut ein. Die mit Widerhaken versehenen Kalkspitzen brechen leicht ab und bleiben dann in der Haut oder in tieferliegenden Geweben stecken. Sie rufen dort starke Schmerzen und später eiternde Wunden hervor, die so lange weh tun, wie die Stacheln stecken bleiben.

Bei einigen Seeigeln wie z. B. dem Violetten Seeigel (Spaerechinus) kann es neben mechanischen Verletzungen auch zu Vergiftungen kommen. Diese Tiere besitzen kräftige Giftzangen (Pedicellarien), die ein Gift in die durch die Stacheln verursachte Wunde abgeben. Die Haut selbst können die Pedicellarien nicht durchdringen.

Die Chemie dieser Giftstoffe ist bisher unbekannt. Sie verursachen sofort auftretende intensive Schmerzen, danach folgen Rötungen der Einstichstellen, Gefühllosigkeit, eventuell unregelmäßiger Pulsschlag und Atembeschwerden. Häufig treten Vergiftungen durch Seeigel auch in Form von Beschwerden des Magen-Darm-Traktes wie Übelkeit, Erbrechen, Durchfall aber auch Kopfschmerzen und Allergien auf. Todesfälle durch europäische Seeigel sind nicht bekannt.

Der im östlichen Mittelmeer auch im seichten Wasser vorkommende Diademseeigel (Centrostephanus longispinus) ist wesentlich gefährlicher als alle seine anderen Verwandten, da er sehr lange, hohle Stacheln besitzt, die eine giftige Flüssigkeit enthalten.

Erste Hilfe

Seeigelstacheln sind möglichst sofort zu entfernen, und zwar am besten unter Wasser, so lange die Haut aufgeweicht ist. Allerdings wird man nur die längeren Exemplare mit den Fingern entfernen können. Die kürzeren sollten dann an Land mit einer desinfizierten Pinzette gezogen werden. Tiefer in der Haut verbleibende Stachelspitzen eitern rasch und schmerzen sehr; sie lassen sich jedoch leichter entfernen als frisch eingestochene. Die Anwendung einer starken Zugsalbe ist zu empfehlen.

Im übrigen reicht es völlig aus, nach der Entfernung der Stachelspitzen die Wunden zu desinfizieren und vor weiteren Infektionen durch Wundspray, Heftpflaster oder Verband zu schützen. Kleine Wunden heilen rasch, vorausgesetzt, man verbringt nicht zu lange Zeit im Meerwasser. Empfindlichen Patienten hilft ein schmerzstillendes Mittel.

Eine interessante Behandlungsmethode von sehr tief eingedrungenen Seeigelstacheln, die ohne größere operative Eingriffe nicht entfernt werden können, bietet Fraser-Brunner an: Er schreibt, man solle die betroffene Stelle mit einem flachen Stein schlagen. Das zerkleinert die Stachelreste und ermöglicht so deren Absorbtion durch das Gewebe. Dieses Hämmern soll auch den Schmerz lindern — möglicherweise durch Verdünnung des Giftes durch die leichte Quetschung.

Inwieweit diese „Behandlungsmethode" erfolgversprechend ist, kann ich allerdings nicht beurteilen; ich habe sie noch nicht ausprobiert.

Gegen die Vergiftung durch die Pedicellarien reicht ebenfalls eine symptomatische Behandlung der Beschwerden aus.

Normalerweise verlaufen Verletzungen durch Seeigel harmlos, und es ist selten ein Arzt nötig.

Um Seeigelstichen vorzubeugen, sollte man seine mit Seeigeln übersäte Ein- und Ausstiegstelle gleich zu Beginn des Urlaubs gründlich von ihnen säubern. Trotzdem ist Vorsicht geboten, da die Tiere immer wieder zuwandern.

Erkennungsmerkmale

Die vielen Kalkstacheln sind wohl das wichtigste Erkennungsmerkmal der Seeigel. Sie haben ihnen auch den Namen gegeben.

Die regulären Seeigel des europäischen Raumes besitzen alle einen rundlichen, unten und eventuell auch oben abgeflachten Körper, auf welchem lauter gleichartige Stacheln stehen. Das Körperskelett, auch Panzer genannt, ist aus kalkhaltigen Platten aufgebaut und findet sich häufig am Spülsaum der

Der Violette Seeigel (Spaerechinus granularis) ist wegen seiner kurzen Stacheln weniger gefährlich als die meisten anderen Arten. Er besitzt jedoch auch Giftzangen, mit denen er bei einem Stich Gift in die Wunde bringen kann. Die Giftzangen allein sind nicht in der Lage, die menschliche Haut zu durchdringen.

Europäische Seeigel

Küsten. Da diese stachellosen Gehäuse verschieden sind, kann auch an ihnen die Art festgestellt werden.

Hier die wichtigsten europäischen Seeigelarten, die auch für Stichverletzungen in Frage kommen:

Schwarzer Seeigel (Arbacia lixula = Arbacia pustulata)
Man erkennt ihn daran, daß er schwarz ist, sich nicht in den Felsen einbohren und auch nicht mit Seegras, Algen, Muscheln oder ähnlichem tarnen kann, weil die Scheinfüßchen auf seiner Oberseite keine Saugnäpfe haben.

Steinseeigel (Paracentrotus lividus = Strongylocentrotus lividus)
Seine Stacheln können schwarz bis dunkelviolett, aber auch braun bis grünlich sein. Er kann sich in weichem Sand- und Kalkstein halbkugelige Höhlungen schaben, die immer wieder aufgesucht werden. Er bedeckt seine Oberseite häufig mit Fremdkörpern wie Algen, Seegrasblättern, Steinen, Muscheln und anderem.

Die Panzer dieser beiden vorgenannten Arten unterscheidet man durch eine Öffnung an der Unterseite, die beim Steinseeigel klein ist, während sie beim Schwarzen Seeigel fast die gesamte Unterseite einnimmt.

Violetter Seeigel (Sphaerechinus granularis)
Er ist mit sechs bis sieben Zentimetern Körperdurchmesser einer der größten Seeigel im Mittelmeer. Seine Stacheln sind kurz, violett mit weißlichen Spitzen, manchmal auch weiß, braun oder rötlich. Er tarnt sich oft mit Fremdkörpern, darunter sind manchmal beachtliche Steinplatten und Algenbüschel.

Diademseeigel (Centrostephanus longispinus)
Auch das Mittelmeer beherbergt einen langstacheligen Diademseeigel. Dieser kommt im westlichen Mittelmeer meist ab 40 Metern Tiefe vor und ist deshalb keine große Gefahr für Taucher. Im östlichen Mittelmeer kann man ihn hingegen schon in einem Meter Tiefe finden. Er lebt tagsüber allerdings in Höhlen versteckt und geht erst in der Dämmerung auf Nahrungssuche. Ein unachtsames Abendbad kann hier sehr unangenehme Folgen haben.

Den Diademseeigel erkennt man an den langen beweglichen, hohlen Stacheln, die braun-weiß quergestreift sind.

Neben diesen vier genannten Arten gibt es im europäischen Raum noch zahlreiche andere Seeigel, die mehr oder weniger gefährlich werden können. Zum Teil bewohnen sie nur die westlichen Teile des Mittelmeeres, den Atlantik oder die nördlichen Meere.

Lebensweise und Ernährung

Die meisten regulären Seeigel sind Weidegänger, d.h., sie kriechen langsam über den Boden und schaben den Aufwuchs ab. Die meisten von ihnen sind als Algenfresser bekannt, doch sie leben nicht allein davon, sondern ernähren sich auch von Tieren. Sie scheinen alles zu fressen, was sie auch überkriechen können: Seepocken, Muscheln, Schnecken, Aas, sogar eigene Artgenossen. Laborversuche haben gezeigt, daß sie auch Salat, Holz und Erdnußbutter vertilgen.

Haben die Tiere ein reichhaltiges Nahrungsangebot und genügend Weideplatz zur Verfügung, so scheinen sie Grünalgen zu bevorzugen. Haben sie nur eine geringe Weidefläche, so verspeisen sie alles, was dort sitzt und wächst.

Zwischen algenweidenden Seeigeln und Algen hat sich ein Gleichgewicht eingependelt, in welchem der Abfraß durch Seeigel und das Wachstum der Algen etwa gleich groß sind.

Viele Seeigel sind nachtaktiv. Sie gehen nachts auf Nahrungssuche und verbringen den Tag an ihrem angestammten Sitzplatz.

Biologische Besonderheiten

Zwischen den Stacheln tragen die Seeigel kleine Greifzangen (Pedicellarien), die auf stachelartigen Stielen sitzen und drei Zangenbacken aufweisen, die geöffnet und geschlossen werden können. Diese haben verschiedenartige Tätigkeiten auszuführen und entsprechend unterschiedlich sind auch ihre Ausbildungsformen.

Da gibt es Beißzangen mit breiten, löffelförmigen Backen, deren Ränder teilweise gezäht sind, Klappzangen mit langen, schlanken Backen, Putzzangen, mit denen die Körperoberfläche von abgelagerten Teilchen gesäubert wird, und bei manchen Arten auch Giftzangen.

Während Beiß- und Klappzangen zudringliche Tiere abwehren, die sich im Stachelwald niederlassen wollen, dienen die Giftzangen als Abwehrwaffe gegen Angreifer. Sie tragen neben einer kräftigen Bezahnung nicht nur außen auf den Backen eine zusammenziehbare Giftdrüse, die an der Backenspitze mündet, sondern häufig auch am Stiel drei weitere Giftdrüsen, die ihr Gift ebenfalls in die Zangenbacken drücken.

Die Pedicellarien sind nicht zu verwechseln mit den Saugfüßchen, die durch jeweils zwei Poren im Gehäuse mit dem Körperinneren und damit mit dem Wassergefäßsystem in Verbindung stehen und von diesem aus bewegt werden. Sie können bis über die Stacheln hinausgestreckt werden, tragen meist Saugnäpfe und halten bei zahlreichen Arten Fremdkörper zur „Tarnung" fest.

Seeigel reagieren nicht erst, wenn ein Feind sie berührt, sondern bereits auf den Geruch des Gegners. Sie wittern die von einem Angreifer ausgehenden chemischen Reize und stellen sich auf einen Angriff ein, indem sie die Stacheln so weit zur Seite schieben, daß die Giftzangen im Augenblick der Berührung zuschnappen und ihr Gift in die Bißwunde spritzen können. Mehrere solcher Bisse vertreiben sogar einen Seestern.

Weicht der Feind zurück, werden die Giftzangen abgerissen, da sie sich derart im Angreifer festbeißen, daß sie nicht mehr loslassen können.

Bei rasch aufeinanderfolgenden Angriffen wird der Seeigel daher immer wehrloser, weil sich sein Vorrat an Giftzangen bald erschöpft.

Verlorene Pedicellarien werden jedoch ebenso wie abgerissene Füßchen und zerbrochene Stacheln neu gebildet; das Regenerationsvermögen der Seeigel ist außerordentlich groß.

Die Giftwirkung ist verhältnismäßig stark: Die Giftzangen des Violetten Seeigels sind sogar in der Lage, Jungaale von zwei bis drei Zentimetern Länge zu töten. Die Giftmenge von ca. 40 Zangen reicht aus, eine Ratte in drei Minuten umzubringen.

Während die Giftzangen des Violetten Seeigels die menschliche Haut nicht durchdringen können, vermögen die der verwandten tropischen Arten Toxopneustes pileolus und Tripneustes gratilla auch die Hornhaut unserer Finger zu durchbeißen und so lebensgefährliche Verletzungen hervorzurufen. Der Biß einer einzigen Zange ist mindestens ebenso stark wie der Stich einer Biene.

Seeigel sind getrenntgeschlechtlich, d.h., es gibt männliche und weibliche Tiere. Im europäischen Raum fällt die Laichzeit der meisten Arten ins Frühjahr oder in den Sommer und dürfte von der Wassertemperatur abhängig sein.

Männchen und Weibchen geben ihre Geschlechtsprodukte (Eier und Samen) ins freie Wasser ab, wo die Befruchtung dem Zufall überlassen bleibt. Um die Chancen einer Befruchtung zu erhöhen, laichen manchmal ganze Kolonien – wie etwa beim Steinseeigel – gleichzeitig ab. Wie dieses Ablaichen koordiniert wird, ist unbekannt. Wahrscheinlich beginnen die Männchen mit dem Ausstoßen des Samens und regen durch Hormone, die mit abgegeben werden, die Weibchen zur Eiablage an.

Die etwa 0,2 Millimeter großen, durchsichtigen Eier eignen sich hervorragend für Befruchtungsversuche. An ihnen wurden auch grundlegende entwicklungsphysiologische Erkenntnisse gewonnen. Heute weiß man, daß das Ei mit Hilfe zahlreicher Wimpern genauso frei im Wasser umherschwimmt wie die später daraus entstehende Blastula- und die wiederum daraus hervorgehende Gastrula-Larve.

Während dieser Entwicklungszeit können die Tiere je nach Strömungsverhältnissen über weite Strecken gedriftet werden. Die Larven bleiben, je nach Art, mehr oder weniger lang im Plankton, bis sie sich in kleine Seeigel umwandeln und mit dem Bodenleben beginnen. Der fertige junge Seeigel mißt meist weniger als einen Millimeter im Durchmesser; er wächst schnell und wird mit etwa einem Jahr geschlechtsreif. Er hat eine Lebenserwartung von vier bis acht Jahren.

Die regulären Seeigel haben fünf Keimstöcke, die die Form von langen Säcken haben, die zu Knäueln zusammengewickelt sind. Diese werden besonders von den Bewohnern der Mittelmeerländer gerne roh oder mit Zitronensaft beträufelt gegessen, was in dicht besiedelten Gebieten zu einem starken Rückgang der ansonsten zahlreichen Seeigel geführt hat. Die Keimstöcke münden jeweils auf der obersten Platte des Panzers, die daher auch Genitalplatte heißt.

Tropische Seeigel

Wissenschaftliche Bezeichnungen:
Fam. Diadematidae, Gattung Diadema setosum; Fam. Toxopneustidae, Gattung Toxopneustes; Fam. Echinothuridae, Gattung Asthenosoma

Ausländische Bezeichnungen:
Long-spined sea urchin, Black sea urchin (engl. für Diadema); Oursin diadème (franz.)

Verbreitungsgebiete:
Küstengebiete der Tropenländer von Ostafrika bis Hawaii; im Norden bis Japan; Karibik.

Text und Fotos:
Dr. Heinz Gert de Couet

Verletzungen und Vergiftungen

Ich glaube, man kann ohne Übertreibung behaupten, daß Seeigel zu den unangenehmsten Begleiterscheinungen des Tauchsports zählen, vor allem, wenn man ihnen zu nahe kommt. Im Falle der tropischen Seeigel sind die Folgen eines hautnahen Kontaktes schon etwas mehr als unangenehm. In zahlreichen Fällen sollen Verletzte an den Vergiftungserscheinungen gestorben sein. Die Schwere der Vergiftung hängt selbstverständlich von der Spezies ab, und die giftigsten unter ihnen sind zum Glück nur nachts unterwegs. Wer allerdings nachts im Riff taucht, ist besonders gefährdet, denn in der Dunkelheit erkennt er die wehrhaften Stachelhäuter erst spät oder überhaupt nicht. Nach dem Kontakt mit einem Seeigel sollte unbedingt festgestellt werden, ob es sich um einen relativ harmlosen Diademseeigel gehandelt hat oder um einen Vertreter der hochgiftigen Gattung Asthenosoma. Seeigelverletzungen in den Tropen sollten nicht bagatellisiert werden. Oft genug sind aber auch die Folgen einer dilettantisch durchgeführten „Behandlung" schlimmer als die Verletzung selbst.

Verletzungen treten generell auf zwei Wegen auf: Bei den langstacheligen Vertretern der Familie Diadematidae (Diademseeigel) dringen die feinen Stacheln leicht in die Haut ein, bleiben dort wegen ihrer rauhen Oberflächenstruktur stecken und brechen ab. Dabei ergießt sich eine violettfarbene Flüssigkeit aus einem Hohlraum im Stachel. Diese Flüssigkeit enthält einen noch nicht näher charakterisierten Giftstoff, der für die Verletzungssymptome neben den mechanischen Gewebezerstörungen verantwortlich ist. Da alle bisher untersuchten Stachelhäuter Steroidglycoside als Giftstoff besitzen, ist auch für die Diademseeigel eine Verbindung dieser Stoffklasse zu vermuten. An dieser Stelle sei angemerkt, daß Glycoside aus verschiedenen Pflanzen ebenfalls biologisch hoch wirksam sind und in geringen Dosen von pharmakologischer Bedeutung sind.

Der Stich durch Diademseeigel ist außerordentlich schmerzhaft; mehr, als nach einer rein mechanischen Verletzung zu erwarten wäre. In der Folge treten eine Rötung und Schwellung der betroffenen Hautpartie auf, der Schmerz wird dumpf und dehnt sich auf die Umgebung aus. Gefühllosigkeit und Lähmungserscheinungen sind beschrieben worden, häufiger sind aber Sekundärinfektionen durch Bakterien, die an dem abgebrochenen Stachelstumpf wie an einem Docht in das Gewebe gelangen.

Asthenosoma-Seeigel besitzen an den Stachelspitzen große Giftbehälter, die den Stacheln das Aussehen von Glaskopfstecknadeln verleihen. Bei Kontakt mit dieser Art wird das Toxin regelrecht unter die Haut injiziert, denn der Giftsack wird noch von einer breiten Lage Muskelgewebe umgeben. Durch Kontraktion wird das Gift herausgepreßt. Asthenosoma-Vergiftungen sollen schwer, mitunter tödlich verlaufen.

Die zweite Möglichkeit einer Seeigelvergiftung ist bei den Vertretern der Familie Toxopneustidae gegeben, die relativ kurze Stacheln besitzen, dafür aber über giftige Pedicellarien verfügen. Pedicellarien sind für Seeigel und Seesterne typische, spezielle Organe, die man am ehesten mit kleinen Greifern und Zangen vergleichen kann. Diese meist wenige Millimeter großen Greifer werden üblicherweise bei der Nahrungsaufnahme und zum Befreien von Fremdkörpern eingesetzt. Die Gattung Toxopneustes besitzt an der dem Mund abgewandten Seite, also oben, kugelförmige Pedicellarien in der Form einer winzigen Klaue, die mit Drüsengewebe umgeben ist, welches ein sehr wirksames Toxin enthält. Zusätzlich tragen die Klauen mikroskopisch kleine Cilien, die mechanische Reize an das Nervensystem weitergeben, welches mit dem sofortigen Schließen der Pedicellarien-Klauen reagiert. Die winzigen Krallen graben sich tief in die Haut eines Angreifers und öffnen sich erst wieder, wenn das betreffende Opfer sich nicht mehr bewegt. Handelt es sich um ein größeres Tier, wird die Pedicellarie von ihrem dünnen Stiel abgerissen, bleibt aber nachweislich mehrere Stunden voll funktionsfähig.

Eine Pedicellarien-Vergiftung durch Toxopneustes verursacht sofort einen sehr starken, ausstrahlenden Schmerz. Als zusätzliche Symptome treten Gefühllosigkeit, Kreislaufbeschwerden, Sprachverlust, allgemeine Lähmungserscheinungen einschließlich Atemlähmung auf. In schweren Fällen kann es zum Tod des Betroffenen kommen.

Erste Hilfe

Da die Struktur der Seeigel-Gifte noch nicht bekannt ist, muß eine Behandlung der Vergiftung rein symptomatisch erfolgen. Diese besteht in erster Linie darin, die in der Haut verbliebenen Reste von Stacheln und Pedicellarien zu entfernen, eventuell chirurgisch. Nicht zu entfernende Stachelreste eitern oft nach Tagen oder Wochen aus dem Gewebe, wenn sie oberflächlich liegen. Sind sie sehr tief eingedrungen, werden sie entweder vom Körper resorbiert, das heißt aufgelöst oder verkapselt, indem sich Bindegewebe um den Stachelrest bildet. Dieser Fall bedarf einer Behandlung nur dann, wenn es zu Folgebeschwerden kommt.

Durch Drücken und Quetschen kommen Seeigelstacheln nie zum Vorschein, weil sie oft an der Spitze kugelig verdickt sind und mikroskopisch kleine Widerhaken auf der Oberfläche besitzen. Die Wunde ist zunächst zu desinfizieren (Alkohol, Jodtinktur) und dann die Stachelreste mit einer sterilen Splitterpinzette zu entfernen (ausglühen oder in Desinfektionslösung einlegen). Bevor kleine „Operationen" mit Nadeln und Rasiermessern selbst durchgeführt werden, ist besser ein Arzt zu konsultieren, denn diese Prozeduren führen immer zu Sekundärinfektionen, die nicht nur unangenehm und schmerzhaft sind, sondern auch das Tauchen für den Rest des Urlaubs ausschließen können. Verschlimmern sich die Symptome, ist auf jeden Fall sofort ein Arzt zu konsultieren.

Vorsicht vor Seeigeln in den Tropen ist vor allem nachts geboten. Bevor man sich während nächtlicher Fotojagd auf Lauer „legt", ist die Umgebung mit der Lampe abzuleuchten. Am besten hält man einen gebührenden Abstand zum Riff ein und verhindert auch so gleich Zerstörungen von Korallen. Schutzkleidung wie Tauchanzug oder ein paar alte Jeans, die im Falle von Vernesselungen durch Korallen sehr effektiv sind, helfen nur wenig gegen Seeigelstacheln. Allerdings ist die Wahrscheinlichkeit, daß ein Teil der Stacheln bereits im Neoprene abbricht und steckenbleibt, sehr hoch, und das Tragen von Tauchanzügen schon aus diesem Grunde angebracht. Beim Waten über das Riff haben sich Surfer-Stiefel als Schutz gegen Seeigel sehr bewährt. Die Hartgummi-Sohle und die seitlichen Verstärkungen lassen keine Stacheln eindringen. Das Tragen von Handschuhen ist ebenfalls empfehlenswert. Haushaltshandschuhe bieten gegen Seeigel aber allenfalls die Illusion von Schutz; besser sind Handschuhe aus Waschleder.

Die Diademseeigel sind im Roten Meer, im Indischen Ozean und im Stillen Ozean durch die weitverbreitete Art Diadema setosum vertreten. Die sehr langen, nadelartigen Stacheln dieses Diademseeigels sind mit kleinen Dornen besetzt. Das Tier ist schwarz mit weißen Flecken, zahlreichen blauen Punkten und einem orangefarbenen Ring am After. Der Schalendurchmesser beträgt bis zu neun Zentimetern.

Tropische Seeigel

Lebensweise und Ernährung

Die Vertreter der hier besprochenen Gruppen Diadematidae und Echinothuridae bewohnen im wesentlichen die Küstenregionen tropischer Meere. Der sehr häufige Lanzett- oder Diademseeigel (Diadema setosum) bewohnt den ganzen Indopazifik bis nach Japan und Polynesien einschließlich des Chinesischen Meeres. Nahe Verwandte dieser Art finden sich bei den Inseln von Hawaii und in der Karibik. Der kurzstachelige Toxopneustes ist auf den Westpazifik von Ostafrika bis Melanesien und Japan beschränkt. Mehrere Arten haben ein beschränkteres Verbreitungsgebiet. Vertreter der giftigen Gattung Asthenosoma finden sich ebenfalls im ganzen indopazifischen Raum bis zu den Molukken. Wie fast alle regulären, das heißt symmetrisch gebauten Seeigel, sind auch die hier besprochenen giftigen Arten Bewohner von Hartböden, in diesem Falle von Korallenriffen.

Lebensraum und Verbreitungsgebiete

Symmetrische Seeigel oder „reguläre" Seeigel ernähren sich von Algen, die auf Hartböden der lichtdurchfluteten Küstenbereiche (oberes Sublitoral) wachsen. Für das Abraspeln der Algen besitzen alle Seeigel ein hochkompliziertes Gebiß, das aus fünf einzelnen Zähnen und etwa 30 anhängenden Kalkstückchen besteht, und durch ein ebenso komplexes System von Muskelfasern bewegt wird. Das ganze Gebilde trägt den poetischen Namen „Laterne des Aristoteles". Die Verdauungsorgane sind weniger kompliziert als bei den Seesternen. Sie bestehen aus einem langen, mehrfach gewundenen Darm. Das Festheften am Untergrund und die Fortbewegung werden über eine große Anzahl von kleinen Saugfüßen bewerkstelligt, die über ein kompliziertes System von Muskeln und flüssigkeitsgefüllten Hohlräumen sehr differenziert bewegt werden können. Diese Ambulacralfüßchen befinden sich auch auf der Oberseite des Seeigels, wo sie zum Festhalten oder Reinigen von Fremdkörpern dienen.

Obwohl man besonders die Diademseeigel auch tagsüber häufig im Riff antrifft, entfalten sie ihre Aktivität hauptsächlich nachts, wie auch die anderen hier besprochenen Formen. Die Besiedlungsdichte kann enorm hoch sein, einige Dutzend pro Quadratmeter. Auch während des Tages kann man oft Ansammlungen von Diadema beobachten, vielleicht sind sie so besser vor Feinden geschützt. Obwohl diese Seeigel recht wehrhaft erscheinen, gibt es doch eine Reihe von Fischen, die ihnen erfolgreich nachstellen, zum Beispiel Lippfische und Drücker. Der Verhaltensforscher H. W. Fricke konnte zeigen, daß Drückerfische sogar einfache Probleme mit gewisser Intelligenz lösen, um an die begehrte Nahrung zu kommen. Sie räumen Steine und Korallen aus dem Weg, „pusten" den Seeigel von seinem Untergrund und ziehen ihn an den Stacheln ins freie Wasser. Dann lassen sie den Seeigel wieder fallen, um blitzschnell unter ihn zu schwimmen und in das Mundfeld zu beißen, wo die Seeigel nur wenige, kurze Stacheln aufweisen.

Durch lichtempfindliche Organe oder Zellen sind Seeigel in der Lage, sich bewegende Objekte zu erkennen. Fährt man in einigem Abstand mit der Hand über einen Diadem-Seeigel, wird man feststellen, daß die Stacheln in Bewegung geraten und sich an der Richtung des Schattenwurfes orientieren.

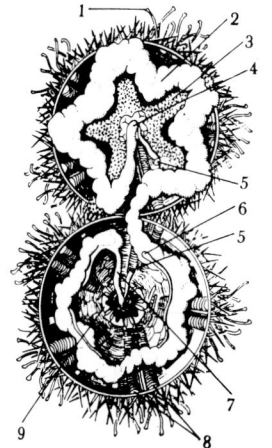

Schematische Darstellung eines in der Mitte durchgeschnittenen Seeigels: 1 Füßchen, 2 Darm, 3 Keimstock, 4 Enddarm, der durch den After nach außen mündet, 5 Steinkanal, 6 Nebendarm, 7 Schlund, 8 Ampullenreihen der Füßchen, 9 Kieferapparat.

Dieses Verhalten ist als typische Abwehrreaktion zu interpretieren. Als weitere Feinde kommen vermutlich einige Würmer und Schnecken als Parasiten in Betracht.

Die Geschlechter der Seeigel sind getrennt. Die Keimdrüsen sind entsprechend der Symmetrie der Seeigel fünffach angelegt und nehmen einen beträchtlichen Raum ein. Sie münden auf der Oberseite mit einer getrennten Öffnung in den sogenannten Genitalplatten. Aus den Eiern geht eine winzige, planktisch lebende Larve hervor (Pluteuslarve oder Dipleurula), die nach einer komplizierten Metamorphose (Gestaltsänderung) erst die fünfstrahlige Symmetrie erhält, welche alle Stachelhäuter auszeichnet.

Biologische Besonderheiten

Eine Besonderheit vieler Seeigel und von Diademseeigeln im speziellen sind die zahlreichen Partnerschaften mit Fischen und Krebstieren. Das Wesen dieser Beziehungen ist noch nicht in allen Fällen geklärt. Zum überwiegenden Teil handelt es sich um Kommensalismus, um eine Verbindung, die dem einen Teil nutzt, ohne dem anderen zu schaden. In anderen Fällen hat diese Beziehung den Charakter einer Symbiose; Grundeln leben als Parasiten mit den Seeigeln.

Am häufigsten lassen sich Verbindungen von Kardinalfischen mit Diademseeigeln beobachten (Paramia bipunctata, Apogon chrysotaenia, Archamia lineolata). Paramia bildet große Gruppen von einigen Dutzend Individuen in der Umgebung von Diademseeigeln. Die Zusammensetzung der Gruppen ändert sich laufend, da die Tiere immer neue Seeigel aufsuchen, vermutlich in Abhängigkeit von Sonneneinstrahlung und Strömung. Die Gruppen sind also sozial nicht abgeschlossen und nicht auf einen „Stammseeigel" geprägt. Es gilt als sicher, daß die Kardinalfische ausschließlich tierisches Plankton fressen. An den Stacheln des Seeigels festhaftende Partikel werden nicht aufgenommen. Nähert sich ein Angreifer dem Schwarm, ballt er sich zusammen und zieht sich zwischen die Stacheln des Seeigels zurück. Steht der Seeigel frei, löst sich der Schwarmverband bei weiterer Annäherung auf, und die Fische flüchten zu den nächstgelegenen Seeigeln. Befindet sich der Seeigel am Eingang einer Höhle, drängt sich der Verband zusammen, und die

Fische orientieren sich parallel zu den Stacheln, mit dem Kopf zum Körper des Diademseeigels gerichtet. In dieser Position bekommt die Längsstreifung der Fische einen Sinn, denn die parallel zu den Stacheln ausgerichteten Streifen bewirken einen formauflösenden Effekt und sind geeignet, einen Angreifer zu täuschen oder zu verwirren. Wie sich bei verschiedenen Verhaltensexperten gezeigt hat, scheint das Merkmal der Stacheligkeit allein als auslösender Reiz für die Kardinalfische zu dienen. Bei Wahlversuchen stellte sich heraus, daß Attrappen mit zahlreichen Drahtstacheln sogar attraktiver wirken als ein echter Diademseeigel. Beraubt man die Fische ihrer Versteckmöglichkeiten, flüchten sie sogar zu einer Attrappe mit nur einem einzigen Stachel. Die Farbe spielt bei der Wahl nur eine untergeordnete Rolle, auch verschiedenfarbige Attrappen werden aufgesucht, wenn ihre Struktur der des Seeigels ähnelt. Kurz vor Sonnenuntergang verlassen die Kardinalfische die Seeigel, um sich in das freie Wasser zu begeben. Die Nacht verbringen sie dicht über dem Sandgrund; ihre auffallenden Rückenlinien verschwinden dabei. Kurz nach Sonnenaufgang formieren sie sich wieder in Schulen, um einen Aufenthaltsort für den Tag zu suchen.

Schutz zwischen den Stacheln von Diadema suchen auch eine Reihe von Fischen aus anderen Gruppen, so die Seenadel Dorphramphus excisus, die sich parallel zu den Stacheln orientiert, mit dem Kopf nach außen, und auf Beute lauert. Der schlanke Körper der Seenadel ist zwischen den Stacheln ganz ausgezeichnet getarnt.

Unter den Crustaceen werden häufig die Garnele Saron marmoratus und die Seespinne Schizophrys aspera zwischen den Stacheln der Diademseeigel angetroffen, allerdings unter der Voraussetzung, daß sich die Seeigel am Eingang einer Höhle aufhalten. Im Gegensatz zu den Kardinalfischen verlassen die Krebse den Seeigel nur im Notfall oder um die Algen in der Umgebung abzuweiden. Gelegentlich finden sich bis zu einem halben Dutzend Garnelen verschiedenen Geschlechts in einem Seeigel. Auch eine Tintenfisch-Art, die fünf Zentimeter kleine Sepia gibba, wurde nachts regelmäßig mit umherwandernden Diademseeigeln beobachtet. Das Wesen dieser Vergesellschaftung ist noch nicht näher geklärt: vermutlich handelt es sich auch hier um ein einseitiges Schutzbedürfnis.

Dornenkronen *(Acanthaster planci)*

Ausländische Bezeichnungen:
Crown of thorns (engl.);
Astéride (franz.)

vom Roten Meer, Ostafrika bis
Australien, Hawaii und Philippinen

Verbreitungsgebiete:
Tropische Gewässer des Pazifik,

Text und Fotos:
Dr. Heinz Gert de Couet

Verletzungen und Vergiftungen

Praktisch alle Seesterne besitzen Giftstoffe, die nicht nur Wirbeltieren gefährlich werden können, sondern auch Muscheln, Garnelen und Fischen. Besonders hohe Konzentrationen erreichen diese Giftstoffe in den Geschlechtsorganen der Seesterne und Seeigel während der Paarungszeit.
Ihre Funktion wurde lange Zeit in der Lähmung von Beutetieren gesehen, nachdem man festgestellt hatte, daß die Toxine eine starke Wirkung auf Muskulatur und Nervensystem von Muscheln haben können. Inzwischen weiß man

aber, daß die Giftstoffe eine starke antimikrobielle Wirkung ausüben, und ihr Sinn somit im Schutz der Brut vor Bakterien und Pilzbefall zu sehen ist. Außerdem sondern Seesterne einen dünnen Schleimfilm ab, in dem ebenfalls hohe Toxinkonzentrationen erreicht werden. Eine Vergiftungsgefahr besteht also dann, wenn der Schleim in Wunden gebracht wird, z. B. durch Hantieren mit Seesternen, oder eine Verletzung durch den Seestern selbst erfolgt.
Viele Stachelhäuter besitzen sogenannte Pedicellarien, kleine Zangen, mit denen sie kleine Verletzungen verursachen können. Auch bei den Seesternen sind die Pedi-

cellarien eine mögliche Gefahrenquelle, allerdings hat sich gezeigt, daß die Seesternfamilien, die Pedicellarien besitzern, die geringste Giftwirkung ausüben. Unangenehm, wenn nicht sogar gefährlich sind Vergiftungen durch den Dornenkronenseestern, der keine Pedicellarien besitzt, dafür eine ganze Armierung mit harten und spitzen Stacheln, an denen man sich leicht verletzen kann. Die Stacheln selbst scheinen keine besonderen Giftdrüsen zu tragen, so daß allein der in die Wunde gebrachte Schleim zu Vergiftungssymptomen führt.
In allen bisher untersuchten Fällen wurden saponinähnliche Substan-

zen für Vergiftungserscheinungen verantwortlich gemacht. Es handelt sich um Steroid-Zuckerverbindungen (Glycoside), die eine blutzersetzende und gewebszerstörende Wirkung haben.
An den Schleimhäuten von Mund, Nase und Augen erzeugt das Gift Reizungen und Schwellungen. Versuchstiere sterben nach wenigen Stunden unter Krämpfen, wenn man das Toxin dem Futter beimischt.
Eine Verletzung an den Stacheln der Dornenkrone führt unmittelbar zu starken Schmerzen, verbunden mit dem Anschwellen des umliegenden Gewebes. Oft wird auch eine bläuliche Verfärbung der Einstichstelle beobachtet. Neben diesen lokalen Symptomen können auch Übelkeit und Kreislaufbeschwerden eintreten. Bedenklich ist eine Verletzung vor allem dann, wenn eine reich durchblutete Region davon betroffen ist wie z. B. Gesicht, Brust und Innenseite der Arme. Schwere Vergiftungen sind beschrieben worden; Todesfälle sind nicht bekannt.

Erste Hilfe

Eine nicht unwesentliche Gefahrenquelle ist das Hantieren mit Seesternen, auch beim Tragen von Handschuhen. Der Schleim der Stachelhäuter bleibt an den Händen haften und wird versehentlich in die Augen oder an den Mund gebracht. Eine unangenehme Bindehautreizung ist die Folge. In Sporttaucherkreisen wird die Dornenkrone häufig als „Schädling" betrachtet, und Taucher bergen die Tiere, wenn sie sie antreffen.
Schon viele haben dabei die Bekanntschaft mit den harten Stacheln der Dornenkrone gemacht. Auch Lederhandschuhe bieten mitunter keinen ausreichenden Schutz beim Umgang mit diesem Seestern.
Eine Behandlung der Vergiftung kann nur symptomatisch erfolgen. Vorsicht ist geboten wegen der Gefahr von Sekundärinfektionen einer Dornenkronen-Verletzung.
Es sei an dieser Stelle auch darauf hingewiesen, daß auch andere Seesterne teils starke Giftstoffe absondern, so daß der Umgang mit diesen Tieren generell mit Vorsicht erfolgen sollte.

Erkennungsmerkmale

Systematisch zählen die Dornenkronen zur Familie der Acanthasteridae, einer von elf Familien der Ordnung Spinulosida, die sich durch den Besitz von mehr als fünf Armen auszeichnet, weiter durch

19

Die Dornenkrone macht dieser Bezeichnung alle Ehre: Mehrere Reihen spitzer Dornen und ein gefährlicher Giftstoff machen diesen Seestern fast unangreifbar. Als Folge ihrer verheerenden Fresserei hinterläßt die Dornenkrone nackten Korallenkalk.

Dornenkronen

zwei Reihen von Saugfüßchen und ein dachziegelförmiges Plattenskelett, das an den Armseiten zwei deutliche Reihen bildet. Pedicellarien sind in dieser Ordnung selten; wenn sie auftreten, sind sie niemals gestielt und in Grüppchen angeordnet.

Die Dornenkrone besitzt 9 bis 23 Arme, die oberseits mit starken, kalkigen Stacheln besetzt sind. Die in zwei Reihen angeordneten Saugfüßchen haben eine stark entwickelte Saugscheibe, die es schwer macht, eine festgeheftete Dornenkrone von der Unterlage zu lösen. Der Seestern erreicht einen Durchmesser von 60 Zentimetern, seine Farbe variiert von schwarzbraun über blau-violett bis leuchtend-rot.

Lebensraum und Verbreitungsgebiete

Die wenigen Arten der Gattung Acanthaster bewohnen ausschließlich die Korallenriffe des Pazifik: Rotes Meer, Ostafrika und Madagaskar. Westpazifik: Australien, Philippinen bis Hawaii.

Lebensweise und Ernährung

Dornenkronen unterscheiden sich bezüglich der Nahrungsaufnahme nur geringfügig von anderen Seesternen. Sie sind vom Ernährungstyp her „Weidegänger", die auf tierische Nahrung spezialisiert sind; in diesem Falle neben Weichtieren besonders auf Korallenpolypen. Wie eine Straßenkehrmaschine walzen sich die Dornenkronen über das Riff und fressen dabei den Untergrund radikal ab. Dabei kommt ihnen der Umstand zugute, daß sie ihren Magen teilweise ausstülpen können und so außerhalb des Körpers einen Teil der Nahrung aufnehmen und zersetzen (extraintestinale Verdauung).

Tagsüber führen Dornenkronen eine überwiegend versteckte Lebensweise, auch wenn man sie gelegentlich bei der Nahrungssuche antrifft. Erst nachts verlassen sie ihre Verstecke in Felsnischen und Löchern, um sich mehr oder weniger weit davon zu entfernen. Während einige Seesterne ausgesprochene Wanderungen durchführen, scheint Acanthaster eine gemütlichere Lebensweise vorzuziehen. Von einigen beobachteten Exemplaren bewegten sich die meisten während eines Monats nur auf einer Fläche von ca. zehn Quadratmetern. Während dieser Zeit frißt ein Exemplar etwa einen Quadratmeter Rifffläche ab. Eine andere Vorzugsspeise der Dornenkronen ist die große Helmschnecke (Cassis cornata), die im Zentralpazifik sehr häufig vorkommt. Wahrscheinlich wird die Schnecke ebenfalls durch Ausstülpen des Magens getötet und verdaut.

Die Fortpflanzung der Dornenkrone findet nach Untersuchungen aus dem Westpazifik in einem Zeitraum von nur vier Wochen zwischen März und April statt.

Wie bei den anderen Stachelhäutern werden die Geschlechtsprodukte ins freie Wasser abgegeben, wo die Befruchtung stattfindet. Zu dieser Zeit sind die Eierstöcke der Weibchen (Seesterne sind getrenntgeschlechtlich) auffallend groß. Sie befinden sich in den Arm-Zwischenräumen und ragen kurz vor dem Laichgeschäft bis in die Armspitzen hinein. Auch die weitere Entwicklung der Seestern-Eier zur sogenannten Pluteus-Larve findet im Plankton statt. Die winzigen Larven verbringen einige Wochen treibend im Meer, bevor sie sich zum fertigen Tier entwickeln. Hier sind sie den Nachstellungen von zahlreichen Feinden ausgesetzt, unter anderem den planktonfressenden Korallenpolypen. Wegen der niedrigen Überlebensrate zeigen Seesterne eine besonders hohe Anzahl von entwicklungsfähigen Eiern.

Biologische Besonderheiten

Daß ein gehäuftes Auftreten der Dornenkronenseesterne zu großflächigen Zerstörungen der Rifflandschaft führen kann, wurde vor einigen Jahren besonders von Australien bekannt. Tausende von Dornenkronen zogen wie ein Heer geschlossen über die Riffe und hinterließen ein Bild der Verwüstung;

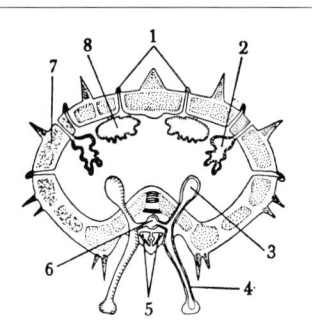

Querschnitt durch den Arm eines Seesterns: 1 Kiemensäckchen, 2 Keimstock, 3 Füßchenampulle, 4 Füßchen, 5 Kanäle der dritten Leibeshöhle, in denen Stränge des hyponeuralen Nervensystems verlaufen, 6 Radialkanal des Wassergefäßsystems, 7 Skelettplatte in der Körperwand mit Stachel, 8 Darmblindsack.

die abgestorbenen Korallenäste wurden bald ein Opfer der Wellen und Gezeiten, Nahrungsmangel zwang auch die anderen Riffbewohner zum Auswandern. Vor der Karolinen-Insel Guam verschwand ein 36 Kilometer langes Saumriff, das von Dornenkronen zerstört worden war. Lokale Massenvermehrungen der Dornenkrone gab es am australischen Great Barrier Reef.

Der Grund dieser explosionsartigen Vermehrung ist bis heute unbekannt. Damals mutmaßten namhafte Wissenschaftler, daß das starke Sammeln der unter Souvenirjägern begehrten Triton-Schnecke den Feind-Druck für die Dornenkrone herabgesetzt hätte. Die 60 Zentimeter lange Tritonschnecke ernährt sich nämlich überwiegend von Seesternen, deren kalkiges Skelett sie mit vierprozentiger Schwefelsäure auflöst. Ein anderer, wichtiger Feind der Dornenkrone ist die kleine Harlekinsgarnele, die dem Seestern die Saugfüßchen abkneift. Versuche, die Garnelen in Mengen zu züchten, um sie als biologische Schädlingsbekämpfer einzusetzen, scheiterten an der langen Entwicklungsdauer und dem mangelnden Wissen und Erfahrung über ihre Fortpflanzungsbiologie.

Mittlerweile hat sich das Dornenkronenproblem vielerorts von selbst geregelt, nachdem man versucht hatte, der Plage durch Absammeln und auf chemischem Wege Herr zu werden. Durch die Zerstörung der Riffe entzogen sich die Dornenkronen ihre eigene Lebensgrundlage, so daß dem Nachwuchs keine Chance zum Überleben blieb.

Vielleicht sind solche periodischen Schwankungen in der Populationsdichte sogar normal; sie wurden bisher nur noch nie beobachtet. Vielleicht spielt aber auch bei den Massenansammlungen der Dornenkronen ein Erkennungs-Duftstoff eine Rolle, denn auch andere Seestern-Arten zeigen diese Form von Zusammenrottung. Daß solche Duftstoffe existieren, zeigt ein Experiment, bei dem ein räuberischer Seestern in ein Aquarium mit einer Klaffmuschel gesetzt wird, worauf die Muschel durch plötzliches Zuklappen der Schale einen Sprung durch das Becken macht und zu flüchten versucht. Das Kontrollexperiment mit einem harmlosen Seestern verläuft negativ.

Die strahlige (radiäre) Symmetrie der Seesterne ist sekundärer Natur; ursprünglich sind die Larven der Stachelhäuter bilateral (zweiseitig) symmetrisch gebaut und erfahren erst im Laufe ihrer Entwicklung die Umgestaltung zur Radiärsymmetrie (mehrere Symmetrieachsen durch den Körper). Entwicklungsgeschichtlich stehen die Seesterne an der Basis eines Organisationsprinzips, das in die Entstehung der Wirbeltiere einmündet.

Seesterne besitzen zwei diffuse Nervennetze, die sich um den Schlund herum zu einem Ring konzentrieren, der einem Gehirn vergleichbar ist. Dennoch vermag auch ein abgetrennter Arm selbständig zu reagieren und die komplexe Muskulatur der Saugfüßchen koordiniert zu bewegen. Darüber hinaus sind viele Seestern dazu in der Lage, aus einem abgetrennten Arm ein vollständiges Individuum zu regenerieren.

Das elastische Gegenstück zur Muskulatur stellt ein System von flüssigkeitsgefüllten Röhren und Säckchen dar, die untereinander kommunizieren (Ambulakralgefäßsystem). Durch die Kontraktion der Muskulatur einerseits und Verschiebung der Flüssigkeit im Gefäßsystem werden koordinierte Bewegungen der Füßchen möglich. Das Sinnesleben der Seesterne beschränkt sich im wesentlichen auf die Verarbeitung chemischer Reize, deren Quelle Duft- und Lockstoffe von Artgenossen sein können oder aber der Geruch eines Beutetiers. Augen haben Seesterne nicht, allerdings besitzen sie auf der ganzen Oberfläche verteilt lichtempfindliche Zellen, die sich an den Armspitzen konzentrieren, so daß eine Hell-Dunkel-Empfindung auf jeden Fall möglich ist und eine Lokalisierung der Lichtquelle ebenso.

Borstenwürmer *(Polychaeta)*

Verbreitungsgebiete:
alle Meere

Text und Fotos:
Dr. Friedrich Naglschmid

Verletzungen und Vergiftungen

Wie bei den meisten Meerestieren, so kommt es auch beim Umgang mit dieser Tiergruppe vor allem durch Unachtsamkeit oder unüberlegtes Aufnehmen zu Verletzungen und Vergiftungen. Die Tiere setzen dann einfach ihre Abwehrwaffen ein, die schmerzhafte und langwierige Verletzungen hervorrufen können. Besonders die harten Borsten mancher Arten, die wie feine Glaswollfäden in die Haut eindringen können, führen in Zusammenwirken mit Schleimmassen – diese werden von über die Haut verstreuten Drüsenzellen ausgeschieden – zu schmerzhaften Entzündungen und Schwellungen. Die Borsten brechen leicht ab. Die in die Haut eingedrungenen Borstenspitzen werden durch Widerhaken in der Wunde gehalten. Ein brennender, manchmal auch stechender Schmerz unterschiedlicher Stärke ist die Folge einer solchen Berührung. Meist ist die Haut an der Berührungsstelle gerötet und mehr oder weniger stark geschwollen. In schweren Fällen kann sogar eine leichte Gefühllosigkeit auftreten. Bei manchen Arten wie Hermodica carunculata ist der Schmerz so stark brennend, daß selbst Fischer eine Berührung vermeiden. Hermodica carunculata kommt in den Gewässern der Bahamas und Westindiens vor und trägt dort den charakteristischen Namen „Feuerwurm". Neben Berührungsverletzungen durch die schleimverklebten Borsten können auch noch Bißverletzungen auftreten. Vor allem die weichen und relativ dünnen Hautstellen zwischen den Fingern sind bei unvorsichtigem Umgang mit manchen Borstenwürmern vor deren scharfen Kiefern nicht sicher. Die nicht sehr großen Bißstellen entzünden sich oft und beginnen, unangenehm zu eitern.

Erste Hilfe

Die einfachste Art, sich vor Borstenwürmern zu schützen, ist das Tragen von dicken Gummi-, Leder- oder Kunststoffhandschuhen. Diese Vorbeugung ist vor allem beim Stöbern unter Steinen und Korallenblöcken zu empfehlen. Hat man einmal durch Berührung mit einem Borstenwurm die abgebrochenen Borstenspitzen in der Haut, so läßt sich auch mit einer Pinzette nicht mehr viel erreichen. Als Hausmittel empfiehlt sich hier am ehesten die „Klebebandmethode": Betroffene Hautstelle vorsichtig mit Klebeband bekleben und dieses dann ruckartig abziehen. Ergänzend dazu kann man die Berührungsstelle noch mit Salmiak (in Apotheken erhältlich) betupfen.
Bißwunden durch die großen Borstenwürmer sind meist nur unangenehm. In Ausnahmefällen treten Schwellungen und Gefühllosigkeit auf. Vor allem die großen Nereiden, die von Fischern gern als Köder verwendet werden, sind mit ihren kräftigen Kiefern zu solch schmerzhaften Bissen fähig. Der Schmerz kann bei empfindlichen Personen mehrere Tage anhalten, im allgemeinen klingt er aber innerhalb weniger Stunden ab. Als Erste Hilfe-Maßnahmen empfehlen sich Schmerzlinderungsmittel, gründliches Auswaschen der Bißstelle mit Salzwasser und eine sorgfältige Wunddesinfektion. Linderung verschafft auch ein heißes Wundbad mit Magnesiumsulfatzusatz. Sollten Schmerz und Schwellung dennoch zunehmen, ist ein Arzt aufzusuchen.

Erkennungsmerkmale

Alle Borstenwürmer haben die langgestreckte, wurmförmige Gestalt, die allerdings bei manchen Arten durch einen faustdicken Körperdurchmesser sehr gedrungen erscheint. Der Körper ist in einzelne, äußerlich deutlich sichtbare Segmente unterteilt – ähnlich der Gliederung von Regenwürmern – mit denen zusammen sie den Tierstamm der Ringelwürmer (Annelida) bilden. Das charakteristischste Merkmal der Borstenwürmer sind aber die vielen Körperborsten, die das Tier wie ein Pelz bedecken können. Von „poly-viel" und „chaeta = Borsten" leitet sich auch der Name Vielborster (Polychaeta) ab. Einige solcher Vielborster leben als festsitzende Planktonfresser (Sedentaria) in Röhren und entfalten zum Nahrungsfang ihre herrlichen Tentakelkränze.
Eine andere Art zu leben haben die hier besprochenen Borstenwürmer (Errantia) eingeschlagen. Sie sind freilebend und reißen mit ihren scharfen Kiefern Fleischstücke aus Beutetieren oder Aas heraus.

Lebensraum und Verbreitungsgebiete

Borstenwürmer kommen in allen Meeren und Tiefenbereichen vor. Bevorzugt ist allerdings das Litoral (Küstenzone). Mehr als 5400 Arten von Borstenwürmern, von denen Eunice gigantea mit über drei Metern Länge die größte ist, sind heute bekannt.
Aus den europäischen Meeren ist vor allem die Seemaus (Aphrodita) bekannt. Sie kann bis zu 18 Zentimetern lang werden, ist breit oval gebaut und schillert mit ihren langen Borsten in allen Farben von Gold bis Dunkelbraun.
Ebenfalls aus den europäischen Meeren bekannt sind der Seeringelwurm (Nereis diversicolor), der Kieferwurm (Eunice harassi), der Schuppenwurm (Lepidonotus squamatus), der in der Lage ist, Lichtblitze auszusenden, und der Opalwurm (Nephtys), der seinen Namen seiner opaleszierenden Körperoberfläche verdankt.
Bekanntestes Beispiel der Borstenwürmer ist wohl der im Pazifik lebende Palolo (Eunice viridis), der zu bestimmten Mondphasen in riesigen Schwärmen auftritt.

Borstenwürmer trifft man am Tage nur selten im freien Gelände an. Meist sind sie unter Algen und Steinen versteckt. Ein massenhaftes Auftreten dieser Tiere deutet meist auf ein gestörtes biologisches Gleichgewicht oder auf Überfischung hin.

Borsten-würmer

Die Bestimmung der Borstenwürmer ist nicht einfach und ohne Hilfsmittel selten durchzuführen. Mit Lupe, Binokular und Mikroskop gelangt man über die Segmentzahl, Kieferform, Borstenform und -anzahl zur Familie und zur Art.

Lebensweise und Ernährung

Wie bereits erwähnt, sind die Errantia Räuber und Aasfresser, einige Arten leben aber auch von Algen. Als Aasfresser haben die Borstenwürmer eine wichtige Funktion bei der Erhaltung des Gleichgewichts eines Meeresraumes.

Die meisten Arten sind nachtaktiv. Einige, wie z. B. der Feuerwurm, verlassen sich jedoch auf die Wirksamkeit ihres Borstenkleides und ziehen tagsüber durch das Riff, obwohl zu dieser Tageszeit auch tausende von Fischen aktiv sind, die sich normalerweise gierig auf Borstenwürmer stürzen. Dies nutzen Fischer vieler Küsten und verwenden Borstenwürmer aller Gattungen als Köder.

Die meisten Borstenwürmer sind getrenntgeschlechtlich, wobei nur bei wenigen Arten Männchen und Weibchen äußerlich zu unterscheiden sind.

Aus den befruchteten Eiern schlüpfen Trochophoralarven, die meist planktisch leben und durch Strömungen und Gezeiten verbreitet werden. Am Ende dieser Larvalzeit wandeln sich die Polychaeten um und erlangen durch Bildung vieler Segmente ihre Wurmform. Über das Alter der Tiere ist wenig bekannt, doch dürften sie bis auf die großen Arten meist einjährig sein.

Biologische Besonderheiten

Als wohl einzigartig im Tierreich können verschiedene Fortpflanzungs-, Paarungs- und Schwarmmechanismen der Polychaeten bezeichnet werden. Am bekanntesten ist das Schwarmverhalten des bis 40 Zentimeter großen Palolowurmes (Eunice viridis), der im Süd-

seebereich die Spalten und Höhlungen der Riffe bewohnt. Vor allem bei Samoa und den Fidschii-Inseln ist diese Art verbreitet. Ähnlich ist das Verhalten von Eunice fucata, dem Atlantischen Palolo. Die Fortpflanzungszeit beider Arten ist streng an den Mondphasenwechsel gebunden. Erstere pflanzt sich am zweiten und dritten Tag nach dem dritten Mondviertel im Oktober und November fort. Die Einheimischen bezeichnen diesen Zeitraum als die große und kleine Palolozeit. In riesigen Mengen fangen sie dann die kurz vor Sonnenaufgang an der Meeresoberfläche schwärmenden Hinterteile der Würmer, die prall mit Geschlechtsprodukten gefüllt sind. Bei gewaltigen Festen werden die Würmer dann roh, gebacken oder gekocht als Leckerbissen verzehrt. Die Vorderleiber bleiben in der Tiefe und regenerieren im Laufe von 353 bzw. 382 Tagen den Hinterleib, worauf sich nach 12 bzw. 13 Monaten das seltsame Naturereignis wiederholt.

Zwischen dem 29.6. und dem 28.7. ist die entsprechende Schwarmzeit des Atlantischen Palolo. Ein anderer Verwandter schwärmt viermal im Jahr vor der chinesischen Küste, wird dort gefangen und verzehrt. Dieses Schauspiel wird häufig noch durch Lichtblitze begleitet, die die schwärmenden Tiere zur Partnerfindung aussenden.

Ebenfalls zu den Borstenwürmern zählen die vielen tentakeltragenden Arten, die als Planktonfresser festsitzend leben.

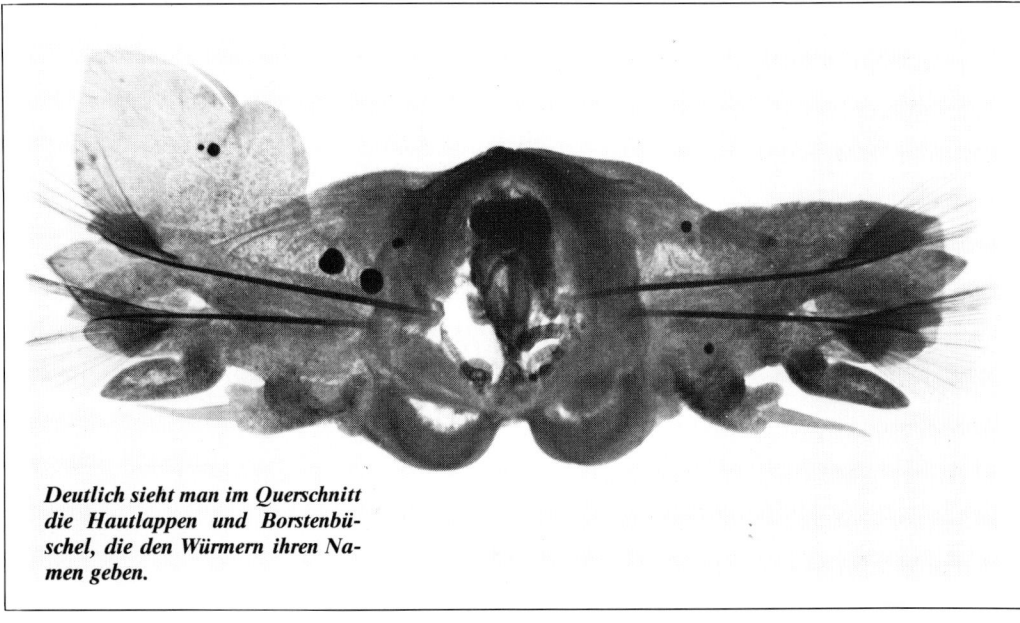

Deutlich sieht man im Querschnitt die Hautlappen und Borstenbüschel, die den Würmern ihren Namen geben.

Seeanemonen *(Actinaria)*

Andere deutsche Bezeichnungen:
Seerosen, Seenelken, Seedahlien, Aktinien.

Ausländische Bezeichnungen:
sea anemones (engl.), actinie, nenuphar (franz.) attinie (ital.)

Verbreitungsgebiete:
Weltweit in allen Tiefen- und Temperaturzonen

Text:
Dr. Horst Moosleitner

Fotos:
Dr. Horst Moosleitner
Reinhard Scheiblich

Verletzungen und Vergiftungen

Seeanemonen sind nahe verwandt mit den Quallen und besitzen wie diese Batterien von Nesselkapseln an den Tentakeln, die sowohl als Jagd- als auch als Verteidigungswaffen dienen. An einem einzigen Arm, der im Atlantik, in der Nordsee und im Mittelmeer vorkommenden Pferdeaktinie (Actinia equina), wurden etwa vier Millionen abschußbereiter Nesselzellen gezählt; daraus kann für ein mittelgroßes Tier die stattliche Zahl von etwa 500 Millionen abschußbereiter Nesselzellen errechnet werden. Zum Glück sind diese meist nicht in der Lage, die menschliche Haut, zumindest an Händen und Füßen, zu durchdringen. Das führt jedoch zu sorglosem Umgang mit den Tieren und damit zu häufigen Verbrennungen. Wer sich in Seeanemonen setzt oder legt, ist selbst schuld, wenn er hinterher so aussieht, als wäre er in ein Brennnesselfeld gefallen.

Die Nesselwirkung macht sich zunächst mit starkem Brennen bemerkbar; häufig bleiben auch Teile der Fangarme auf der Haut kleben. Kurz darauf ziehen Bläschen auf, die sich ausbreiten und allmählich ineinander überfließend Quaddeln bilden, die bald die gesamte betroffene Hautfläche anschwellen lassen.

Die Haut ist dann zunächst gerötet, hierauf weiß und von rotem Saum umgeben. Die später stark juckende Wunde verheilt innerhalb weniger Tage. Oft brechen auch die Quaddeln auf, und es bleiben lange Zeit sichtbare Narben zurück.

Europäische Anemonen-Arten werden dem Menschen normalerweise nicht gefährlich, wohl aber die großen, tropischen Arten, die bis zu einem Meter Durchmesser erreichen können, und aufgrund ihrer nahezu unermeßlichen Zahl an Nesselkapseln großflächige Verbrennungen der Haut verursachen.

Eine wenig erfreuliche Tatsache ist auch aus dem Mittelmeer bekannt: Wenn man einmal unliebsame Bekanntschaft mit einer Seeanemone gemacht hat, so wird man im Gegensatz zu anderen Vergiftungserscheinungen nicht etwa immun gegen das Nesselgift, sondern es aktiviert sogar die Empfindlichkeit gegenüber den Giften innerhalb der darauffolgenden Wochen. D.h. es kann bei einem nächsten Zusammentreffen zu weitaus stärkeren Vergiftungserscheinungen kommen.

Von Schwammtauchern, die beim Abreißen von Schwämmen oft mit Seeanemonen in Berührung kommen, ist bekannt, daß diese häufig an den Fingern die sogenannte Schwammkrankheit bekommen. Sie ist eigentlich eine Folge des ständigen Nesselns durch Anemonen und äußert sich in hartnäckigen Blasenausschlägen, die teilweise „brandig" werden oder eitrige Geschwüre bilden.

Neben diesen Schädigungen führt das Nesselgift zu allgemeinen Vergiftungen wie Fieber, Schüttelfrost, Kopfschmerzen, Appetitlosigkeit, Unruhe, Mattigkeit. Diese sich gleichsam selbst steigernde Giftwirkung dient den Anemonen wohl dazu, beim ersten Fangversuch entkommene Beutetiere beim nächsten Versuch umso leichter erwischen zu können.

Man konnte jedoch noch andere Eigenschaften des Nesselgiftes feststellen. Tiere, die versuchen zu entkommen, erlahmen sehr rasch, d.h. es stellen sich Lähmungserscheingen ein, der Herzschlag läßt rasch nach und Atemnot tritt auf. Ursache für diese vielgestaltigen Vergiftungserscheinungen ist, daß es sich nicht nur um ein Gift, sondern gleich um mehrere handelt. So fand man z. B. bei der Wachsrose (Anemonia sulcata) drei verschiedene Gifte, die für jene vielgestaltigen Vergiftungsformen verantwortlich sind.

Es sind jedoch nicht nur die Seeanemonen-Tentakeln mit Nesselkapseln versehen, zahlreiche Arten (Acontiaria) bewahren ihre Abwehrwaffen auch im Innern ihres Magenraumes auf. Meist handelt es sich um planktonfressende Tiere (Seenelken u.a.), die ihre Nesselgeschosse lediglich zur Abwehr und nicht zum Beutefang benutzen. Sie bilden im Magenraum Fäden von Nesselzellen aus (Acontien), die bei Gefahr durch den Mund oder eigens dafür vorgesehene Öffnungen in der Körperwand ins Wasser abgegeben werden.

Die Nesselzellen dieser Acontien sind durchwegs nicht in der Lage, die menschliche Haut zu durchdringen, es ist aber trotzdem unangenehm, mit diesen klebrigen, manchmal juckenden Fäden in Berührung zu kommen.

Erste Hilfe

Zunächst sind an der Haut klebende Tentakelteile und Nesselzellen unschädlich zu machen, wozu (nach Habermehl) neben Alkohol, Formalin oder Salmiakgeist (Ammoniaklösung) auch Zucker, Salz oder trockener Sand verwendet werden kann. Erst nach dem An-

Die Wachsrose (Anemonia sulcata)
ist die häufigste europäische Seeanemone.
Ihre Nesselzellen können kräftige
Verbrennungen hervorrufen.
Lediglich die harte Lederhaut an
Hand- und Fußflächen ist
für sie undurchdringlich.

See-anemonen

trocknen dieser Substanzen werden die Teile der Anemone abgeschabt, was mit einem Messerrücken oder auch einem Stück Holz geschehen kann. Würde man versuchen, die Teile der Anemone mit Wasser oder nassem Sand zu entfernen, hätten die tausenden noch intakten Nesselzellen Gelegenheit, sich auch noch zu entladen.

Zur Behandlung der Brandwunden verwendet man am besten eine Calciumsalbe, die in jeder Apotheke erhältlich ist. Sie lindert die Schmerzen rasch und verhindert in leichten Fällen sogar das Entstehen von Quaddeln.

Bei Überempfindlichkeit können auch Komplikationen mit Fieber und Schüttelfrost auftreten, wie sie bei der „Schwammkrankheit" geschildert wurden. In solchen Fällen ist es vernünftiger, einen Arzt aufzusuchen.

Um schwere Vergiftungserscheinungen vorzubeugen, sollte jeder auch im warmen Wasser stets Handschuhe tragen. Wer sorgfältig ist, wird von den Seeanemonen nichts zu befürchten haben.

Erkennungsmerkmale

Seeanemonen, Seerosen, Seenelken, Seedahlien und wie sie noch heißen mögen, haben wegen ihres blumenartigen Aussehens und ihrer seßhaften Lebensweise diese Namen erhalten. Sie besitzen im Gegensatz zu den Steinkorallen, mit denen sie gemeinsam die Unterklasse der sechsstrahligen Korallen bilden, kein Kalkskelett und leben außerdem nicht in Kolonien, sondern einzeln.

Die Tiere werden Polypen genannt und weisen einen sehr einfachen Körperbau auf: Ein schlauchartiger, hohler Körper sitzt immer mit einem Fuß auf festem Untergrund; das obere Ende trägt in der Mitte einer flachen Scheibe, deren Rand von hohlen, nesseltragenden Tentakeln gesäumt ist, einen schlitzartigen Mund. Das Körperinnere ist durch senkrechte Wände (Mesenterien) in radiale Abschnitte unterteilt, die zum Teil auch von außen sichtbar sind.

Häufig ist nur die Tentakelkrone der Tiere zu sehen, da der Körper in einer Felsspalte versteckt oder im Sand vergraben liegt. Bekannte Arten sind die in der Gezeitenzone an schattigen Felswänden klebende Pferdeaktinie (Actinia equina), die bei Ebbe trocken werden kann, folglich ihre Tentakeln einzieht und dann aussieht wie dunkelrote Klumpen (es gibt auch eine grüne Variante davon). Die Wachsrose (Anemonia sulcata), deren blaßgelbe bis glaßgrüne Tentakel auf sonnendurchflutetem Gelände violette Spitzen tragen.

In der Nordsee fallen die weißen, orangen oder gelblichen Seenelken (Metridium senile) auf, die auf hohem Körper dichte Büschel von Tentakeln aufweisen.

Lebensraum und Verbreitungsgebiete

Seeanemonen leben in allen Meeren, ihre größten Formen kommen aber in tropischen Meeren vor. Die größte Artenentfaltung erreichen sie jedoch in den planktonreichen nordischen Meeren.

Lebensweise und Ernährung

Alle Seeanemonen sind Fleischfresser, es müssen jedoch zwei verschiedene Arten der Nahrungsbeschaffung unterschieden werden.

Die eine Gruppe, zu der u.a. die Pferdeaktinie, die Wachsrose und die meisten großen tropischen Anemonen gehören, sind „Raubtiere". Ihre mit Nesselgeschossen versehenen Tentakel lähmen an sie stoßende Beutetiere, packen sie und führen sie dem Mund zu. Mit Vorliebe werden Krebstiere, aber auch Fische gefressen. Die Beute wird ganz verschlungen und Unverdauliches später durch die Mundöffnung ausgestoßen.

Die zweite Gruppe ist Partikelfresser, wie etwa die Seenelken. Sie besitzen, zumindest über Mundscheibe und Tentakel verteilt, zahlreiche Wimperhärchen, die mit Hilfe von Schleim festgehaltene Kleintiere, organische Teilchen und auch Leichen gegen die Tentakelspitzen strudeln.

Dies ist auf den ersten Blick verwunderlich, müßte man doch annehmen, die Nahrung sollte zum Mund befördert werden. Doch der Sinn dieses Transportes von der Mundöffnung weg, liegt darin, daß die Tentakel sich zum Mund krümmen können. sobald die Nahrung ihre Spitzen erreicht hat, um dort die Beute abzuliefern. Sind es jedoch unverdauliche, anorganische Stoffe, so erkennt sie diese auf dem Weg über die Tentakel. Diese schleudern den „Abfall" mit kräftiger Bewegung vom Körper weg ins Wasser.

Biologische Besonderheiten

Die äußerst wehrhaften Seeanemonen scheinen sich bei vielen Tieren und auch bei einzelligen Pflanzen größter Beliebtheit zu erfreuen, denn diese versuchen, im Schutze der Nesselbatterien zu leben. So gibt es zahlreiche Symbiosen zwischen Seeanemonen und anderen Lebewesen.

Viele Anemonen beherbergen in ihrem Gewebe einzellige Algen (Zooxanthellen), die zum Teil ihre Färbung beeinflussen. Die Algen nehmen von ihren Wirtstieren Kohlendioxyd und andere Stoffwechselprodukte auf und geben dafür Sauerstoff an sie ab. In Notzeiten werden die Algen auch der Verdauung zugeführt und dienen so der Ernährung der Wirte. Sie sollen auch hormon- oder vitaminartige Stoffe abgeben, die das Wachstum der Anemonen beeinflussen.

Neben diesen, höchstens als besondere Färbung der Anemone sichtbar werdenden Zooxanthellen, gibt es, hauptsächlich in den tropischen Meeren, äußerst auffällige Arten von Fischen, die sogenannten Clownfische (Amphiprion, Premnas), die mit den Anemonen symbiotische Beziehungen eingehen. Sie leben, ohne genesselt zu werden, gut geschützt in der Tentakelwiese und „tarnen" sich dadurch, daß sie sich mit jenem Schleim einreiben, den die Anemonen absondern, um sich nicht selbst zu nesseln. Die Fische werden also zu einem Teil der Anemone. Die im Roten Meer lebende Art Amphiprion bicinctus verteidigt als Gegenleistung die Anemone und vertreibt Freßfeinde wie Schmetterlingsfische.

Auch aus dem Mittelmeer ist ein Anemonenfisch bekannt: die Grundel Gobius bucchichii. Sie ist gegen alle Wachsrosen immun und daher in der Lage, von einer Anemone in die andere zu schwimmen. Weiter leben einige Arten von Krebstieren (Gespensterkrabben, Garnelen, Seespinnen) in den Tentakeln der Wachsrose.

Eine andere Art des Zusammenlebens von Krebstieren und Anemonen gibt es zwischen der Schmarotzerrose (Calliactis parasitica) und großen Einsiedlerkrebsen (Pagurus arrosor, Pagurus calidus und Paguristes oculatus). Der Krebs genießt durch die Nesseln der Anemone zusätzlichen Schutz, die Anemone hingegen erfreut sich ständigen, freien Transportes zu stets neuen Nahrungsquellen. Auf dem Gehäuse eines dieser Einsiedler können sich auch mehrere, manchmal bis zu 15 Schmarotzerrosen ansiedeln.

Sehr ähnlich verhält sich die Mantelrose (Adamsia palliata), die auf dem Einsiedlerkrebs Pagurus prideauxi reitend Schlickgründe bis in 100 Meter Tiefe besiedelt. Die Mantelrose ist sehr wählerisch: sie setzt sich nur auf Schneckenhäusern fest, die von Jungkrebsen obiger Art besetzt sind und umschließt das Gehäuse bald mit ihrer stark verbreiterten Fußscheibe. Sie wächst mit dem Krebs mit und bildet mit ihrer verhornenden Fußscheibe einen röhrenförmigen Mantel, der die Mündung des Schneckenhauses verlängert. Der Krebs braucht daher seine Wohnung nicht zu wechseln, im Gegensatz zur vorigen Art, die zum Teil ihre Anemonen auf das neue Gehäuse mitnimmt.

Die Mantelrose ist auch auf Gedeih und Verderb mit ihrem Krebs „verheiratet". Stirbt der Einsiedler, dann verendet auch bald die Mantelrose.

Die Anemonengrundel (Gobius bucchichii) ist der einzige Anemonenfisch des Mittelmeeres. Sie lebt mit Wachsrosen, ist gegen deren Gift immun und kann so von Anemone zu Anemone wandern.

Hydrozoen

Deutsche Bezeichnungen:
Seemoos, Irisch Moos
Ausländische Bezeichnungen:
White Weed, Yellow-Flower-head
(engl.); Coryue, Tubulaire (franz.)
Wissenschaftliche Bezeichnungen
(wichtige Gattungen);
Tubularia, Sertularia, Aglaophe-
nia, Coryne, Laomedea

Verbreitungsgebiete:
alle tropischen, gemäßigt warmen
und kalten Meere in Tiefen zwischen 0 und 100 Metern. Zahlreiche nesselnde Arten in Korallenriffen.

Text und Fotos:
Dr. Heinz Gert de Couet

Verletzungen und Vergiftungen

Unter den Hydrozoen oder Hydropolypen, die gemeinsam mit den
Korallentieren und Quallen den
Stamm der Cnidaria (Nesseltiere)
bilden, befinden sich die gefährlichsten Meerestiere überhaupt.
Eine Folge unserer Serie wurde bereits den Feuerkorallen gewidmet,
die sich aufgrund ihrer Fähigkeit
zur Skelettbildung von den übrigen
Hydrozoen unterscheiden und so
eine Hervorhebung in unserer Serie verdienten. Zusammen mit der
extrem gefährlichen Würfelqualle
(Chironex) gehören die Staatsquallen zu den gefürchtetsten Meeresbewohner, denen noch eine eigene
Folge gewidmet wird.
Besonders tropische Hydropolypen und Hydrozoenquallen besitzen sehr potente Nesselgifte, deren
Wirkung der von Staatsquallen und
Feuerkorallen nicht nachsteht. Ein
Kontakt mit den oft winzigen
Quallen und federförmigen Poly-
penstöckchen führt sofort zu einem
brennenden Schmerz, der weit
über die betroffene Stelle aus-
strahlt. Bei stark nesselnden Arten
entstehen in kürzester Zeit blutunterlaufene Streifen an den Berührungsstellen und regelrechte
Brandblasen nach einigen Minuten. Die Symptome, sie sich ein-
stellen können, sind im allgemeinen bei allen Nesseltieren gleich
mit unterschiedlich starker Ausprägung: Übelkeit, Schwindel,
Schüttelfrost, Muskelkrämpfe,
Kreislaufkollaps, Gefühllosigkeit,
Erbrechen, starke Kopfschmerzen,
Sprachverlust und Bewußtlosigkeit. Todesfälle durch Hydrozoen
sind nicht bekannt, wenn man von
den Staatsquallen und Feuerkorallen absieht. Dabei ist allerdings zu
beachten, daß es oft unbekannt
bleibt, durch welches Tier eine
Vernesselung hervorgerufen wird.
Allein die Häufigkeit gefährlicher
Meerestiere macht bestimmte Arten wie Feuerkorallen sehr gefürchtet, obwohl die tropischen
Sertularia-Stöcke mit Sicherheit
ein ebenso gefährliches Nesselgift
besitzen.

Erste Hilfe

Die Sofortmaßnahmen bei einer
starken Vernesselung durch Hydrozoen müssen im wesentlichen
drei Ziele verfolgen:
1. Die starken Schmerzen zu lindern.
2. Unbedingt einen Schockzustand
zu verhindern beziehungsweise zu
kontrollieren.
3. Die weitere Ausbreitung des
Giftes im Körper und eine weitere
Vernesselung durch den anhaften-
den Nesselschleim zu verhindern.
Nicht explodierte Nesselkapseln
auf der Haut werden durch vorsichtiges Betupfen mit Alkohol,
Salmiakgeist oder verdünntem
Formol unschädlich gemacht. Zur
Not kann auch Sand oder Olivenöl
auf die Stelle gebracht werden, die
nach dem Trocknen vorsichtig abgeschabt wird. Jedes Reiben mit
Tüchern etc. führt zur Entladung
weiterer Nesselkapseln und ver-
schlimmert die Verletzung. Gerade
hier liegt ein Risiko der Vernesselung an Augen und Schleimhäuten;
oft haftet Nesselschleim an den
Beinen und Ärmeln des Tauchan-
zuges, der durch die Hände verschleppt und ins Gesicht gebracht
wird. Also Vorsicht!
Die weitere Versorgung einer
schweren Vernesselung sollte wegen einer möglichen bakteriellen
Infektion von einem Arzt durchgeführt werden. Schmerzen müssen
mit starken Mitteln bekämpft werden, weil sie bei großflächigen Vernesselungen bis zur Bewußtlosigkeit führen können.
Bei einem Kollaps hat eine sofortige Schockbehandlung einzusetzen:
Beine hoch lagern, auf Atmung
und Herztätigkeit achten! Gegebe-
nenfalls muß künstliche Beatmung
angewandt werden. Muskelkrämpfe werden mit Calciumgluconat bekämpft.

Wie Federn wiegen sich Hydrozoen-Stöcke (hier glaophenia cupressina) in der Strömung. Vorübertreibende Kleinstorganismen werden von den wirkungsvollen Nesselkapseln der winzigen Polypen festgehalten und getötet.

Hydrozoen

Einzige Vorbeugungsmaßnahme ist das Tragen von Schutzkleidung auch in warmen Meeresgebieten. Anzumerken ist noch, daß die Hydrozoen des Mittelmeeres und in der Nordsee nur über harmlose Nesselgifte verfügen, deren Wirkung allenfalls lokal ist. In seltenen Fällen wurde schon eine Allergie gegen harmlose Nesselgifte beobachtet, die bei einem erneuten Kontakt eine mehr oder weniger starke Reaktion hervorrufen kann.

Erkennungsmerkmale

Hydrozoen sind sehr kleine, stockbildende Polypen, deren Kolonien flächig wachsen oder gefiederte und bäumchenartige Strukturen erzeugen, die eine Höhe von 50 Zentimeter bis zu einem Meter erreichen können. Mit Ausnahme der Stylasteriden und der Milleporiden (Feuerkorallen) bauen die Hydrozoen kein kalkiges Skelett auf. Ihre Stöcke sind immer weich oder elastisch-biegsam. Da sie gelegentlich auch zweidimensional-flächige Strukturen hervorbringen, werden sie oft mit Hornkorallen oder schwarzen Korallen verwechselt. Ihre Polypen sind aber viel kleiner und mit dem bloßen Auge kaum zu sehen. Die Bezeichnung „Seefeder" ist für das Aussehen vieler Aglaophenia-Arten zutreffend, dieser Name ist allerdings schon durch die Pennatularia besetzt, die zu den achtstrahligen Korallentieren zählen.

Lebensraum und Verbreitungsgebiete

Hydrozoen sind in allen tropischen, gemäßigten und kalten Meeren zu Hause. Besonders die stark nesselnden Arten sind aber auf tropische Meeresgebiete beschränkt.

Lebensweise und Ernährung

Hydrozoen ernähren sich wie die Korallen von tierischem Plankton – mehr oder weniger große Krebschen, Fischlarven und Manteltie-

ren. Im Gegensatz zu diesen sind Hydrozoen aber auch während des Tages aktiv. In seltenen Fällen besitzen sie symbiontische Algen (Zoochlorellen und Zooxanthellen bei Aglaophenia- und Sertularia-Arten).

Die Mehrzahl der Arten bewohnt Tiefenzonen zwischen 0 und 100 Metern, einige Spezies haben auch die Tiefsee erobert. Die millimetergroßen Polypen neigen zur Bildung von großen Kolonien, die durch Knospung an einem Mutterpolypen entstehen. Die Tochterindividuen bleiben über ein reich verzweigtes Röhrensystem untereinander verbunden und stellen damit weniger eine Kolonie als ein Individuum dar. Je nach Art erfolgt dieses Wachstum flächenhaft, so daß die Kolonie einen Rasen über dem harten Untergrund bildet, oder sie erstreckt sich in die Höhe, wobei durch reiche Verzweigungen fieder- oder bäumchenartige Gebilde entstehen. Aglaophenien und Lythocarpus-Arten zeichnen sich durch die Bildung eines Hauptstammes aus, an dem zahlreiche Seitenzweige sitzen und an diesen wiederum regelrechte Federn, an denen die Polypen sitzen. Bis auf die Gruppen der Feuerkorallen und der Stylasteriden besitzen die Hydrozoen keine Fähigkeit zur Bildung von Kalkskeletten; vielmehr werden ihre Kolonien durch die Absonderung von einer chitin-ähnlichen Substanz gefestigt, die in einer Gruppe der Hydropolypen auch einen glockenförmigen Schirm um die einzelnen Polypen bildet, in den sie sich wie in einen Kelch zurückziehen können. Die Hydrozoen überwältigen gelegentlich Beuteobjekte, die sie an Größe weit übertreffen. Dabei kommt ihnen die Ausstattung mit Nesselkapseln zugute, die ihrerseits eine gewisse Spezialisierung in Klebzellen (Glutinanten), Durchschlagzellen (Penetranten) und Wickelkapseln (Volventen) erkennen lassen, mit denen das Beutetier gelähmt und festgehalten wird. Diese Kapseln sind in den Tentakelspitzen oft zu regelrechten Batterien vereinigt und werden ständig neu gebildet. Die Fortpflanzung erfolgt neben der erwähnten Form der Stockbildung durch ungeschlechtliche Knospung an spezialisierten Polypen, den Gonozoiden, die Mund und Tentakeln zurückgebildet haben, um sich der Erzeugung von kleinen Medusen zu widmen. Ihre Ernährung erfolgt durch das Röhrensystem, mit dem alle Individuen untereinander verbunden sind. Diese Medusen werden nach ihrer Reifung entlas-

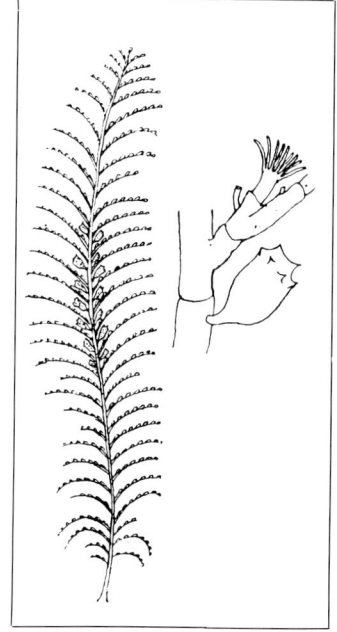

Federpolyp – die spezialisierten Geschlechtsknospen befinden sich direkt am Stamm zwischen den Zweigen, während die Wehrpolypen in Gruppen bis zu sieben Stück auf jedem Zweig sitzen. Sie können sich bei Gefahr in becherförmige Gehäuse zurückziehen.

sen (einen bis drei Zentimeter groß) und treiben im Plankton. Sie erzeugen sowohl männliche als auch weibliche Geschlechtszellen, aus denen nach einer erfolgten Befruchtung die Schwimmlarve entsteht, die Planula. Sie dient der Ausbreitung der Art, indem sie für Stunden oder Tage mit den Strömungen treibt. Stößt die Larve auf einen geeigneten Untergrund, heftet sie sich fest und entwickelt sich zum Polypen, der durch Knospung einen neuen Stock gründet.

Im typischen Fall erfolgt die Vermehrung der Hydrozoen also auf zwei Stufen: der Polypengeneration, die auf ungeschlechtlichem Wege neue Polypen und Medusen erzeugt, und zweitens der Medusengeneration, die auf geschlechtlichem Wege neue Polypen hervorbringt. Aus der Pionierzeit der Zoologie stammen die verschiedenen Namen für Polyp und Meduse der gleichen Art, weil die momentane Bestandsaufnahme den wahren Zusammenhang zwischen den beiden Erscheinungsformen nicht erkennen ließ. Bei der meisten Hydrozoen ist dieser typische Fall aber nicht zutreffend. Sie unterdrücken die Medusengeneration wegen des ausgesprochen gefahrvollen Lebens im Plankton. Stattdessen wird die Reifung der klei-

nen Quallen vorzeitig abgebrochen, und sie verbleiben am Polypenstock, um sich dort geschlechtlich zu vermehren.

In anderen Fällen, bei Hochseemedusen, ist der umgekehrte Fall eingetreten; sie unterdrücken die Polypengeneration, und aus den Schwimmlarven geht direkt eine neue Meduse hervor.

Die schon angesprochene Spezialisierung der Polypen kann in einigen Fällen sogar noch weiter gehen: Spezielle Wehrpolypen sind mund- und magenlose, keulenförmige Gebilde, die aufgrund ihrer Armierung mit Nessersbatterien nur noch der Verteidigung des Stockes dienen und beim Nahrungsfang helfen. Freß-, Wehr- und Geschlechtspolypen sind dabei nicht etwa wahllos verteilt, sondern lassen eine gewisse Anordnung erkennen.

Trotz der wirksamen Nesselkapseln haben Hydrozoen eine Reihe von Feinden unter den Nacktschnecken und Zungenwürmern, die sich auf diese Art von Nahrung spezialisiert haben.

Biologische Besonderheiten

Da Hydrozoen einen harten Untergrund für ihr Wachstum benötigen, überwuchern sie oft die Schalen abgestorbener Muscheln, Schnecken und Krebspanzer. Wellhornschnecken beispielsweise, die von dem großen Einsiedlerkrebs Eupagurus bernhardus bewohnt werden, sind oft bis zur Unkenntlichkeit mit Polypen der Gattung Tubularia überkrustet. Die Beobachtung, daß die Polypenlarven ein bewohntes Gehäuse einer leeren Schale bei der Besiedlung vorziehen, ließ die Postulierung eines Erkennungsstoffes zu. Es stellte sich bei den Untersuchungen heraus, daß ein spezielles, eiweißzersetzendes Bakterium dafür verantwortlich ist, das die überwiegend Aas fressenden Krebse ständig mit sich herumschleppen. Diese Art des Zusammenlebens ist vermutlich von beidseitigem Interesse; der Krebs ist durch die wehrhaften Polypen vor Feinden besser geschützt, und die Kolonie partizipiert in geringem Maße an den Mahlzeiten des Krebses. Vielleicht entsteht den Polypen auch ein Vorteil daraus, daß sie ständig umhergetragen werden.

Massenvorkommen von Hydrozoen sind aus den kälteren Meeresgebieten bekannt. Teilweise werden sie auch kommerziell befischt und kommen getrocknet als „Irisch Moos" in den Handel.

Schirmquallen *(Scyphzoa)*

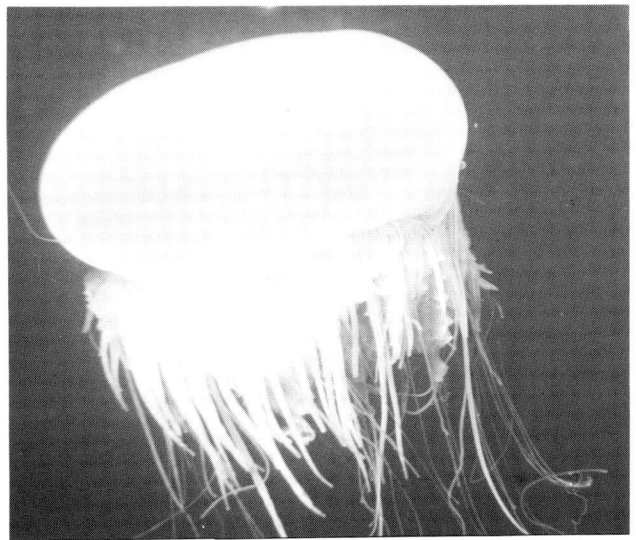

Andere Namen:
Scheibenquallen
Echte Quallen

Ausländische Bezeichnungen:
Large Jellyfishes (engl.),
Scyphozoaires (franz.)

Arten:
Wurzelmundquallen (Rhizostomae), Würfelquallen (Cubomedusae), Fahnenquallen (Semaeostomae), Tiefseequallen, Stielquallen

Verbreitungsgebiete:
Ostsee, Nordsee, Mittelmeer, Atlantik, Pazifik, kühle Gewässer um den Nordpol

Text und Fotos:
Dr. Horst Moosleitner

Verletzungen und Vergiftungen

Die Schirmquallen gehören zu den Nesseltieren. Sie besitzen Nesselzellen oder -kapseln, von denen es gleich fünf verschiedene Arten gibt. Einige kleben bloß oder dienen dazu, Beutetiere einzuwickeln. Wirklich gefährlich für den Menschen sind nur die eigentlichen Nesselzellen (Penetranten). Sie sitzen nicht einzeln über den ganzen Quallenkörper verstreut sondern zu Nesselbatterien zusammengepackt auf den Tentakeln des Schirmrandes oder des Mundes. Die Schirmoberfläche ist meist frei von Nesselzellen, daher kann man nur dort die Qualle gefahrlos anfassen. In jeder Nesselkapsel befindet sich ein langer, eingewickelter und mit Widerhaken versehener hohler Faden, der bei Berührung eines vorstehenden „Haares" (Cnidocil) wie eine Harpune ausgeschleudert und in den Körper des Opfers getrieben wird. Der Faden wird dabei unter hohem Druck in die Wunde gestülpt, und durch seine Poren dringt Gift in den Organismus des Opfers. Die Schwere der Verletzung hängt von der Durchschlagskraft der Nesselzellen, der Stärke des Giftes und der Menge der entladenen Nesselzellen ab. Während die Nesselgeschosse der Wurzelmundquallen die Haut eines Menschen meist nicht durchdringen können, besitzen besonders die Vertreter der Fahnenquallen eine so große Durchschlagskraft, daß sie starke Verbrennungen verursachen sowie allgemeine Vergiftungserscheinungen wie Fieber, Schüttelfrost, Kopfschmerzen, Appetitlosigkeit, Mattigkeit, Unruhe, Erbrechen, Husten, Koliken erzeugen und sogar zum Tode führen können.

Die giftigsten Arten sind die in tropischen Gewässern vorkommenden Würfel- oder Feuerquallen, auch Seewespen genannt, von denen wiederum die in australischen Gewässern vorkommende Chironex fleckeri wohl die gefährlichste ist und auf deren Konto schon zahlreiche Todesfälle gehen. Stößt ein Mensch mit einer Qualle zusammen, so entladen sich zum Glück nicht alle Nesselzellen auf einmal, und das ist eine große Überlebenschance. (Das gesamte Gift einer Chironex fleckeri würde ausreichen, drei erwachsene Menschen zu töten.) Es reißen aber Teile der berührten Tentakeln ab und bleiben an der Haut hängen, so daß die Gefahr weiterer Entladungen besteht.

Verletzungen durch europäische Fahnenquallen verlaufen viel harmloser. Die Leuchtqualle ruft z. B. plötzliche starke Schmerzen hervor, häufig gefolgt von Blasenbildung. Die Blasen verschwinden nach einigen Tagen, die Narben bleiben oft jahrelang sichtbar. Eine Vorbeugungs- und Behandlungsmethode gegen die in den letzten Jahren in Massen auftretenden Leuchtquallen im Mittelmeer sind betont langsame Schwimmbewegungen. Sie vermindern das Auslösen der Nesselbatterien sehr. Beste Heilerfolge sind auch durch einen verlängerten Aufenthalt im Wasser erzielt worden. Etwa eine Stunde nach dem Nesseln hörte das Brennen auf, und es verblieben weder Blasen noch Narben. Es reagiert jedoch nicht jeder Mensch gleich, und es kommt sogar häufig vor, daß man nach dem ersten Zusammenstoß mit Quallen überempfindlich wird und beim zweiten Treffen überaus heftig reagiert (Anaphylaxie).

Auch die Haarqualle ist nicht als lebensgefährlich zu betrachten, und die Arktische Haarqualle bewohnt so unwirtliche, kalte Gewässer, daß man kaum mit ihr zusammentreffen wird.

Erste Hilfe

Verbrennungen durch Quallen sind äußerst schmerzhaft. Da sie plötzlich und überraschend auftreten, kommt zur Nesselwirkung meist noch ein Schock, der zum Tod durch Ertrinken führen kann. Schwimmer sollten versuchen, ans Ufer zu kommen um sofort Hilfe zu erhalten. Taucher sind durch Neoprenanzug und Gerät nicht so gefährdet. Haftende Fangfäden so schnell wie möglich mit Alkohol (am besten Methylalkohol) entfernen, damit keine weiteren Entladungen erfolgen.

Kommt es zum Kollaps, sofort mit künstlicher Beatmung und äußerer Herzmassage beginnen und den nächsten Arzt oder das nächste Krankenhaus aufsuchen. Die Wunden selbst sind wie Brandwunden weiterzubehandeln. Ist man sicher, daß es sich bei einer Nesselung um Leuchtquallen gehandelt hat, ist es besser, so lange im Wasser zu bleiben, bis die Wirkung aufgehört hat. Allerdings nur, wenn nicht die Gefahr weiterer Nesselungen besteht.

Erkennungsmerkmale

Das wichtigste Kennzeichen der Schirmquallen ist, wie schon der Name sagt, ein schirm- bis glockenförmiger Körper, dessen gelatineähnliche Beschaffenheit auf einer dicken, gallertigen Schicht beruht, die zwischen einer äußeren und inneren Haut als Stütze

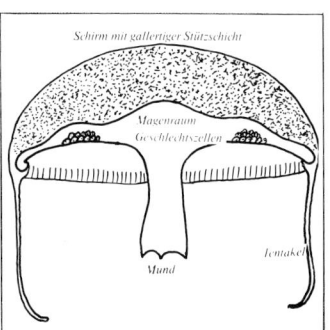

Diese Querschnittzeichnung zeigt den Aufbau einer Schirmqualle.

eingelagert ist. Der Schirmrand ist gelappt und dient durch kräftiges Nach-Unten-Schlagen der Fortbewegung. Dieser Rand ist häufig von Fangfäden besetzt, und in seinen Einbuchtungen liegen bei vielen Arten Gleichgewichtsorgane, einfache Augen und sogar Riechorgane.

Eine vierstrahlige Grundform bestimmt das Aussehen der Tiere: Das hohle Innere ist der „Magen", der durch eine kreuzförmige Öffnung in der Mitte unter dem Schirm nach außen führt. Diesen Mund sieht man allerdings kaum, da seine Kanten „Arme" oder stark gekräuselte Fortsätze bilden, in denen die Mundöffnung zu vielen engen Kanälen verwachsen ist. An diesen Mundarmen sitzen bei vielen Arten mehr oder weniger stark nesselnde Tentakeln. Diese

Die zarten, zum Teil verführerisch schönen Quallen werden von den meisten Menschen gefürchtet. Zu Recht. Zwar nesseln nicht alle so verbrennend wie die links abgebildete Leuchtqualle (Pelagia noctiluca), bei der deutlich die Keimzellen rötlich durch den Schirm leuchten, aber auch viele andere Arten können einem die Freude am Wasser verderben. Die Nesselgeschosse der gelben Wurzelmundqualle (rechts, Cotylorhiza tuberculata) hingegen sind für den Menschen völlig ungefährlich.

Schirmquallen

Mundtentakeln und die vom Schirmrand hängenden Fäden bilden den Fangapparat der Quallen, der zum Abfischen des Wassers nach Beutetieren dient. Sie ergreifen kleine freischwimmende Meerestiere wie Krebse, Schnecken aber auch z. T. recht große Fische und andere Quallen.

Lebensweise und Ernährung

Würfel-, Fahnen- und Wurzelmundquallen sind Dauerschwimmer des freien, oberflächennahen Wassers. Sie reagieren unterschiedlich auf Witterungsverhältnisse und kommen z. B. bei trübem Wetter, Temperaturwechsel oder zu bestimmten Tageszeiten nahe an die Oberfläche. Manche Arten (Ohren-, Haarquallen) lassen sich bei stärkeren Stürmen auf den Boden sinken, wo sie liegen bleiben. Sie füllen dann die Grund-Schleppnetze der Fischer in so ungeheuren Mengen, daß der Fischfang zum Teil unmöglich ist. Sie können auch von Oberflächenströmungen, die mit den Windrichtungen wechseln, über weite Strecken verfrachtet oder zu Massen zusammengetrieben werden. Die Mehrzahl der Schirmquallen sind Räuber, die die verschiedensten Tierarten fressen, die im freien Wasser schwimmen; Krebse, Borstenwürmer, Quallen anderer Klassen (Rippen- und Staatsquallen) und besonders Fische.

Die Nahrungsmenge, die sie verzehren, ist nicht gering: Eine Kompaßqualle frißt z. B. (nach Kästner) schon mit 6 cm Durchmesser zwei Ohrenquallen von 5,5 cm Querschnitt. Eine andere fraß binnen weniger Minuten vier Fische von 3 cm Länge und eine Ohrenqualle von 2,5 cm Fische von bis zu 12 mm Länge, was fast der halben eigenen Körpergröße entspricht.

Die Möglichkeit des Zusammentreffens mit der Nahrung wird dadurch vergrößert, daß die Tentakeln weit ausgestreckt werden. Die Dalmatinische Haarqualle hat eine besondere Schwimmweise entwickelt, die es ihr ermöglicht, alle Fäden strahlenförmig um sich auszubreiten. So läßt sie sich dann wie eine riesige Spinne mit ihrem Netz niedersinken. Ein Exemplar von nur 25 cm Durchmesser kann auf diese Weise immerhin etwa 150 cm² befischen. Die Nesselkapseln dienen dazu, die Beutetiere zu orten, zu lähmen und festzuhalten. Die Mundarme sind sehr dehnbar und wickeln die Opfer ein, sobald sie in ihre Reichweite gekommen sind und transportieren sie in die Mundöffnung weiter.

Die Wurzelmundquallen sind Kleintierfresser, ebenso zeitweise die Ohrenquallen. Sie sammeln Plankton, meist kleiner als 6 mm, nicht mit Hilfe ihrer Tentakeln, sondern mit Wimpern, die den ganzen Körper bedecken, in Richtung zu den Mundöffnungen schlagen und so die auftreffenden Nahrungsteilchen dorthin transportieren.

Lebensraum und Verbreitungsgebiete

Quallen sind für das Leben in der Hochsee ausgerüstet und finden sich im Küstengebiet schlecht zurecht, weil sie von Wind und Wellen hilflos ans Ufer gespült werden. Massenansammlung in Ufernähe sind jedoch nicht nur Folge heftiger Seewinde, sondern können auch, besonders in den Sommermonaten, der Fortpflanzung dienen.

Die Larven benötigen zur Entwicklung Felsboden, (siehe Fortpflanzung) so daß die meisten Quallen, trotz ihres nur für das Leben im freien Wasser ausgestatteten Körperbaues, immer vom Küstengebiet abhängig und daher größtenteils auf die Shelfgebiete beschränkt bleiben. Nur wenigen Arten gelang es, die am Boden lebende Polypengeneration zu überspringen und so vom Festland völlig unabhängig zu werden.

Die Kompaßqualle kommt in Mittelmeer, Atlantik und Nordsee vor, die Ohrenqualle ist weltweit verbreitet, die Leuchtqualle bewohnt das Mittelmeer und wärmere Teile des Atlantik. Die Blaue und die Gelbe Haarqualle bewohnen Atlantik und Nordsee; die Gelbe Haarqualle geht sogar in die Ostsee, und selbst in kühlen Teilen des Pazifik ist sie zu finden. Die Arktische Haarqualle bewohnt die kühlen Gewässer um den Nordpol und die Dalmatinische Haarqualle ist im Mittelmeer zu Hause.

Biologische Besonderheiten

Die Leuchtqualle leuchtet durch mechanische Reize (Schlag eines Ruders, Bug- oder Brandungswelle) auf. Daher auch ihr Name. Jedoch sind weder der chemische Vorgang noch die biologische Bedeutung dieses Phänomens bekannt.

Zwischen den Tentakeln vieler Quallen tummeln sich nur wenige Zentimeter lange Jungfischchen, die hier einen Unterschlupf vor Feinden gefunden haben. Da sich diese Fische der jeweils größten Qualle anschließen, haben manche Quallen ganze Herden von Jungfischen um sich versammelt, während andere leer ausgehen. Wenn die Jungfische eine Länge von sechs bis zehn Zentimeter erreicht haben, verlassen sie die Quallen und ziehen, meist in Schwärmen zusammenbleibend, durch die Meere.

Noch ist nicht geklärt, ob die „Quallenfische" sich gegen das Nesselgift der Quallen dadurch schützen, daß sie den Schleimstoff, den die Qualle entwickelt, um sich nicht selbst zu nesseln, mit ihren Flossen vorsichtig abstreifen, sich damit „einseifen" und so dem Tod entgehen, oder ob sie sich auf andere Weise vor dem Gift schützen, etwa indem sie den Tentakeln aus dem Weg gehen und sich nur unter dem Schirm und zwischen den Mundkrausen verbergen.

Fortpflanzung

Die meisten Quallen sind getrenntgeschlechtlich; es gibt also männliche und weibliche Tiere. Die geschlechtsreifen Quallen versammeln sich hauptsächlich in den Sommermonaten, oft zu riesigen Schwärmen in der Nähe des Ufers und geben dort ihre Geschlechtsprodukte, die in der Körperhöhle gebildet werden, einfach durch die Mundöffnung ins Wasser ab, wo die Vereinigung der Keimzellen dem Zufall überlassen bleibt. Die befruchteten Eier bilden freischwimmende Larven, die bis zu zehn Tagen planktonisch leben und sich dann an einer Unterlage festsetzen. Dort wandeln sie sich in Polypen um, die den Süßwasserpolypen ähneln und zeigen, daß die Quallen nur frei schwimmende Geschlechtstiere sind, die von Polypen abstammen und damit mit den Anemonen und Korallen verwandt sind. Dieser Polyp kann durch Teilung mehrere Tochterpolypen hervorbringen; auch seitliche Knospungen kommen vor. Nach einiger Zeit des Wachstums bilden sich die Tentakeln des Polypen zurück, und er beginnt sich in Scheibchen quer durchzuschnüren. Ende Winter lösen sich diese Scheibchen – vergleichbar mit der Wegnahme eines Tellers nach dem anderen von einem Stapel – nacheinander ab und schwimmen als Jungquallen von etwa 1 mm Größe ins freie Wasser, das von nun an ihr Lebensraum ist. Dort wachsen sie heran und erreichen meist im Spätsommer ihre volle Größe und Geschlechtsreife. So schließt sich der Zyklus eines Wechsels der Generationen zwischen geschlechtlicher und ungeschlechtlicher Vermehrung. Manche Polypen bilden nach Abtrennung der Quallen wieder Fangarme aus, überdauern so den Sommer, um im nächsten Jahr wiederum Quallen hervorzubringen.

Abweichend von dieser Normalform der Entwicklung macht die Kompaßqualle einen Geschlechtswechsel durch. Sie ist zuerst männlich, dann männlich und weiblich zugleich und zuletzt weiblich; sie kann sich also während einer bestimmten Zeit selbst befruchten. Im Gegensatz zu den meisten anderen Quallen gibt sie ihre Eier nicht ins freie Wasser ab, sondern läßt sie in den Eierstöcken, wo sie auch befruchtet werden, bis die Larven geschlüpft sind. Von den Haarquallen kennen wir eine ähnliche Art der Brutpflege: Sie behält die Embryonen ebenfalls bis zum Larvenstadium zurück, allerdings nicht in den Eierstöcken sondern zwischen den Mundarmen.

Die Leuchtqualle macht eine verkürzte Entwicklung durch: Aus den Schwimmlarven entstehen sofort Jungquallen. Die Polypengeneration wird dadurch umgangen; die Qualle braucht daher zur Fortpflanzung keinen festen Boden mehr, und so konnte sie den gesamten Bereich der Hochsee erobern.

Staatsquallen *(z. B. Physalia physalis)*

Ausländische Bezeichnung:
portuguese man-o-war (engl.)
Deutsche Bezeichnung:
Portugiesische Galeere

Verbreitungsgebiete:
alle tropischen und subtropischen Meeresgebiete (Hochseebewohner)

Text: Dr. Heinz Gert de Couet
Fotos:
Dr. Hans Fricke (Farbe),
Wilhelm Hoppe (SW)

Verletzungen und Vergiftungen

Eine Verletzung durch Staatsquallen ähnelt in jeder Hinsicht einer Vernesselung durch Hydrozoen, zu denen Staatsquallen auch zählen. Die Schwere der Vernesselung hängt stark von der betroffenen Fläche ab, generell ist sie aber vergleichbar mit der der stärksten Nesseltiere, Feuerkorallen und Seewespen.

Eine Vernesselung tritt durch direkten Kontakt mit den langen, die Nesselpolypen tragenden Tentakeln der Staatsqualle ein. Besondere „Wehrpolypen" auf den Tentakeln haben sogar ihren Schlund und andere Gewebespezialisierungen eingebüßt, um nur noch Nesselkapseln zu produzieren (siehe auch die Kapitel „Feuerkorallen", Seeanemonen", „Quallen"). Beim Kontakt mit tierischem Gewebe „explodieren" diese Nesselkapseln und schleudern einen millimeterlangen, mit Widerhaken besetzten Hohlfaden aus, der mit einer giftigen Flüssigkeit gefüllt ist. Beutetiere werden durch diese Gifte gelähmt oder auf der Stelle getötet. Besondere Klebzellen heften das Beutetier fest, und spezielle Verdauungspolypen beginnen, mit Fermenten das Eiweiß des Opfers zu zersetzen.

Die Gifte von Physalia gehören zu den stärksten Nesselgiften, die man kennt. Eine großflächige Vernesselung kann durchaus lebensgefährlich werden. Charakteristisch sind heftige Schmerzen, die sofort nach Kontakt einsetzen. Mitunter können sie so stark sein, daß das Opfer bewußtlos wird. Zu schweren Hautschädigungen kommen noch allgemeine Symptome durch die Gifte, die besonders das Kreislaufsystem betreffen. Mit Schockzustand muß gerechnet werden, gelegentlich treten Fieber mit Schüttelfrost, Übelkeit und Kopfschmerzen auf. In besonders schweren Fällen sind Krämpfe und Atembeschwerden zu beobachten. Todesfälle, die bekannt wurden, treten innerhalb von drei bis acht Minuten nach der Venesselung auf.

Im allgemeinen kann damit gerechnet werden, daß sich die Symptome eine halbe Stunde nach Vergiftung ständig bessern, allerdings über einen mehrere Tage währenden Zeitraum. Die betroffenen Hautpartien werden sehr schnell gerötet, blutunterlaufene Stellen und Blasen treten auf. Der anfängliche Schmerz kann sich in ein taubes Gefühl umkehren. Im Verlaufe der Besserung tritt ein starker Juckreiz ein, der deswegen gefährlich ist , weil er zum Aufkratzen der Blasen reizt, die sich danach leicht entzünden. Bei schweren Vernesselungen wird das betroffene Gewebe nekrotisch und neigt zu geschwürigem Zerfall.

Erste Hilfe

Als typische Hochseebewohner sind Begegnungen mit Staatsquallen nicht gerade häufig. Jedoch kann es bei ungünstigen Windverhältnissen zu Massenansammlungen von Physalia in Küstennähe kommen. Oft werden sie dann zu Hunderten in windgeschützten Buchten angespült. Gefährdet sind besonders Schwimmer, Schnorchler und Strandwanderer, die versehentlich in eine gestrandete Qualle treten. Auch bei scheinbar toten, auf dem Trockenen liegenden Tieren können die Nesselkapseln durchaus noch intakt sein. Auch ein abgerissenes Stückchen einer Tentakel, das am Tauchanzug oder sonstwo an der Kleidung kleben geblieben ist, behält seine nesselnde Wirkung über Stunden.

Solche Gewebefetzen können unbemerkt mit der Hand verschleppt werden und dann ins Gesicht gelangen. An den Schleimhäuten von Mund und Augen richten die Nesselkapseln ernsthafte und schmerzhafte Schäden an. Glücklicherweise sind die hellblauen Staatsquallen auf hellem Sand oder Korallengrund recht gut auszumachen. Große Staatsquallen werden anhand ihrer großen Gasblase an der Oberfläche gesehen, allerdings können die Tentakeln eine Länge von mehreren Metern erreichen.

Die Behandlung von Vernesselungen erfolgt symptomatisch. Der auf der Haut verbliebene Nesselschleim muß zunächst inaktiviert werden. Im einfachsten Falle streut man Sand auf die Partie, läßt ihn antrocknen und kratzt ihm mit einem stumpfen Gegenstand vorsichtig ab. Besser ist das Betupfen mit verdünntem Salmiakgeist, Alkohol oder Formol.

Auf jeden Fall ist das Abwischen des frischen Schleims zu unterlassen, weil dabei weitere Nesselkapseln zur Explosion gebracht werden.

Starke Schmerzen werden durch entsprechende Mittel bekämpft, die allerdings der Arzt verschreiben muß. Bei einsetzendem Schock muß sofort mit entsprechenden Maßnahmen begonnen werden: Stabile Lage, Kopf tief legen und den Betroffenen mit einer Decke vor Auskühlung schützen. Wenn notwendig, künstlich beatmen. Sofort einen Arzt holen.

Bei den Giftstoffen von Hohltieren handelt es sich um Mischungen von verschiedenen Eiweiß-Giften, die sowohl das Nervensystem als auch die Herz-Kreislauffunktionen beeinträchtigen. Daneben treten sogenannte biogene Amine auf, die für die starken Schmerzen verantwortlich sind.

Das Vorhandensein von Eiweißen in den Giften hat auch bei den Staatsqualllen einen möglichen Nebeneffekt: die aktive Immunisierung des Betroffenen. Wenige Wochen oder Tage nach dem Kontakt werden im Serum zunehmend Antikörper gegen das Gift nachweisbar. Eine solche Antikörperbildung wäre zunächst recht wünschenswert, denn bei einem erneuten Kontakt würden die Giftwirkungen wie nach einer Impfung

*Schön, aber nicht
ungefährlich: Die Gifte
der Staatsquallen
gehören zu den stärksten
Nesselgiften, die man
bisher kennt. Den Tentakeln,
die bei Physalia z. B. bis zu
50 Meter lang werden können,
sollte man deshalb tunlichst
nicht in die Quere kommen.*

Staatsquallen

ausbleiben. In der Regel kommt es aber weit häufiger zu Überempfindlichkeitsreaktionen (Allergien), deren Symptome weit gravierender sein können als die einer Vernesselung. Sie reichen von unangenehmen Hautausschlägen bis zum Schock.

Einzige Gegenmaßnahme: auch in den Tropen einen Schutzanzug tragen.

Erkennungsmerkmale

Physalia ist die größte aller Staatsquallen und, an der Oberfläche treibend, leicht an der großen, bis 50 Zentimeter langen Gasblase zu erkennen, die silbrig schimmert und leicht purpurn gefärbt ist. Unterseits ist die Blase azurblau gefärbt, ein Merkmal, das viele Hochseebewohner gemeinsam haben, sowohl Fische als auch Schnecken und echte Medusen. Man sagt dieser Färbung eine gewisse Tarnwirkung nach, da ein blau gefärbtes Objekt im offenen Meer weit weniger auffällt als ein helles Tier. Der Stamm von Physalia ist etwa 30 Zentimeter lang; die Fangfäden können aber bis 50 Meter lang werden! Gelegentlich werden Massenansammlungen von Physalia auf hoher See angetroffen. Ungünstige Windverhältnisse haben im karibischen Raum schon kilometerbreite Wälle von Staatsquallen auf den Strand geworfen. Andere Arten werden ebenfalls leicht an der Gasblase und dem Segel erkannt.

Lebensweise und Ernährung

Staatsquallen gehören zu den Lebewesen, die nahezu perfekt an die Hochsee als Lebensraum angepaßt sind. Ihre zu einem segelförmigen Organ ausgezogene Gasblase macht sie zu windabhängigen Seg-

lern, die auch gegen eine leichte Strömung „kreuzen" können. Tatsächlich ist das Segel ein wenig aus der Längsachse der Gasblase gerückt, so daß die Galeere in einem Winkel von etwa 40 Grad mit dem Wind treibt.

Die ganze Ordnung der Staatsquallen umfaßt etwa 150 Arten, die zum Teil sehr klein sind. Physalia, die größte Gattung, ist in allen tropischen und subtropischen Meeren beheimatet. Physalia physalis lebt im Atlantik und im Mittelmeer, ihre nördliche Verbreitungsgrenze liegt bei den Hebriden. Eine verwandte Art lebt im Pazifik, im Norden bis Japan.

Lebensraum und Verbreitungsgebiete

Die Bezeichnung „Staatsqualle" für die Portugiesische Galeere ist irreführend und im engeren Sinne sogar falsch. Die Bezeichnung „Galeere" umschreibt den Status von Physalia treffender: Es handelt sich nicht um eine Meduse, die wie ein Korallenpolyp ein Individuum darstellt, sondern um eine ganze Kolonie von Polypen, die sich zu einem hohen Grad von Arbeitsteiligkeit spezialisiert haben.

Die segelförmige Gasblase macht die Staatsquallen (hier Physalia physalis) zu windabhängigen Seglern, die auch gegen eine leichte Strömung „kreuzen" können.

Der aus einer Larve hervorgehende Gründungspolyp beginnt mit der Erzeugung der großen Gasblase und einer Stammachse, an der auf ungeschlechtlichem Wege zahlreiche weitere Polypen mit Fangfäden entstehen. Die ursprünglich zahlreichen Tentakeln der Hydroid-Polypen werden bei den Staatsquallen bis auf einen Fangfaden reduziert. Alle Einzelmedusen der Staatsqualle sind mit ihren Magenräumen untereinander verbunden, so daß Nahrung in der ganzen Kolonie verteilt wird.

Wie bei den Hydrozoen, bilden auch die Staatsquallen spezielle Geschlechtsmedusen, die aber nicht bei allen Arten freigelassen werden, um der Verbreitung zu dienen. Häufiger ist es der Fall, daß die Geschlechtsmedusen am Stock verbleiben. Durch seitliche Knospung der Hauptachse entstehen zahlreiche Nebenachsen, sogenannte Cormidien, die wie lange Tentakeln dicht unter der Gasblase ansitzen. Die Cormidien sind in sich kontraktil und treiben bei der Nahrungssuche von Physalia hinter der Gasblase.

Bei ausgewachsenen Staatsquallen ist diese Gasblase hermetisch verschlossen, während junge Tiere den Gasgehalt aktiv verändern und damit auch tauchen können. Gerät ein Krebs oder ein Fisch in die Tentakeln von Physalia, wird er fast augenblicklich gelähmt und durch Klebzellen festgehalten. Die entsprechende Tentakel verkürzt sich spiralig, bis die Beute in den Bereich von weiteren Freßpolypen gerät, die das Opfer mit trompetenförmig aufgesperrten Rüsseln bedecken. Bereits nach wenigen Stunden ist die Beute aufgelöst, und der Nahrungsbrei wird über die ganze Kolonie verteilt.

Biologische Besonderheiten

Der Inhalt der Gasblase bei Staatsquallen ist offensichtlich nicht allein durch Austausch mit der Atmosphäre entstanden. An der Basis der Blase befindet sich eine Gasdrüse, die in Gegenwart der Aminosäure Serin das giftige Kohlenmonoxid erzeugt, das mit einem Gehalt bis 13 Prozent darin enthalten ist, während die übrigen Gase ihrem Anteil in der Atmosphäre entsprechen. Durch die Gasdrüse können die Staatsquallen ihren Auftrieb und ihren „Tiefgang" regulieren, was insbesondere für die Arten wichtig ist, die gelegentlich tauchen.

Eine Art von Freßgemeinschaft oder Parasitismus existiert mit dem kleinen Fisch Nomeus gronovei, der gelegentlich Stücke aus den Tentakeln von Physalia herausreißt. Gerät er aber zu nahe an die Freß- und Wehrpolypen der Galeere, wird er selbst verschlungen. Schwer zu sagen, wer mehr von dieser ungleichen Gemeinschaft hat. Sicher ist der kleine Fisch sehr wirkungsvoll vor Freßfeinden geschützt zwischen den nesselnden Tentakeln der Staatsqualle. Andererseits bereichert der kleine Untermieter gelegentlich den Speisezettel der Qualle. Ähnliche Gemeinschaften sind auch von Wurzelmund-Quallen bekannt.

Einer der ökologisch bedeutsamsten Feinde von Hydrozoen sind die Fadenschnecken der Ordnung Nudibranchia. Ein Vertreter dieser Familie hat sich darauf spezialisiert, an der Segelqualle Velella zu parasitieren (Glaucus marginatus). Als Hochseebewohner hat er sogar die Farbe seines Wirtes angenommen: blau-weiß. Die etwa sechs Zentimeter messende Velella wird oft an tropischen Stränden angespült, ein geringer Prozentsatz dieser Quallen findet sich fast immer mit der kleinen Fadenschnecke und läßt sich im Flachwasser beobachten.

Feuerkorallen (Millepora)

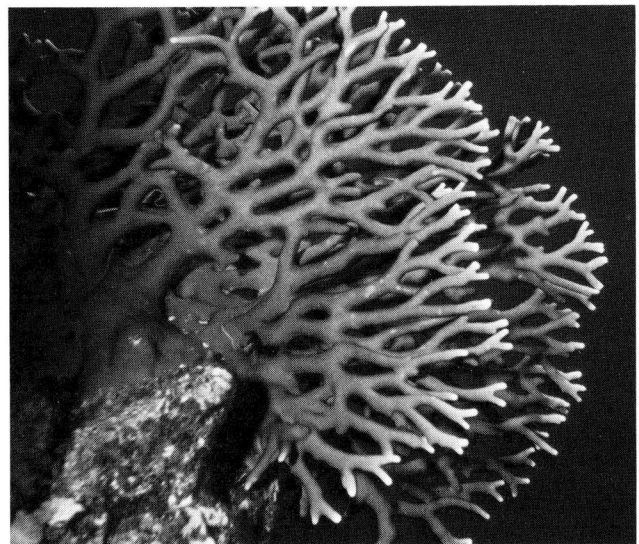

Verbreitungsgebiet:
Karibik, Rotes Meer, Indipazifik
Ausländische Bezeichnungen:
Fire coral (engl.)

Text:
Dr. Friedrich Naglschmid
Fotos:
Dr. Harry Erhardt

Verletzungen und Vergiftungen

Ist der Name Feuerkorallen auch zoologisch gesehen nicht exakt, so machen diese Hohltiere ihm dennoch alle Ehre. Berührt der unvorsichtige Taucher oder Badende diese Kolonien mit der nackten Haut, so verspürt er unmittelbar an der Berührungsstelle einen starken Brennreiz. Zu Tausenden wurden Nesselkapseln abgeschossen, deren Nesselfäden sogar die menschliche Haut durchdringen können.

Zudem besitzen diese winzigen aber wirkungsvollen Abwehrwaffen auch noch Nesselgifte, die mit den Fäden unter die Haut gelangen und zu starken Verbrennungen führen. Dabei sind Verletzungen an den Beinen und an den Händen meist weniger schmerzhaft als an den übrigen Körperteilen. In schweren Fällen kann sich nach wenigen Tagen die Haut gänzlich an der Berührungs-

stelle ablösen, wodurch die Gefahr einer weiteren Infektion gegeben ist.

Wie schon bei anderen Coelenteraten zu beobachten ist, so kann auch die wiederholte Berührung von Feuerkorallen zu einer Überempfindlichkeit gegenüber den Millepora-Toxinen (Giften) führen. Man versteht darunter eine immunologische Antwort, die Reaktionen auslöst, die die körpereigenen Zellen schädigen. Solche Überempfindlichkeiten können die Berührungsfolgen erheblich verstärken. Im Falle einer solchen Sensibilisierung kommt es nicht selten zu Todesfällen durch Schockwirkung und Kreislaufzusammenbrüchen. Aus diesem Grund sollten vor allem Taucher, die unter Allergien leiden, die Berührung von Feuerkorallen besonders vermeiden. Im allgemeinen reichen die Symptome je nach Umfang der Vergiftung vom lokalisierten, brennenden bis stechenden Schmerz, der weit über die Berührungsstelle aus-

strahlen kann, bis zur Unerträglichkeit. Die Berührungsstellen selbst sind meist stark gerötet. Innerhalb kürzester Zeit schwillt die Kontaktstelle an. Nachfolgende Entzündungen und Blasenbildung führen zu typischen Verbrennungserscheinungen. Bei Überempfindlichkeit steigern sich die Symptome über Fieber und Brechreiz bis zu den bereits geschilderten Schockwirkungen und Kreislaufzusammenbrüchen. Wer sich seinen Urlaub nicht durch Verletzungen an Feuerkorallen beeinträchtigen lassen will, tut gut daran, sich gegen die Nesselkapseln durch einen Schutzanzug und durch Handschuhe zu schützen. Grundsätzlich sollte man in tropischen Meeren nichts ohne Handschuhe anfassen.

Erste Hilfe

Kommt es trotz aller Vorsichtsmaßnahmen zu Verletzungen, sollte man daran denken, daß bei solchen Berührungen meist ein Schleimfilm mit noch nicht entladenen Nesselkapseln zurückbleibt. Durch vorsichtiges Beträufeln mit Alkohol, 10%igem Formalin, Salmiakgeist oder Natriumbikarbonat wird verhindert, daß die noch vorhandenen Nesselkapseln abgeschossen werden und die Verletzung verstärken. Anschließendes Einreiben mit einem Antihistaminikum ist angezeigt. Bei leichteren Verletzungen helfen aber auch die üblichen Hausmittel wie Borsalbe, Vaseline oder Bestreuen mit Zucker, Mehl, Salz oder Sand und anschließendes vorsichtiges Abreiben der angetrockneten Schicht mit dem Messerrücken.

Spezifische Mittel gegen Nesselgifte sind derzeit noch nicht bekannt, so daß ernsthafte Verletzungen der ärztlichen Fürsorge überlassen werden sollte. In Notfällen sollten Kreislauf- und Herzmittel das Allgemeinbefinden des Patienten stützen und Schmerzlinderungsmittel den brennenden Schmerz lindern.

Erkennungsmerkmale

Der stechend brennende Schmerz, den diese Meerestiere verursachen, ist wohl das tiefgreifendste Erkennungsmerkmal. Doch keine Angst, zwar täuschen Feuerkorallen aufgrund ihres Aussehens die Zugehörigkeit zu den für uns ungefährlichen Steinkorallen vor, doch kann der aufmerksame Be-

obachter sie ohne weiteres anhand ihres spezifischen Aufbaus leicht von diesen unterscheiden und so Verletzungen vermeiden. Der lateinische Artname „dichotoma" deutet auf dieses charakteristische Formmerkmal direkt hin.

Die ursprüngliche Wachstumszone teilt sich in zwei neue Wachstumszonen auf, wodurch die typische regelmäßige Verzweigung dieser Feuerkoralle entsteht. Ein Hauptast liefert zwei gleichgroße Nebenäste. Diese Nebenäste verzweigen sich wieder entsprechend in je zwei neue gleichwertige Seitenäste. Da alle Verzweigungen in einer Ebene bleiben, entsteht ein flacher, durch regelmäßige Verzweigung gekennzeichneter Kalkfächer. Da sich berührende Zweige dieses Fächers miteinander verwachsen können, bildet das Zentrum des Fächers meist ein regelmäßig durchbrochenes Netz. Lediglich an den Randzonen ist die dichotome Verzweigung noch unverändert erkennbar.

Millepora dichotoma fällt außerdem durch ihre gelb-braune bis ockerbraune Färbung im übrigen Korallendickicht auf. Bei näherer Betrachtung fehlt ihren Einzelpolypen auch das typische Aussehen der anderen Korallenpolypen. Im Gegensatz zu diesen, von einem sichtbaren Tentakelkranz umgebenen Tieren, wirken die Polypen der Feuerkorallen unter Wasser wie die Brennhaare einer Brennessel im Gegenlicht.

Eigentlich tragen Feuerkorallen den falschen Namen, denn sie sind keine echten Korallen. Ihr korallenähnliches Erscheinungsbild, das durch das Kalkskelett hervorgerufen wird, ist eine auch bei anderen Lebensformen beobachtete Erscheinung, die der Biologe als Konvergenz bezeichnet. Man versteht darunter das durch ähnliche Lebensbedingungen hervorgerufene, fast gleiche Aussehen verschiedenster Lebewesen aus unterschiedlichen systematischen Gruppen. Feuerkorallen, die man richtiger als Hydrozoa ansprechen muß, gehören zum Stamm der Cnidaria (Nesseltiere).

Nesseltiere sind allgemein durch die im Tierreich einmaligen Zellorganellbildungen, den Nesselkapseln, gekennzeichnet. Die weitere Eingliederung erfolgt in die Klasse der Hydrozoa, zu deren bekanntesten Vertretern der im Süßwasser auch bei uns heimische Süßwasserpolyp Hydra gehört. Jedoch bilden die Hydrozoa selbst wieder einige Verwandt-

*Flammengleich
züngeln die
gelblich gefärbten
Feuer- oder Hydro-
korallen ins Blau
des Meeres.
Die fleischige
Millepora compla-
nata (o.) stammt
von der Atlantik-
küste Kolumbiens.
Die beiden Fotos
links und das
große Bild rechts
zeigen die verschie-
denen Formen der
Millepora dicho-
toma aus dem
Roten Meer.*

Feuerkorallen

schaftskreise, innerhalb deren die Milleporidae (Feuerkorallen) eine eigene Familie darstellen.

Lebensraum und Verbreitungsgebiete

Feuerkorallen sind in allen tropischen Meeren zuhause. Sie gehören jeweils als typische Kalkbildner zu den charakteristischen Vertretern der Riffe. An vielen Orten sind Feuerkorallen die überwiegende Tierart und übertreffen in ihrer Mächtigkeit die übrigen Riffbewohner. Hier sind vor allem die Feuerkorallen der Karibik Millepora alcicornis und Millepora complanata als enge Verwandte der hier angesprochenen Art Millepora dichotoma zu erwähnen. Sie ist auf die Riffe des Indopazifiks beschränkt.

Vor allem im Roten Meer müssen Sie sich vor dieser Art in acht nehmen, da sie hier ein weit verbreiteter Bestand der Fauna ist. Dagegen scheinen Feuerkorallen der Gattung Millepora im östlichen Pazifik und im Bereich von Hawaii weniger verbreitet zu sein. Die Hauptursache ist in diesem Meeresabschnitt wohl in den kalten, nordwärts strömenden antarktischen Wassermassen des Humboldt-Stromes zu suchen. Feuerkorallen sind ebenso wie Steinkorallen auf eine durchschnittliche Wassertemperatur von 20° C angewiesen.

Trotz ihrer schmerzhaften Abwehrwaffen gehören Feuerkorallen in vielbetauchten Gebieten zu den gefährdeten Arten. Unachtsame, durch dicke Neoprenanzüge geschützte Taucher, schlagen Feuerkorallen mit weitausholenden Flossenschlägen regelrecht zusammen, da die äußeren Wachstumszonen noch recht zerbrechlich sind. Dabei sind es gerade die durch Taucher leicht zu erreichenden oberen Riffzonen, die den Feuerkorallen als Lebensraum zur Verfügung stehen, da sie eng an das Zusammenleben mit licht-

bedürftigen Zooxanthellen (symbiontische Algen) gebunden sind. In diesem Lebensbereich wiederum bietet jeder unachtsam zerstörte Korallen- und Feuerkorallenstock der anrollenden Brandung sofort Gelegenheit, tiefe Schneisen in das Riff zu schlagen.

Lebensweise und Ernährung

Feuerkorallen leben vom Fang planktonischer Lebewesen, die sie mit Hilfe ihrer Nesselkapseln betäuben oder töten. Die Beute führen sie dann den Freßpolypen zu, die für die Verdauung sorgen. Über ein Kanalsystem werden dann die Wehrpolypen von den Freßpolypen mitversorgt. Die meisten der lebensnotwendigen Mineralstoffe finden sich im Meerwasser gelöst.

Da die Polypen in der Lage sind, alle diese Stoffe über die ganze Körperfläche aufzunehmen, geraten sie auch hinsichtlich der notwendigen Mineralstoffe selten in Mangelsituationen. Lediglich ihr Planktonbedarf zwingt sie in strömungsreichere, stets neues Plankton zuführende Gewässer. Zusätzlich zeigt das Wachstum der Milleporafächer deutliche Zusammenhänge mit der vorherrschenden Strömungsrichtung.

Feuerkorallen leben wie viele Riffbewohner in Lebensgemeinschaft mit einzelligen Algen, die als Symbionten von tiefgreifender Bedeutung für den Stoffwechsel der Polypen sind. Durch diese engste Form des Zusammenlebens, der

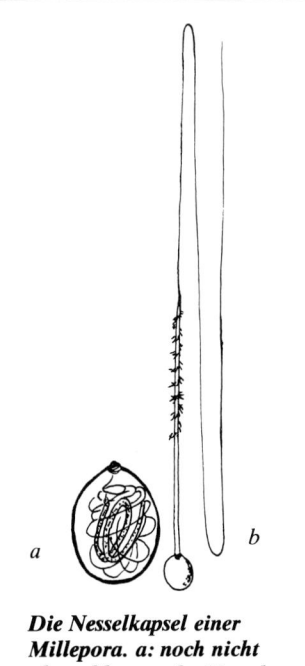

Die Nesselkapsel einer Millepora. a: noch nicht abgeschlossen, der Nesselfaden ist noch eingerollt. b: Nesselkapsel mit abgeschossenem Nesselfaden, der in das Opfer eindringt

Endosymbiose, bei der die Algen in den tierischen Zellen leben, ist ein lebhafter Nährstoffaustausch gewährleistet. Die grünen Algenzellen übernehmen Kohlendioxid sowie Nitrat- und Phosphatverbindungen und liefern photosynthetisch produzierte Kohlenhydrate. Auch die Produktion des Kalkgerüstes scheint auf das Engste mit der Algentätigkeit verbunden zu sein. Wahrscheinlich ist der Lichtbedarf der Algenzellen sogar

für die Tiefenbegrenzung der Milleporidae verantwortlich.

Biologische Besonderheiten

Feuerkorallen bilden Hydrozoenstöcke, die den Steinkorallen ähnlich sind und große Kolonien darstellen. Zunächst besiedeln Feuerkorallen Felsen, tote Korallenstöcke oder andere feste Untergründe. Sie bilden ein weitläufiges Kanalsystem (sogenannte Stolonen), das selbst sehr engmaschig und kaum einen halben Millimeter dick ist. An den Wänden der Stolonenröhren werden Kalkrinden abgesondert. Diese Kalkrinden können bei benachbarten Stolonen miteinander verwachsen und bilden so eine einheitliche Kalkkruste. Lediglich der dem Wasser zugewandte Stolonenteil bleibt unverkalkt. Die in ihrem Ektoderm (äußerste Zellschicht) mit vielen Nesselkapseln gespickten lebenden Stolonen bilden an diesen unverkalkten Zonen Polypenknospen, die sich zu Freß- oder Wehrpolypen entwickeln. Da diese Polypen am untersten Stolonengeflecht knospen, steht ihnen eine fast ½ mm tiefe Kalkröhre zur Verfügung, in die sie sich durch blitzschnelle Kontraktionen zurückziehen können. Wehr- und Freßpolypen bilden meist eine systematische Anordnung, bei der ein 0,25 mm dicker Freßpolyp im Zentrum eines Kreises von Wehrpolypen sitzt. Im Gegensatz zu den Freßpolypen weisen die Wehrpolypen keinen Mund auf und sehen insgesamt eher wie eine einzelne Tentakel aus. Nach und nach verzweigt sich das Stolonengeflecht auch nach oben und bildet neue Kalkschichten aus. Auch hier knospen Polypen. Die bislang tiefste Schicht stirbt ab, und es entstehen so durch fortwährendes Wachstum große, korallenähnliche Kalkstöcke, bei denen stets nur die äußerste Schicht lebt.

An den Stolonenwänden entstehen außerdem Sexualzellen, die in Polypen eindringen. Solch ein Polyp verwandelt sich dann in eine Meduse, die sich abschnürt und freischwimmend für die Artverbreitung sorgt. Da diese Medusen allerdings stark reduziert sind, ihnen fehlen ein Schleier und die Tentakeln, sind sie nur wenige Stunden schwimmfähig. Nach dem Festsetzen erfolgt mit der Ausbildung eines neuen Stolonennetzes die Bildung einer neuen Kolonie.

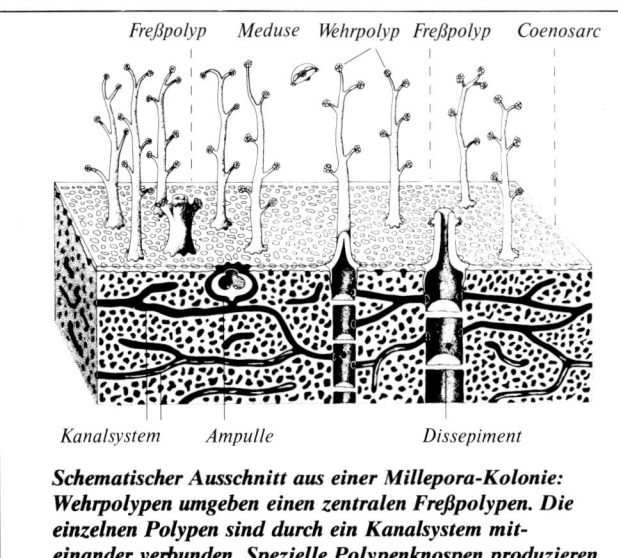

Freßpolyp Meduse Wehrpolyp Freßpolyp Coenosarc

Kanalsystem Ampulle Dissepiment

Schematischer Ausschnitt aus einer Millepora-Kolonie: Wehrpolypen umgeben einen zentralen Freßpolypen. Die einzelnen Polypen sind durch ein Kanalsystem miteinander verbunden. Spezielle Polypenknospen produzieren freischwimmende Medusen, die sich geschlechtlich vermehren und neue Kolonien gründen

Fadenschnecken *(Aeolidoidei)*

Andere deutsche Bezeichnung:
Nacktschnecken

Ausländische Bezeichnung:
aeolid sea slug, opisthobranch, nudibranch (engl.); mollusques opisthobranches, mollusques nudibranches (franz.)

Verbreitungsgebiete:
weltweit; die meisten Arten jedoch in wärmeren Gewässern

Text:
Dr. Horst Moosleitner

Fotos:
Volker Nahrgang,
Dr. Horst Moosleitner

Verletzungen und Vergiftungen

Die fadenförmigen Rückenanhänge der Fadenschnecken enthalten die gleichen Nesselkapseln, wie sie Seeanemonen, Hydrozoen und Quallen besitzen. Diese Nesselkapseln werden in taschenförmigen Erweiterungen der Fadenendigungen gespeichert. Bei Berührung entladen sie sich und können – je nach Art – mehr oder weniger starke Verbrennungen hervorrufen.

Meist sind die Nesselzellen nicht in der Lage, die Lederhaut unserer Handinnenflächen zu durchdringen, aber an empfindlichen Körperpartien können sie sehr wohl Rötungen, leichtes bis intensives Brennen und sogar starke Schmerzen verursachen. Es folgen manchmal heftig juckende Quaddelbildungen.

Die Stärke der Reaktion hängt neben lokalen Unterschieden entscheidend von der Empfindlichkeit des Betroffenen ab, jedoch sind bisher keine Fälle von stärkeren Verletzungserscheinungen bekannt geworden. Theoretisch können auch Schüttelfrost, Fieber, Kopfschmerzen, Muskelkrämpfe, Atemnot und Lähmungen auftreten, aber hierzu ist es glücklicherweise noch nicht gekommen.

Erste Hilfe

Vorbeugen ist besser als heilen. Fadenschnecken sollte man – wenn überhaupt – nur mit Handschuhen berühren. Sollte es dennoch zu Nesselverletzungen kommen, so genügt meist eine örtliche Behandlung. Verdünnter Salmiakgeist hat sich hierfür gut bewährt. In stärkeren Fällen ist ein Arzt hinzuzuziehen.

Erkennungsmerkmale

Die Fadenschnecken gehören, zusammen mit zahlreichen anderen ebenso farbenprächtigen Schnecken, zu den Nacktschnecken, die ihren Namen dem Umstand verdanken, daß sie keine Gehäuse besitzen. Dafür haben sie am Rücken Büschel von Anhängeln. Nach diesen lassen sich die Nacktschnecken grob in zwei Gruppen einteilen: die Sternschnecken (Doridier) und die Fadenschnecken (Aeolidier).

Die Fadenschnecken haben den ganzen Rücken entlang zwei Reihen von nicht gefiederten Hautpapillen, die einzeln hintereinander oder gruppenweise angeordnet sind. Hinzu kommen zwei Fühlhörner und zwei Riechfühler, die wie die Rückenhänge meist nicht eingezogen werden können.

Von den ca. 80 bis 100 allein im europäischen Raum vorkommenden Arten von Fadenschnecken seien hier Drummondi's Fadenschnecke (Facelina drummondi) und die Violette Fadenschnecke (Flabellina affinis) als Beispiele herausgegriffen.

Drummondi's Fadenschnecke wird etwa drei Zentimeter lang, weist eine weiße Grundfärbung auf, die sich auch in der vorderen Fühler ausdehnt. Das zweite Fühlerpaar ist leuchtend rot. Das Innere der Rückenpapillen scheint bräunlich durch, ihr Äußeres und die Spitzen sind blau. Dieses Blau macht die Schnecke schon von weitem sichtbar.

Die Violette Fadenschnecke ist ganz und gar violett. Manchmal ist im Inneren der Papillen ein leuchtendes Rot zu erkennen.

Die einzige Verwechslungsmöglichkeit mit den Fadenschnecken bieten die Zephyriniden, zu denen die wunderschöne Antiopella cristata zählt. Die Papillen dieser Tiere entspringen nicht dem Rücken wie bei den Aeolidiern, sondern dem Mantelrand rund um das Tier. Antiopella ist ziemlich selten und blaß ocker bis durchscheinend gefärbt. Die Leber ist als blauer Strich in den Ästen der Papillen mit einer Endverdickung zu erkennen.

Lebensraum und Verbreitungsgebiete

Die Meeresnacktschnecken sind weltweit verbreitet. Die meisten kommen allerdings in wärmeren Gewässern vor. Sie bevorzugen seichtes Wasser und leben dort auf den von ihnen bevorzugten Nährtieren. Einige vermögen – ähnlich den lungenatmenden Schnecken – an feuchten Stellen an Land zu gehen, andere dringen in Tiefen von 2.000 Metern vor.

Fadenschnecken sind auf die Verbreitungsgebiete ihrer Nährtiere voll angewiesen; an Ersatzfutter gehen sie nicht gern. So leben Facelina drummondi und Flabelina affinis durchweg auf Hydroidpolypen der algenbewachsenen Zone der Felsenküsten. Man kann sie daher auch manchmal gemeinsam auf einem Hydrozoenstock beobachten.

Lebensweise und Ernährung

Fadenschnecken sind, wie alle Nacktschnecken, sehr wählerisch in ihren Nahrungsgewohnheiten. Sie fressen meist nur eine bestimmte Art von Tier (selten Pflanzen), die sie nach Schneckenart mit ihrer Raspelzunge abraspeln und mit der sie eine enge, allerdings parasitäre Gemeinschaft eingehen.

Während die Sternschnecken als Nahrung Schwammtiere bevorzugen, sie sie meist zeitlebens bewohnen, fressen die Fadenschnecken durchweg Nesseltiere, hauptsächlich Hydrozoen, aber auch Seeanemonen, Lederkorallen und sogar Quallen.

Diese Nesseltiere verfügen in ihren Nesselkapseln über hervorragende Fang- und Abwehrwaffen, die normalerweise für alle kleineren Tiere tödlich sind. Wie es den Schnecken gelingt, diese Nesselgeschosse nicht auszulösen, ist noch nicht geklärt. Entweder „seifen" sie diese

*Die Violette Faden-
schnecke (Flabellina
affinis) ist eine der ca.
100 im europäischen
Raum vorkommenden
Arten von Nackt-
schnecken. Sie lebt
meist auf Hydroidpo-
lypen der algenbe-
wachsenen Zone der
Felsenküsten.*

Faden- schnecken

Flabellina affinis legt ihren Laich in Form von Schnüren auf Hydrozoenstöcken ab.

mit ihrem eigenen Schleim (der eventuell dem der Beute völlig angepaßt ist und sie physiologisch tarnt) derart ein, oder sie benutzen ähnlich den Anemonenfischen den den Nesseltieren eigenen schleimigen Schutzstoff und tarnen sich damit.

Jedenfalls gelingt es den Fadenschnecken nicht nur, die Nesseltiere zu bewohnen, sondern von diesen auch noch zu fressen. Das Verblüffende dabei ist, daß sie die Nesselzellen ganz wie sie sind und voll funktionsfähig schlucken. Einige davon werden bestimmt verdaut, die meisten aber wandern unverdaut in die Rückenanhänge, in welche sich die Mitteldarmdrüse, auch Leber genannt, hineinzieht. In den Endverdickungen, den sogenannten Nesselzellentaschen, werden die Nesselzellen gesammelt und zumindest vorübergehend gelagert. Bei Überfüllung werden sie von Zeit zu Zeit als eine Art Ausscheidung durch winzige Öffnungen in den Enden der Papillen ins Wasser abgegeben.

Die Fadenschnecken wehren sich also mit Hilfe „gestohlener" Waffen (Cleptocniden), und man nimmt an, daß sie diese hauptsächlich als Abwehrmaßnahme gegen Freßfeinde einsetzen. Man hat nämlich beobachtet, daß Fische, die solche Rückenanhänge abbissen, diese wieder ausspuckten und die Schnecke nicht mehr angriffen.

Biologische Besonderheiten

Fadenschnecken sind, wie alle Meeresnacktschnecken, Zwitter mit einem komplizierten Fortpflanzungssystem. Besonders die weiblichen Geschlechtsorgane sind kompliziert gebaut und enthalten neben Samenbehältern zur Aufbewahrung der Spermien verschiedene Drüsen, die jene Laichbänder erzeugen, die manchmal in Kreisen, Spiralen oder Wellen auf Fels oder Sand am Meeresgrund gefunden werden können.

Die Befruchtung wird normalerweise gegenseitig durchgeführt. Häufig ist die Laichzeit begrenzt, und die Tiere treffen sich in seichtem, warmem Gewässer, um sich zu paaren und die Eibänder abzulegen.

Aus den Eiern schlüpfen winzige Larven, die frei im Wasser als Plankton schwimmen. Wenn sie ihr bevorzugtes Nährtier gefunden haben, lassen sie sich darauf nieder und wandeln sich in junge Schnekken um (Metamorphose), die diesen Platz über längere Zeit bewohnen und manchmal zeitlebens nicht mehr verlassen. Häufig leben nämlich viele von ihnen gemeinsam auf einem Nährtier, paaren sich hier und legen hier auch ihren Laich ab. Flabellina und Facelina legen ihren Laich in Form von Schnüren auf die von ihnen bewohnten Hydrozoenstöcke ab, wobei der von Facelina weiß ist, der von Flabellina violett.

Lediglich wenn sie einen Wirt aufgefressen haben oder (manche Arten) zum Ablaichen verlassen sie ihren Platz.

Stoßen die Larven auf kein Nährtier, so sterben sie nach einer gewissen Zeit, die je nach Art verschieden ist, ab, ohne sich jemals in Jungschnecken umgewandelt zu haben.

Die Farbe, gerade jener Faktor, der die Nacktschnecken so prächtig erscheinen läßt, ist äußerst problematisch. Sie verblaßt nämlich gleich nach dem Tod der Tiere, und die den Wissenschaftlern zur Verfügung stehenden Formolleichen sind meist nur unscheinbar blaß gelb bis bräunlich gefärbt.

So hat man für die Bestimmung der Tiere anstelle äußerer Merkmale, insbesondere der Färbung, die Zähne der Raspelzunge zu Hilfe genommen. Der Taucher ist daher nicht in der Lage, die Tiere genau zu identifizieren, außer er tötet sie und nimmt sie, in Formol eingelegt, zur Bestimmung mit.

Ein zweites Farbproblem darf jedoch nicht außer acht gelassen werden: Viele Tiere sind durchscheinend und nehmen die Färbung nur vorübergehend mit der Nahrung auf und sind deshalb genauso gefärbt wie ihr Nährtier.

Frißt eine Art rote Anemonen, so wird sie rot; frißt sie grüne, wird sie grün. Mischt sie beides, so erreicht ihre Färbung ein Rosa. Um die durch die Nahrung erzeugte Färbung von der „echten" unterscheiden zu können, müßte man die Tiere einige Tage fasten lassen und erst dann sehen, was an Farbtönen und Mustern übriggeblieben ist.

Noch schlimmer ist, daß manchmal Jungtiere anders gefärbt sind als Erwachsene und, da man Nacktschnecken wegen ihrer extravaganten Ernährungsweise nicht im Aquarium halten kann, schwer zu überprüfen ist, ob nicht so manche derzeit als verschiedene Arten geführten Schnecken in Wirklichkeit nur verschiedene Altersstadien einer Art sind.

Die lebhaften Farben und die Gegensätze zwischen der Färbung des Körpers und seiner Anhänge lassen die Nacktschnecken manchmal recht auffällig erscheinen. Häufig bewirkt diese Färbung aber das Gegenteil und löst die Umrisse gegenüber dem Untergrund auf und wirkt hierdurch als Tarnung.

Kegelschnecken *(Conidae)*

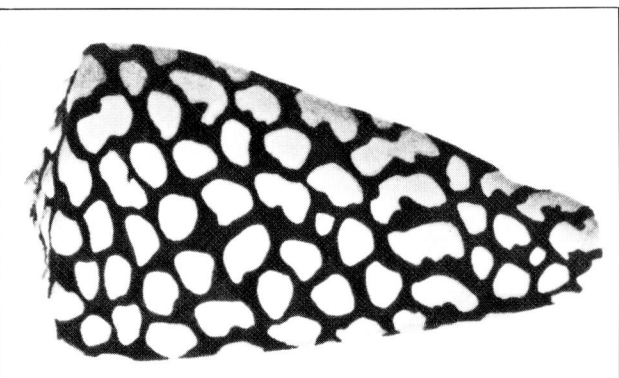

Andere deutsche Namen:
Giftzüngler

Ausländische Bezeichnungen:
Cone Shells (engl.);
Stozac (serb. kroat.);
Ballerina (ital.)

Verbreitungsgebiete:
Tropischer Indopazifik,
Mittelmeer, Ostatlantik,
westafrikanische Küste

Text und Fotos:
Dr. Horst Moosleitner

Verletzungen und Vergiftungen

Die meisten Schneckenarten besitzen eine Raspelzunge, die mit vielen Reihen kleiner Zähnchen besetzt ist, mit deren Hilfe sie den Bodenbewuchs abkratzen. Bei den Kegelschnecken sind die Zahnreihen dieser Raspelzunge auf einen einzigen langen, dünnen, harpunenähnlichen, hohlen, mit Widerhaken versehenen und mit einer Giftdrüse verbundenen Zahn reduziert. Die Kegelschnecken haben also als erste im Tierreich die Injektionsnadel „erfunden", in der sie einen hochwirksamen Giftapparat besitzen.

Der Giftzahn liegt am Ende eines langen, beweglichen Rüssels, der weit vorgestülpt werden kann und dem Beutefang ebenso wie der Verteidigung dient. Berührt der Rüssel ein Opfer, so wird der Zahn eingestoßen und gleichzeitig das in der Giftdrüse erzeugte Gift injiziert, das das Opfer lähmt oder tötet. Da der Zahn im Opfer stecken bleibt, oder auch beim Verfehlen der Beute abgestoßen wird, liegen Ersatzzähne in einer Zahnbildungstasche (Radulasack) abrufbereit, um ans Rüsselende vorgeschoben und erneut abgefeuert zu werden.

Das Gift der Kegelschnecken ist ein Neurotoxin und wirkt ähnlich wie das Curare genannte Pfeilgift der südamerikanischen Indianer auf die Nerven, und zwar direkt auf die Nervenenden, die die Muskeln versorgen. Es unterbricht (auch beim Menschen) die nervöse Versorgung der Muskeln und führt so zu Lähmungen, die im Falle einer Lähmung des Atemapparates sogar zum Tode führen können. Die wirksamen Bestandteile sind Verbindungen von vierwertigem Ammonium, Aminen und Proteinen.

Die meisten Kegelschnecken können daher als gefährlich angesehen werden, und man tut gut daran, lebende Exemplare in Ruhe zu lassen oder nur mit dicken Lederhandschuhen oder einer Zange anzufassen.

Erste Hilfe

Vorbeugen ist das beste Mittel gegen Stiche von Kegelschnecken. Die Tiere greifen nicht von selbst an sondern stechen nur dann zu, wenn sie berührt oder aufgehoben werden.

Sollte man trotzdem unvorsichtigerweise einen Unfall mit einer Kegelschnecke erleiden, so ist bei den hochgiftigen Arten rasche Hilfe nötig. Der Taucher, Schnorchler oder Riffwanderer sollte so schnell wie möglich versuchen, das Ufer bzw. Schiff zu erreichen, bevor die ersten Lähmungserscheinungen auftreten.

Die Muskellähmung beginnt nicht am ganzen Körper gleichzeitig, sondern fängt mit den Augen an, breitet sich über Gesichtsmuskulatur, Hals und Extremitäten aus und erreicht zuletzt das Zwerchfell, was Atemstillstand, gefolgt von einem Kreislaufkollaps bewirkt. Wenn hier nicht unverzüglich mit künstlicher Beatmung, ev. auch Herzmassage, begonnen wird, stirbt der Betroffene. Die Beatmung ist so lange fortzusetzen, bis ärztliche Hilfe kommt oder die Beschwerden nachlassen. Ob es zu Atemstillstand und Bewußtlosigkeit kommt, oder wie lange die Giftwirkung anhält, hängt von Stärke und Dosis des injizierten Giftes ab. Da nur die Nervenenden an der Muskulatur vom Gift betroffen sind, bleiben meist auch keine Schäden zurück, wenn die Wirkung nachläßt und man den Stich überlebt hat. Nur bei sehr schweren Dosen kann es zu Schädigungen des Zentralnervensystems kommen, was aber nur bei mehrfachen Stichen möglich wäre.

Der Patient kann im Falle einer schweren Vergiftung schon nach wenigen Minuten in tiefes Koma fallen und wie tot erscheinen. Trotzdem können Mund-zu-Mund-Beatmung und Herzmassage die Dauer der Giftwirkung überbrücken und den Betroffenen wiederbeleben.

Da Curare auch in der Narkosetechnik als Betäubungsmittel verwendet wird, sind zahlreiche Stoffe bekannt (Antidote), die die Narkose vor ihrer normalen Beendung aufheben bzw. die Rückkehr in den normalen Zustand beschleunigen. Sie sind unter dem Namen „Weckmittel" bekannt, und die meisten von ihnen sind auch gegen Vergiftungen durch Kegelschnecken anwendbar.

Es können dies niedrig dosierte „Krampfmittel" zur Stimulation des Zentralnervensystems oder „Belebungsmittel" (mit Coffein oder Cocain) sein. Auch Kampfer (als Injektion oder Inhalation) findet als Narkosegegenmittel Verwendung. Neben einer Stimulierung des zentralen Nervensystems kann auch der Kreislauf durch Mittel wie z. B. Adrenalin und Nor-Adrenalin angekurbelt werden. Die wichtigste Soforthilfe ist jedoch eine Beatmung mit Sauerstoff. Die Mitnahme einer kleinen Druckflasche Sauerstoff samt Beatmungsmaske ist auf Reisen in entlegene tropische Gewässer anzuraten.

Erkennungsmerkmale

Wichtigstes Kennzeichen der Kegelschnecken ist das festschalige, kegelförmige Gehäuse mit sehr flachen Windungen und einer schmalen, langen, den größten Teil der Gehäusehöhe einnehmenden Mündung. Die Oberfläche ist häufig glatt, aber auch gekörnt, mit feinen Furchen oder Spiralriefen. Bezeichnend für die meisten Arten sind wunderschöne Farben und Muster, die sie zu beliebten Sammlerobjekten machen.

Das lebende Tier besitzt einen fleischigen, dicken Kriechfuß, auf dessen Hinterende ein, der schmalen Öffnung entsprechender, Deckel ruht, der beim Rückzug das Gehäuse verschließt.

Der aus einer Rinne am Gehäuse nach oben vorgestreckte Atemsipho ist gespalten und wird ständig hin und herbewegt. Er enthält ein sehr empfindliches Geruchssinnesorgan, das dem Aufspüren der Beute dient. Die Empfindlichkeit dieses Organes ist so groß, daß es sogar auf Wasser, das man einem besetzten Aquarium entnommen hat, anspricht. Das Tier beginnt sofort mit Such- und Freßbewegungen, obwohl gar kein Beutetier vorhanden ist. Der unter dem Sipho liegende Kopf besitzt zwei kleine Tentakel und eine Rüsselscheide, in welcher der sehr lange, bewegliche Rüssel mit dem Injektionsstachel ruht.

Lebensraum und Verbreitungsgebiete

Kegelschnecken leben hauptsächlich im warmen, oberflächennahen Wasser des tropischen Indopazifik auf Korallenriffen, unter Korallenstöcken oder abgebrochenen Korallenstücken, auf Sand- und Schlammgrund oder auch in Seegraswiesen. Die einzige im Mittelmeer vorkommende Kegelschnecke ist Conus mediterraneus. Sie lebt in der Gezeitenzone und oberen Küstenzone zwischen Algen, frißt hauptsächlich Würmer und ist als für den Menschen ungefährlich zu bezeichnen. Sie verfügt jedoch über den gleichen Giftapparat wie die tropischen Arten, der aber wegen seiner geringen Durchschlagskraft den Menschen nur an besonders empfindlichen Stellen verletzen und hierbei Schmerzen und Entzündungen hervorrufen kann.

Eine Landkarten-Kegelschnecke (Conus geographus), greift einen Schmetterlingsfisch an und erbeutet ihn. Diese seltene Bild-folge zeigt, wie die jagende Schnecke mit dem Rüssel zuschnappt, dem Opfer Gift injiziert, es damit lähmt und dann langsam verschlingt. Ungewöhnlich weit kann die Schnecke ihr Maul öffnen. In mindestens fünf Stunden ist der Riesenhappen verdaut. Wie viele Raubfische jagt auch die Landkarten-Kegelschnecke nachts. Foto rechts: Weberkegel (Conus textile) mit ausge-strecktem Atemsiphon.

Kegelschnecken

Ihr Hauptverbreitungsgebiet ist das Mittelmeer; sie kommt auch im Ostatlantik von Portugal bis Ghana an der westafrikanischen Küste, sowie auf den Kanaren und Kapverden vor.

Lebensweise und Ernährung

Kegelschnecken leben versteckt in Spalten des Riffs oder im Sand eingegraben, so daß nur die Spitze des Siphos freiliegt. Sie verlassen nachts ihre Verstecke zum Beutefang, fressen aber auch tagsüber, wenn ihnen ein Beutetier nahe genug kommt.

Die Eier werden in hartwandigen, vasenförmigen Behältern abgelegt, die an Korallenstöcken oder Felsen befestigt werden. Aus den Eiern schlüpfen freischwimmende Larven, die zugleich ein Verbreitungsstadium darstellen, weil sie von der Strömung verdriftet werden. Nach der Umwandlung zum Jungtier gehen sie zum Bodenleben über. Da man diese Jungtiere sehr selten findet, nimmt man an, daß sie entweder sehr versteckt leben oder in anderen Gebieten als die erwachsenen Schnecken ihr Futter suchen.

Alle Kegelschnecken sind Fleischfresser, lokalisieren ihre Beute durch ein chemisches Sinnesorgan und werden nach ihren Freßgewohnheiten bzw. ihrer bevorzugten Nahrung in Wurm-, Schnecken- und Fischfresser eingeteilt. Die Wurmfresser fangen ihre Beute auf zweierlei Weise: Entweder sie greifen den Wurm an, stechen ihn und injizieren so eine Portion Gift. Hierauf ziehen sie sich zurück und warten, bis das Gift zu wirken beginnt. Dann können sie die gelähmte Beute in Ruhe verschlingen. In Röhren lebende Würmer könnten sich bei dieser Taktik des Angriffs noch so weit zurückziehen, daß sie am Ende nicht mehr erreicht werden. Sie werden daher von den Kegelschnecken auf andere Weise er-

beutet: Nach dem Stich wird der Giftzahn nicht abgestoßen, sondern bleibt am Rüssel hängen, steckt aber andererseits mit den Widerhaken im Beutetier. Auf diese Weise kann sich der Wurm nicht mehr von der Schnecke trennen und verkriechen und wird, nachdem er gelähmt ist, aus dem Gehäuse gezogen und verspeist.

Die Schneckenfresser greifen ihre Beute in gleicher Weise an. Sie stoßen ihren Giftzahn in den Körper des Opfers und ziehen sich wieder zurück. War die Giftwirkung zu gering, stechen sie ein zweites Mal zu. Hierzu wird der nächste Zahn aus der Radulatasche in Position gebracht, der Rüssel schnellt vor und treibt ihn in das Opfer. Manchmal sind noch weitere Injektionen nötig, bis das Opfer endlich gelähmt ist und eingesogen werden kann.

Da manche Kegelschnecken auch vor den eigenen Verwandten nicht zurückschrecken, ist es wichtig,

mehrere Stiche hintereinander abgeben zu können, damit der Jäger zum Gejagten wird. Da das Gift den Spindelmuskel erschlaffen läßt, ist es der Kegelschnecke möglich, alle Schnecken aus dem Gehäuse zu ziehen, sobald die Beute bewegungsunfähig ist. Auch die Schnecken werden als Ganzes verschlungen.

Die dritte Gruppe von Kegelschnecken frißt Fische. Diese werden durch einen Zahn, der wie eine Harpune benutzt wird, bewegungsunfähig geschossen und dann im Ganzen verschlungen. Als Beutetiere kommen kleine, bodenlebende Fische, aber auch solche, die aus dem Freiwasser stammen und sich hier zur Nachtruhe niederlassen, in Frage. Es soll sogar Kegelschnecken geben, die einen Giftstrahl auf ihre Beute abgeben können.

Die fischfressenden Arten sollen über das stärkste Gift verfügen und sind somit die für den Menschen gefährlichsten Kegelschnecken.

Es gibt etwa 500 Arten von Kegelschnecken, von denen die meisten im tropischen Indopazifik vorkommen. Die einzige europäische Art ist Conus mediterraneus, eine in Form, Größe und Farbe äußerst variable Art, die bräunlich, grün, gelblich, lila, rötlich oder rosa, aber auch gesprenkelt sein und bis 6,5 cm groß werden kann. Als besonders giftig werden die Arten C. aulicus, C. striatus und C. textile angegeben, wenn auch eine Begegnung mit ihnen nicht unbedingt tödlich ausgehen muß. Noch giftiger und für den Menschen gefährlich sind die Arten C. magnus, C. marmoreus und C. tulipa. Die gefährlichste von allen ist jedoch C. geographus, auf deren Konto einige verbürgte Todesfälle gehen.

Ein Traumstück aller Sammler ist die seltene C. gloriamaris („Ruhm des Meeres"), von der noch keine hundert Stück gefunden wurden und für die auch heute noch Traumpreise bezahlt werden.

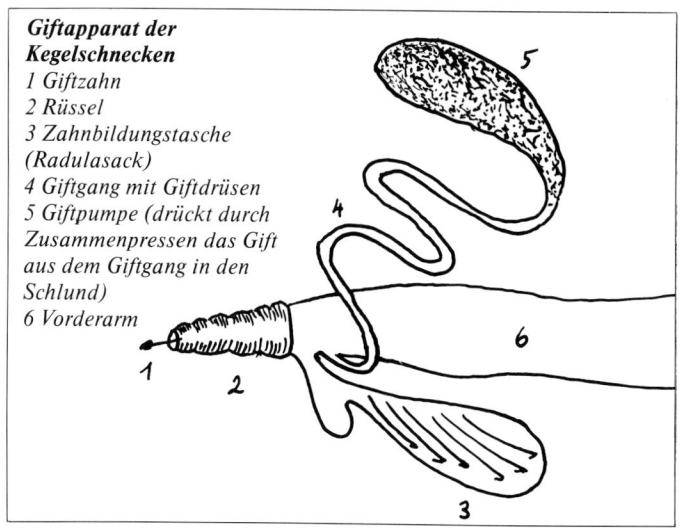

Giftapparat der Kegelschnecken
1 Giftzahn
2 Rüssel
3 Zahnbildungstasche (Radulasack)
4 Giftgang mit Giftdrüsen
5 Giftpumpe (drückt durch Zusammenpressen das Gift aus dem Giftgang in den Schlund)
6 Vorderarm

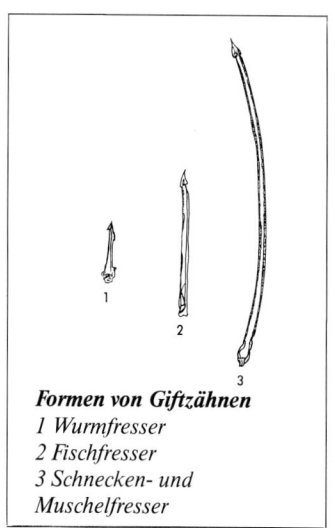

Formen von Giftzähnen
1 Wurmfresser
2 Fischfresser
3 Schnecken- und Muschelfresser

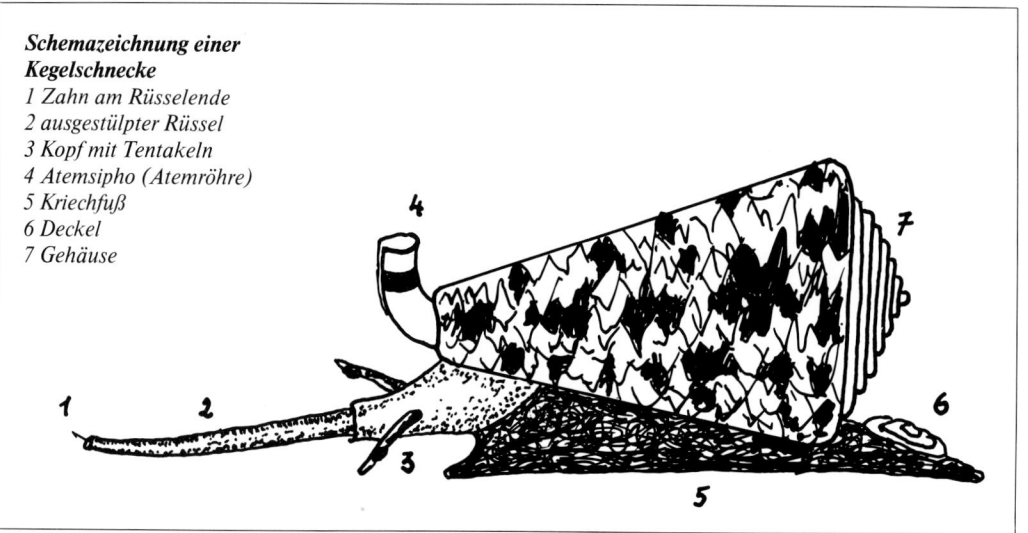

Schemazeichnung einer Kegelschnecke
1 Zahn am Rüsselende
2 ausgestülpter Rüssel
3 Kopf mit Tentakeln
4 Atemsipho (Atemröhre)
5 Kriechfuß
6 Deckel
7 Gehäuse

Petermännchen

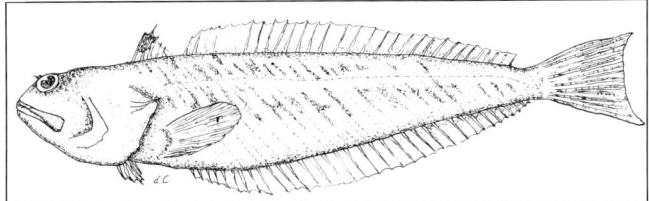

Andere deutsche Namen:
Weberfische, Drachenfische, Queisen
Ausländische Bezeichnungen:
(allgemein oder für das gewöhnliche Petermännchen)
Weever (engl.); Grande vive (frz.); Arana (span.); Pauk bijelak (sbkr.); Dragone (ital.); dän.: fjaesing; engl.: greater weever; holl.: pietermann; isl.: fjörsungur; ital.: ragno, tracina drago; jugo.: pauk bijeli; norw.: fjesing; port.: peixe aranha; schwed.: fjärsing;
Verbreitungsgebiet:
östlicher Atlantik, Mittelmeer, Ärmelkanal, britische Inseln, Nordsee, amerik. Ostseeküste.
Text: Dr. Heinz Gert de Couet

Verletzungen und Vergiftungen

Petermännchen verletzen Beute und Störenfriede mit ihren Kiemendeckeldornen und den Stacheln der ersten Rückenflosse, die alle Giftdrüsen besitzen.

Die Anzahl der Rückenstacheln beträgt je nach der Art zwei bis sieben. Das Entfernen der häutigen Scheide um diese Stacheln bringt ein weißliches, schwammiges Gewebe zutage, das sich in Gruben dicht unterhalb der Stachelspitze und an der Basis der Stacheln befindet. Dieses Gewebe ist für die Giftproduktion verantwortlich. Auch der Dorn am Kiemendeckel weist eine länglichovale Giftdrüse auf.

Über die chemische Natur der Giftstoffe ist bisher nur soviel bekannt, daß es sich um Eiweiße handelt, ähnlich wie bei den Schlangengiften. Die Toxine besitzen sowohl hämotoxische wie neurotoxische Wirkung, das heißt, daß sie das Nervensystem schädigen und die Funktion von Blut- und Gewebsgiften haben.

Eine sehr große Zahl von Unfällen mit Petermännchen ereignen sich aufgrund ihrer Lebensweise als Bodenfische, die sich gern im Sand küstennaher Regionen vergraben. Schwimmer und Strandwanderer sind also selbst an belebten Stränden besonders gefährdet, sofern sie keine Badeschuhe tragen. Nach vorliegenden Berichten flüchten die Fische bei Annäherung nicht, sondern richten nur drohend ihre Rückenstacheln auf. Sie sollen sogar auf große Angreifer losschnellen, um sie gezielt mit ihren Giftstacheln zu treffen. Es wurde sogar schon ein Taucher auf diese Weise im Gesicht verletzt. Man sollte bei einer Annäherung an den Fisch stets die Rückenflosse beobachten, die als höchstes Alarmzeichen zu zucken beginnt, bevor das Petermännchen angreift; Vorsicht ist auf jeden Fall geboten!

Die Giftwirkung tritt unmittelbar nach dem Einstich in Form starker, brennender Schmerzen auf, ähnlich der von Verbrennungen, Quetschungen und Stichverletzungen. Während der ersten halben Stunde nach der Vergiftung breiten sich die Schmerzen weiter aus und werden unerträglich stark, wobei der Patient schreit, um sich schlägt oder bewußtlos werden kann. Wenn keine Behandlung einsetzt, hält der Schmerz für zwei bis vierundzwanzig Stunden an und läßt dann nach. Der Bereich um die Einstichstelle erscheint zunächst blaß, wird dann aber rot und schwillt an. Gleichzeitig nimmt der Betroffene ein Prickeln im verletzten Glied wahr, das schließlich zur Gefühlslosigkeit führt. Die Schwellung, die sich weit über die Einstichstelle hinaus ausbreiten kann, hält im Einzelfalle bis zu zehn Tagen oder länger an. Weitere Symptome sind Kopfschmerzen, Fieber mit Schüttelfrost, Verlangsamung des Herzschlages, Gelenkschmerzen, Blutungen der Einstichstelle, Übelkeit, Schweißausbrüche, Herzklopfen, Sprachlosigkeit, Depressionen und schließlich Krämpfe und Atemlähmung, die zum Tode des Betroffenen führen können.

Als Komplikationen können in erster Linie Sekundärinfektionen der verletzten Stelle auftreten (Wundbrand und geschwüriger Zerfall des Gewebes um die Einstichstelle).

Die Schwere der Vergiftung und die Dauer der Erholung hängen von der Menge des injizierten Giftes, der physischen Konstitution des Patienten und der Einstichstelle ab. In schweren Fällen brauchten Patienten mehrere Monate, um von der Verletzung zu genesen. Vorbeugend kann Badegästen nur empfohlen werden, feste Badeschuhe zu tragen. Das gleiche gilt für Strand- und Wattwanderer. Der Taucher sollte zu Petermännchen einen respektvollen Abstand einhalten und sich vielleicht nicht gerade kriechend auf Sand- und Schlammböden bewegen.

Übrigens sind die Giftdrüsen auch bei einem toten Tier noch intakt; bevor sie ein Petermännchen putzen, sollten sie unbedingt vorsichtig die Rückenstacheln und den Kiemendorn entfernen.

Erste Hilfe

Ein Gegengift (Antitoxin) zur Behandlung von Petermännchen-Verletzungen existiert bis heute leider nicht, wie im Falle der meisten Schlangengifte. So ist man gezwungen, auf den Allgemeinzustand des Patienten einzuwirken. Zur Behandlung und Ersten Hilfe hat sich die sogenannte „Heißwassermethode" in den letzten Jahren erfolgreich durchgesetzt. Danach soll der Bereich um die Verletzung mit möglichst heißem Wasser betupft oder das betreffende Glied in heißes Wasser getaucht werden. Die meisten Giftstoffe denaturieren bei Temperaturen zwischen 50° und 70° C, das heißt, sie verlieren ihre Wirkung. Der Effekt der Behandlung hängt aber stark von dem Zeitpunkt ab, zu dem sie einsetzt – es sollte möglichst bald damit begonnen werden, bevor das Gift sich im umliegenden Gewebe ausbreitet oder sogar in den Kreislauf eindringt.

Weiterhin sollen die Schmerzen gelindert werden, wozu in der Regel sehr starke Pharmaka benötigt werden. Am wirksamsten sind Morphinderivate (z. B. Morphinsulfat).

Antihistaminica und Analgetica sind ebenfalls geeignet, den Allgemeinzustand des Patienten zu bessern; in schweren Fällen sollten Cortison-Gaben helfen. Bei Muskelkrämpfen haben sich hohe Dosen von Calciumgluconat bewährt.

Auch bei einer leicht verlaufenden Vergiftung sollte man unbedingt an die weitere Versorgung der Wunde denken, die in erster Linie in einer Reinigung und Desinfektion besteht. Im übrigen kann das Auswaschen mit Seewasser eine große Menge der Giftstoffe beseitigen. Nicht zuletzt wegen der Gefahr eines Wundstarrkrampfes (Tetanus) ist es dringend anzuraten, zum Arzt zu gehen. Dies ist unbedingt und sofort angebracht, wenn sich die Verletzung an einer reich durchbluteten Stelle befindet, zum Beispiel an den Innenseiten der Unterarme, am Unterschenkel oder im Gesicht. Es besteht die Möglichkeit, daß größere Mengen des Giftes in den Blutkreislauf gelangen und dort zu schweren, vielleicht sogar lebensbedrohlichen Veränderungen führen.

Die Behandlung der Wunde mit Kaliumpermanganat, Salmiakgeist oder Formaldehyd erscheint unter heutigen Gesichtspunkten suspekt, und es sollte davon abgeraten werden.

Erkennungsmerkmale

Die Petermännchen bilden eine artenarme Familie von Fischen (Trachinidae), die in den gemäßigten Breiten zuhause ist, und deren Vertreter eine Länge von 30 bis höchstens 50 Zentimetern nicht überschreiten. Zu erwähnen sind ihre nächsten Verwandten, die Himmelsgucker (Uranoscopidae), mit denen sie gemeinsam die Unterordnung der Drachenfische (Trachinoidei) bilden.

Unter den Giftieren Europas müssen die Petermännchen gleich zu Anfang erwähnt werden, denn Verletzungen durch diese Tiere sind recht häufig und verlaufen ernst, manchmal sogar tödlich. Petermännchen sind schmackhafte und wertvolle Speisefische, so daß nicht zuletzt auch Angler und Fischer besonders gefährdet sind.

Die vier in unseren Breiten vorkommenden Arten zeichnen sich

Fotos: Dr. Horst Moosleitner (3)

In seiner ganzen Schönheit zeigt sich Trachinus radiatus (oben) auf dem Grund liegend. Trachinus araneu (Mitte) ist dagegen der „Kamm geschwollen". Drohend tänzelnd und mit hoch aufgerichteten Giftstacheln der Rückenflosse ist er ganz auf Angriff eingestellt. Zu seiner typischen Lauerstellung hat sich dagegen das Gewöhnliche Petermännchen (Trachinus draco) unten in Sand vergraben. Das Portrait auf der rechten Seite zeigt das Kleine Petermännchen (Trachinus vipera) in einer schönen Großaufnahme.

Petermännchen

einheitlich durch einen seitlich abgeflachten, langgestreckten Körper aus, der von kleinen Rundschuppen bedeckt oder nackt ist. Die Augen liegen seitlich aber hoch am Kopf, so daß die Tiere auch halb eingewühlt im Grund noch ihre Umgebung kontrollieren können. Das Maul ist schräg nach oben gerichtet, dicht dahinter liegen die Kiemendeckel, von denen jeder jeweils einen kräftigen, gut sichtbaren Dorn trägt, der nach hinten gerichtet ist und Giftdrüsen besitzt.

Die erste Rückenflosse ist klein, wird aber von vier bis sieben Stacheln gebildet, die sich ebenfalls durch ihre Giftwirkung auszeichnen. Ein dunkler Fleck auf der Flosse wird erst sichtbar, wenn diese drohend aufgerichtet wird, möglicherweise besitzt er die Funktion eines Warnsignals für Artgenossen.

Im Gegensatz dazu ist die zweite, daran anschließende Rückenflosse außerordentlich lang. Sie wird von höchstens 32 Flossenstrahlen getragen, die fast gleich lang sind. Auch die bauchseitige Afterflosse ist auffallend lang. Die kleinen Bauchflossen stehen dafür sehr weit vorn, man bezeichnet sie als „kehlständig", da sie unterhalb der Kiemendeckel ansetzen.

Zur Anpassung an das Bodenleben besitzen die Petermännchen eine ockerbraune Grundfärbung, die auf der Bauchseite heller wird. Abgesehen von dem bereits erwähnten schwarzen Fleck auf der Rückenflosse besitzt das Kleine Petermännchen (Trachinus vipera) keine weitere auffällige Körperzeichnung. Das auch unter dem Namen Viperqueise bekannte Tier ist wegen seiner besonderen Giftigkeit berüchtigt. Mit einer Länge von etwa 14 Zentimetern ist es zugleich die kleinste Art in der Familie. Die drei anderen Vertreter sind anhand einer unregelmäßigen Streifung bzw. Fleckung zu unterscheiden.

Das 40 cm lange Gewöhnliche

Petermännchen (Trachinus draco) trägt charakteristische, diffuse Schrägstreifen auf den Flanken. Das noch größere Mittelmeerpetermännchen (Trachinus araneus) besitzt an deren Stelle eine Reihe von sieben bis elf schwarzen Flecken, die besonders auffällig sind. Beim Strahlenpetermännchen (Trachinus radiatus oder lineatus) sind diese Flecken kreisförmig angeordnet und auch auf den Rücken ausgedehnt, dafür aber heller und unregelmäßiger.

Lebensraum und Verbreitungsgebiete

Der bevorzugte Lebensraum der Petermännchen sind Sand- und Schlammböden, in die sie sich eingraben, um dort bewegungslos auf Beute zu lauern. Bewohnt werden von ihnen, je nach Art, alle Tiefenzonen bis 200 Meter Tiefe.

Für Schwimmer besonders unangenehm ist die Tatsache, daß sich das Kleine Petermännchen oft schon dicht unter der Wasseroberfläche aufhält, wobei es keine Rücksicht auf besonders bevölkerte Strände zu nehmen scheint; alljährlich werden Dutzende von Urlaubern durch sie verletzt. Häufig sind sie auch in den Fängen von Garnelenfischern. Außer im Mittelmeer findet sich das Kleine Petermännchen im ganzen Nordostatlantik von Senegal bis Schottland.

Ebenfalls ein Flachwasserbewohner ist die größte Art T. araneus, die sich oft zwischen Seegrasfeldern und Geröllboden aufhält. Obwohl das Mittelmeerpetermännchen seltener ist als sein kleiner Verwandter, kommen Taucher oft in Kontakt mit dieser Art, die ausschließlich auf das Mittelmeer beschränkt ist.

In den nördlichen Breiten von Marokko bis Norwegen und sogar an der amerikanischen Ostküste sowie besonders im Mittelmeer findet sich das Gewöhnliche Petermännchen T. draco, das sich im

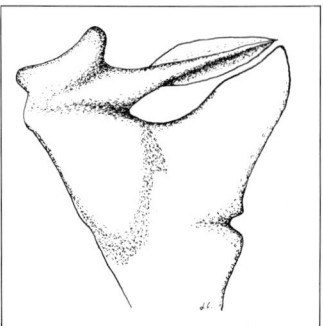

Kiemendeckel mit Giftstachel und den Gruben für die Giftdrüsen.

Flachwasser von ein bis zwei Meter Tiefe aufhält, auch auf sandigen Böden.

Ebenfalls im Mittelmeer ist das Strahlenpetermännchen ab ca. zehn Meter Tiefe anzutreffen. Die südliche Verbreitungsgrenze dieser Art ist der Senegal, im Norden dringt sie bis Marokko vor. In der Ostsee ist keines der genannten Petermännchen zu Hause, allenfalls als Irrgäste werden sie dort angetroffen.

Lebensweise und Ernährung

Tagsüber graben sich die Petermännchen halb im Sand oder Schlamm ein, so daß nur die Augen, die giftige Rückenflosse und das Maul herausschauen. In dieser Stellung verharren die Tiere, bis sich ein Beuteobjekt, zum Beispiel eine Garnele oder ein kleiner Fisch, auf geringe Distanz genähert hat. Sie schnellen dann plötzlich aus ihrem Versteck auf das Opfer zu und verschlingen es; der längliche Körper und die gut entwickelten Flossen erlauben ihnen, über kurze Distanzen außerordentlich schnell und zielsicher zu schwimmen. Mit der gleichen

Sicherheit sollen sie aber auch auf große Fische oder Taucher zustreben, wenn sie sich von ihnen bedroht fühlen. Im Gegensatz zu vielen anderen Fischen setzen die Petermännchen ihre Verteidigungswaffen also offensichtlich auch aktiv ein.

Nachts entwickeln die Petermännchen eine merkwürdige Aktivität, indem sie ihre Verstecke verlassen und heftig umherschwimmen, vermutlich machen sie auch bei Dunkelheit Beute. Die Geschlechter der Petermännchen sind äußerlich nicht zu unterscheiden. Die Eier werden im späten Frühjahr und im Sommer abgelegt; sie schwimmen zunächst frei im Plankton. Aus den Eiern entwickeln sich ebenfalls pelagische Larven, die erst später zum Bodenleben übergehen.

Unbekannt ist, ob die Petermännchen ein Territorium verteidigen.

Biologische Besonderheiten

Äußerlich ähneln die Petermännchen in vielen Punkten den Schleimfischen (Blenniidae), mit denen sie früher auch eine gemeinsame systematische Gruppe bildeten. Die sehr langen After- und Rückenflossen, die kehlständigen Bauchflossen, verlängerter Körper, hochstehende Augen und nicht zuletzt das Fehlen einer Schwimmblase sind Gemeinsamkeiten, die sowohl den Petermännchen und Himmelsguckern auf der einen Seite, als auch den Schleimfischen auf der anderen Seite zu eigen sind. Letztlich sind diese Ähnlichkeiten aber doch nur auf die Lebensweise als Bodenfische zurückzuführen, die bestimmte Anpassungen der Fische bedingt hat. Die Schwimmblase beispielsweise ist in mehreren Familien wieder zurückgebildet worden, und zwar unabhängig voneinander.

Der Besitz von sogenannten Sammetzähnen auf Kiefern, Gaumenbeinen und Pflugscharbein sowie der Kiemendeckel-Dornen sind wichtige Merkmale, die sich Petermännchen und Himmelsgucker teilen. Eine weitere Eigenheit ist das Fehlen sogenannter Flossenstrahlträger, die bei anderen Fischgruppen die Brustflossen mit dem Schultergürtel verbinden. Die genannten Merkmale weisen auf eine hohe Spezialisierung der beiden Familien hin und rechtfertigen eine systematische Zusammenfassung.

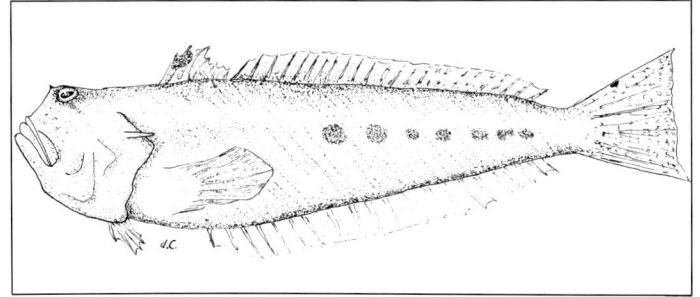

Das Mittelmeerpetermännchen Trachinus araneus

Drachenköpfe *(Scorpaenidae)*

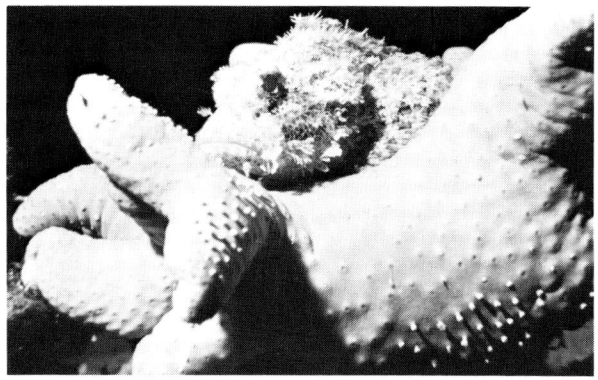

Andere deutsche Namen:
Große Meersau, Skorpion-
fisch

Ausländische Bezeichnungen:
Scorpionfish (engl.), Rascasse
rouge (franz.), Scorpena
rossa (ital.), Cabracho (span.),
Bodec crveni (sbkr.)

Verbreitungsgebiet:
Mittelmeer und östlicher
Atlantik von Senegal bis zum
Golf von Biskaja.

Text und Fotos:
Dr. Horst Moosleitner

Verletzungen und Vergiftungen

Die harten Strahlen der Rücken-
und Afterflossen sowie einige
Dornen am Kopf der Drachenköpfe sind zum Teil von Haut
überlappt, so daß die in zwei Rinnen der Flossenstrahlen liegenden Giftdrüsen verdeckt sind. Wird
nun ein Mensch oder ein anderes
Lebewesen von einem derartigen
Stachel gestochen, so wird die
Haut zurückgeschoben, sie drückt
auf die Giftdrüsen und bewirkt
einen Giftaustritt in der Nähe der
Spitze.
Beim Baden besteht kaum Gefahr,
von einem Drachenkopf gestochen zu werden, da die Tiere nie
selbst angreifen und außerdem,
zumindest tagsüber, meist auf
Felsgrund versteckt in Höhlen
und Löchern oder an schattigen
Stellen leben, so daß man kaum
auf sie treten wird. Unvorsichtige
Taucher können sie zufällig berühren, aber auch dies wird höchst
selten passieren, da die Tiere rechtzeitig zu fliehen pflegen.
Gefahr droht hauptsächlich Fischern. Da die Giftstacheln an
Kopf, Rücken und Bauch der Tiere
sitzen, sind sie von keiner Seite
gefahrlos anzugreifen, und so

kommt es immer wieder zu Verletzungen, die allerdings meist
harmlos enden.
Drachenköpfe gelten allgemein
als weniger giftig als Petermännchen. Beim Stich tritt sofort
brennender Schmerz auf, der im
Gegensatz zu einer normalen Verletzung nicht nachläßt. Die
Schmerzen können sich im Laufe
der ersten halben Stunde sogar
noch erhöhen und sich je nach
Empfindlichkeit des Patienten
bis zur Unerträglichkeit steigern.
Die durch die kräftigen Stacheln
verursachte Wunde blutet anfangs
meist. Die Einstichstelle schwillt
rasch an; die Schwellung dehnt
sich langsam aus und hält einige
Stunden, eventuell sogar einige
Tage lang an. Da für Stiche nur
die Extremitäten in Frage kommen, die gut behandelt werden
können, sind die Folgen relativ
gering. Ein Arm z. B. schwillt nach
Stichen in die Hand ohne Heilbehandlung immerhin bis zur Schulter kräftig an. Aber außer Schmerzen und Einschränkungen der
Bewegungsfreiheit treten normalerweise keine weiteren Beschwerden auf.
Bei schwacher Konstitution des
Patienten können Übelkeit, Herzklopfen, Schweißausbrüche,
Schüttelfrost u. a. Symptome auf-

treten, was aber bei einem auf
seine Gesundheit hin untersuchten Taucher nicht vorkommen
sollte.
Die Schwere der Vergiftung hängt
also in erster Linie von der physischen Konstitution des Patienten
ab, aber auch von Anzahl, Tiefe
und Dauer der Einstiche und damit der Menge des injizierten
Giftes. Es ist ein großer Unter-
schied, ob man nur kurz von einem
Stachel gestochen wird, oder ob
die gesamte Rückenflosse tief
eindringt.
Die Giftwirkung hält auch nach
dem Tod der Tiere noch einige
Zeit an, und so ist beim Kauf
frischer Fische Vorsicht geboten.
Da Drachenköpfe ein wichtiger
Bestandteil von Fischsuppen
sind, werden sie häufig angeboten,
und so sind Verletzungen auf
Fischmärkten öfter zu verzeichnen
als unter Wasser.
Man sollte die Fische also vorsichtig behandeln und die Giftstacheln rechtzeitig entfernen, sofern
dies nicht schon durch die Fischer
geschehen ist.
Der Taucher sollte nicht mit bloßen Händen in Höhlen und Spalten fassen, denn dort können außer
den Giftstacheln der Drachenköpfe noch andere Gefahren
lauern.

Erste Hilfe

Baden des betroffenen Körperteils
in möglichst heißem Wasser (so
heiß man es aushält) ist eine der
besten und universellsten Methoden zur Bekämpfung von Giften,
so auch des Drachenkopfes, da
hierbei das Gift, das ein komple-
xer Eiweißkörper ist, bei Temperaturen zwischen 40 und 70 Grad C
in Teilketten zerlegt wird und
durch diese Denaturierung die
Giftwirkung verliert.
Noch besser wäre aber eine
Trockenbehandlung mit heißen
Kompressen, da man hierbei weitaus höhere Temperaturen aushält.
Während Wassertemperaturen
von 60–70 Grad C schon Verbrü-
hungen hervorrufen, können
trockene Temperaturen bis zu
100 Grad C ohne weiteres verkraf-
tet werden.
Wenn eine sofortige Hitzebehandlung nicht möglich ist, was bei
Tauchern häufig der Fall ist,
bleibt nichts anderes übrig, als auf
altbewährte Methoden zurück-
zugreifen, wie Erweitern der
Wunde durch Einschnitte, ausblu-
ten lassen, eventuell aussaugen
(was allerdings wegen häufig

vorkommender offener Stellen im
Mund problematisch ist), aus-
spülen in Meerwasser und anschließende sorgfältige Desinfektion. In diesem Falle sollte zumindest mit Hitze nachbehandelt
werden.
Für Stiche von Drachenköpfen
reicht eine Hitzebehandlung normalerweise aus; schmerzstillende
Mittel tragen zur Linderung der
Beschwerden bei.
Bei Überempfindlichkeit und
starker Reaktion ist ärztliche Hilfe
erforderlich. Ein Gegengift gibt es
nicht, und so ist man auf kreis-
laufstützende und schmerzbe-
kämpfende sowie wunddesinfi-
zierende Mittel angewiesen.

Erkennungsmerkmale

Drachenköpfe gehören zur arten-
reichen Familie der Skorpionfische (daher der Name Scorpaenidae), die in allen Meeren anzutreffen sind und zu deren Verwandtschaft nicht nur die äußerst giftigen Rotfeuer- und Steinfische gehören, sondern auch der als Spei-
sefisch geschätzte Rot- oder Goldbarsch (Sebastes viviparus). Sie
bilden gemeinsam mit den Groppen, Knurr- und Flughähnen die
Ordnung (auch Unterordnung)
der Panzerwagen (Cottoidei =
Scorpaenoidei), deren gemeinsames Merkmal neben einer großen
Knochenplatte zwischen Auge
und Kiemendeckel ein auffallend
großer, gepanzerter oder bedorn-
ter, bizarrer Kopf mit Stacheln
am Kiemendeckel ist; die meisten
von ihnen haben ein gewaltiges
Maul.
Im Mittelmeer kommen etwa
fünf Arten von Drachenköpfen
vor, deren größte, Scorpaena
scropha, 50 cm Länge erreicht.
Drachenköpfe sind Grundfische,
deren Schwimmblase rückgebildet
ist. Sie schwimmen daher nur
kurze Strecken frei und liegen
meist gut getarnt im Seegras oder
an schattigen Plätzen. Neben dem
erwähnten monströsen, großen
Kopf erkennt man die Drachenköpfe an der durchgehenden, aber
zweigeteilten Rückenflosse, die
einen langen, vorderen Stachelteil
und einen kurzen, hinteren weich-
strahligen Teil aufweist. Die Zahl
dieser Strahlen ist bei fast allen Arten gleich groß und kann daher
nicht zur Artbestimmung herangezogen werden. Als Schutztracht
sind zahlreiche Hautfransen und
„Tentakel" besonders in der Kopf-

Schön schaurig liegt der Große Drachenkopf (Scorpaena scropha) auf dem Grund und lauert auf Beute. Er paßt sich seiner Umgebung so gut an, daß nur Taucher mit geübten Augen ihn erkennen.

Drachenköpfe

region anzusehen, die die Form des träge lauernden Fisches auflösen und zwischen den algenbewachsenen Felsen völlig verschwinden lassen. Da diese Hautfransen artspezifisch sind, werden sie zur Bestimmung der Tiere herangezogen.

Auch die vorstehenden, weit oben am Kopf liegenden Augen dienen dem Erkennen der Artzugehörigkeit.

Der große Drachenkopf (Scorpaena scropha) besitzt im Gegensatz zu den meisten anderen Arten auch am Unterkiefer zahlreiche Hautfransen, und das Auge ist verhältnismäßig klein, d. h. nicht größer, als die vom unteren Rand der Augenhöhle zum Unterkiefer gezogene Senkrechte.

Die Färbung ist sehr verschieden, normalerweise aber rosarot bis rötlich-braun mit dunklen und hellen Flecken. Unter Wasser ist die rote Färbung bei Naturlicht nicht sichtbar und der Fisch gut getarnt. Kunstlicht aber zeigt die wirklichen Farben und hebt das Tier deutlich aus der Tarnung hervor. Häufig ist auch ein dunkler Fleck in der Mitte der Rückenflosse zu sehen.

Jungfische dieser Art können im seichten Wasser gefunden werden; ältere Exemplare bevorzugen Tiefen ab 20 Meter bis zu 200 Metern.

Biologische Besonderheiten

Drachenköpfe bevorzugen Fels- und Blockgrund mit guten Verstecken. Manche Arten halten sich in Höhlen aber auch in Seegraswiesen und auf tiefen Schlammböden auf.

Der große Drachenkopf liebt, wenn er ausgewachsen ist, tieferes Wasser. Er kommt im Mittelmeer und Ostatlantik, von Senegal bis zum Golf von Biskaya vor.

Die beiden anderen Arten haben ihr Hauptverbreitunggebiet ebenfalls im Mittelmeer, wobei der Braune Drachenkopf von den Kanarischen Inseln bis zum Ärmelkanal vordringen kann, und der Kleine Rote Drachenkopf im Süden Senegal und im Norden den Golf der Gascogne erreicht.

Lebensraum und Verbreitungsgebiete

Drachenköpfe verharren tagsüber nahezu leblos am Boden liegend. In der Dämmerung verlassen sie ihre Verstecke und ziehen auf Nahrungssuche aus. Manche wagen sich im Schutze der Dunkelheit auch auf freie Sandflächen hinaus. Trotzdem ist ihre Nahrungssuche als wenig aktiv zu bezeichnen. Viele von ihnen warten einfach, gut getarnt, auf vorbeikommende Beute, die durch den beim Aufreißen des riesigen Maules entstehenden Sog in den Schlund gespült wird. Der Fang wird häufig durch einen blitzartigen Satz zu dem Beutetier unterstützt.

Drachenköpfe können sehr schnell starten, ihre Ausdauer ist allerdings äußerst gering, so daß sie unter Abspreizen aller Flossen nach solch einem Satz sofort wieder zu Boden segeln.

Drachenköpfe fressen hauptsächlich Fische, der Braune Drachenkopf ernährt sich aber auch von Krabben, und der Kleine Rote Drachenkopf liebt in Sand und Schlamm lebende Krebse.

Die Tiere fressen natürlich auch tagsüber, wenn ihnen eine Beute nahe genug kommt, so daß sie das Maul nur aufzureißen brauchen. Füttert man z. B. tagsüber im seichten Wasser Fische, so werden sich nach einiger Wartezeit auch Drachenköpfe einfinden. Sie haben es aber nicht auf die angebotene Nahrung abgesehen, sondern auf die beim Fressen unaufmerksamen Fische, die sie dann vor den Augen des verblüfften Betrachters wegschnappen.

Lebensweise und Ernährung

Die Stacheln am Kopf der Drachenköpfe sind je nach Art verschieden angeordnet, so daß sie zur Identifizierung herangezogen werden. Da diese Stacheln und Spitzen aber von Haut überzogen oder zum größten Teil verdeckt sind, ist diese Art der Bestimmung unter Wasser nicht zielführend, aber sie sind den Wissenschaftlern eine nützliche Hilfe bei der Untersuchung präparierter Tiere. Eine interessante Besonderheit der Drachenköpfe ist, daß sie sich mehrmals jährlich, manche sogar alle zwei bis vier Wochen häuten. Laichzeit ist von Mai bis August. Die Eier sind planktisch, d. h., sie schweben frei im Wasser. Erst die Jungfische gehen nach Rückbildung der Schwimmblase zum Bodenleben über.

Verwandte Arten

Brauner Drachenkopf

(Scorpaena porcus L.)

Der Braune Drachenkopf ist wesentlich kleiner; er wird 25 bis höchstens 30 cm lang und ist, wie schon der Name sagt, meist bräunlich gefärbt, auch rötlich-braun. Der Körper ist mit unregelmäßigen Flecken und Punkten überzogen, die sich in der hinteren Körperhälfte zu Bändern vereinigen, welche ihn fast unkenntlich machen. Als besonderes Kennzeichen dient ein großer Überaugententakel, am Kinn soll er laut Literatur keine Hautanhänge haben (auf meinen Fotos sind es jeweils zwei, manchmal auch vier). Das Auge ist oval.

Er bevorzugt seichtes Wasser, vor allem Fels- und Blockgrund, geht aber auch auf dazwischen liegende Sandflächen, und ein Badender oder Schnorchler könnte am ehesten mit ihm zusammentreffen.

Kleiner Roter Drachenkopf

(Scorpaena ustulata = Scorpaena notata RAFINESQUE)

Diese Art ähnelt dem Großen Drachenkopf, wird aber nur 20 cm lang und ist sehr unterschiedlich gefärbt. Er ist nämlich in der Lage, seine Farbe, wenn auch sehr langsam, zu verändern. Sie kann daher zwischen orange, rot, braun und violett schwanken, wobei der Körper und die Flossen breite weißliche Flecken zeigen, die die Körperkonturen auflösen. Tiere tiefer Regionen sind meist einfarbig. Wichtigstes Kennzeichen ist ein dunkler Fleck in der Mitte der Rückenflosse (zwischen 8. und 10. Flossenstrahl), der jedoch auch beim großen Drachenkopf vorhanden sein kann. Manchmal haben auch Schwanz- und Afterflosse dunkle Flecken.

Der Überaugententakel ist sehr kurz, der übrige Kopf weist praktisch keine Hautanhänge auf.

Diese Art lebt sowohl auf schattigem Felsgrund als auch auf tiefem Sand- und Schlammboden oder in Seegraswiesen, von wo sie mit Schleppnetzen hochgeholt wird. Der Taucher sieht sie selten. Neben diesen drei Arten kommen im Mittelmeer noch etwa zwei schwer zu unterscheidende kleine Drachenköpfe vor, von denen das Blaumaul (Sebastes dactylopterus) erwähnenswert ist.

In Atlantik und Nordsee gibt es viele weitere Arten von Skorpionfischen, die der Familie der Groppen (Cottidae) angehören.

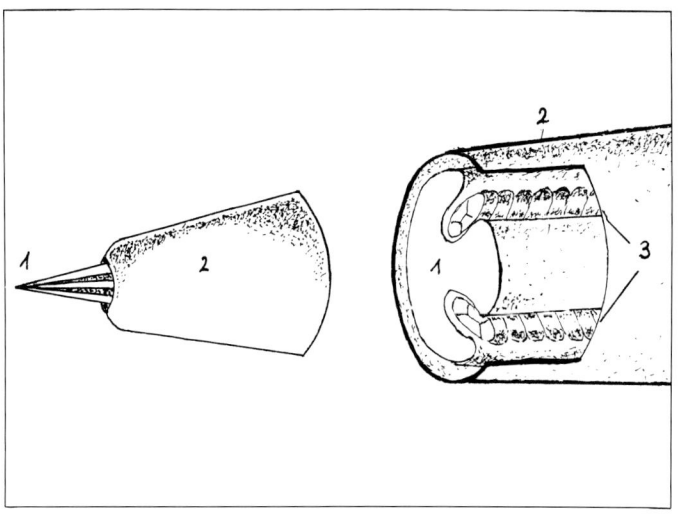

Schematische Darstellung des Flossenstrahls eines Drachenkopfes: harter Flossenstrahl (1), Haut (2), Giftdrüsen in Rinnen der harten Strahlen (3)

Feuerfische *(Pterois)*

Ausländische Bezeichnungen:
lionfish, fire fish (engl.); pterois
(franz.); laffe volante (Seychellen)
Verbreitungsgebiete:
Rotes Meer, Indischer Ozean,
Westpazifik

Text:
Dr. Friedrich Naglschmid

Fotos:
André Foulon
Inge Lennmark

Verletzungen und Vergiftungen

Wohl kaum eine Fischgattung hat die anmutige Schönheit der Feuerfische aus der Gattung Pterois, die schon Carl von Linné, der Begründer der modernen Tier- und Pflanzennomenklatur, 1758 beschrieb. Doch Vorsicht! Er ist eine gefährliche Schönheit. In bester Gesellschaft mit ihren engsten Verwandten, den Steinfischen, Skorpionfischen, Drachenköpfen und den Zebrafischen, gehören die Gifte der Feuerfische zu den stärksten , die wir bislang bei Fischen kennen. Verletzungen und Vergiftungen sind auf die großen Rücken-, Bekken- und Analstacheln der Flossen zurückzuführen. Dabei scheint es auf den ersten Blick recht unwahrscheinlich, daß man diese auffällig gefärbten Fische übersehen und sich verletzen könnte.

Zwei wichtige Eigenschaften der Tiere führen jedoch immer wieder zu Verletzungen: In die Enge getriebene Rotfeuerfische greifen aktiv an, indem sie mit gespreizten Rückenflossen auf die Hand des Tauchers oder des Schnorchlers zuschwimmen und diese zu rammen versuchen. Außerdem „verlassen" sich Feuerfische auf die Wirkung ihrer Stacheln, d. h., häufig bleiben Feuerfische einfach unbeweglich stehen, wenn man sich ihnen unbewußt nähert.

Nicht zuletzt kann es passieren, daß vor allem in den späten Nachmittagsstunden Feuerfische unter einen nur knapp über dem Grund schwimmend und von anderen Objekten abgelenkten UW-Fotografen schwimmen, der sich dann beim Absinkenlassen selbst die giftigen Stacheln in den Körper treibt. Trotzdem sind Unfälle mit Feuerfischen weit seltener als mit den anderen Vertretern der Panzerwangen, die zum Teil so gut getarnt sind, daß sie auch der aufmerksame Beobachter übersehen kann.

Insgesamt 17 Giftstacheln dienen den Feuerfischen zur Abwehr. Die Stacheln, vor allem die Rückenstacheln, sind lang, dünn und von einer Bindegewebshülle umschlossen. In dieser Hülle sitzen am Grunde eines jeden Hartstrahls auch die zahlreichen kleinen, aber gut entwickelten Giftdrüsen. Einen direkten Giftausfuhrkanal besitzen die Feuerfische nicht. Das Gift wird durch einen geringen Druck auf die Stacheln über eine Rille, die in jedem Hartstrahl ausgebildet ist, in die Wunde gespritzt.

Sofort nach dem Stich beginnt die Wunde zu brennen. Dieser Schmerz breitet sich rasch aus und kann sich bis zur Unerträglichkeit steigern. Nicht selten wird der Betroffene durch die starken Schmerzen ohnmächtig.

Insgesamt ist die Giftwirkung der Feuerfische sehr ähnlich der der Steinfische und Drachenköpfe. Eine Abstufung der Giftwirkung der einzelnen Gruppen ist recht schwierig, da die genaue Zusammensetzung der Gifte noch nicht bekannt ist, doch gilt das Gift der Steinfische als das stärkste innerhalb dieser Fischordnung. Mit Sicherheit handelt es sich aber auch bei dem Gift der Feuerfische um ein Protein, das zu einer allgemeinen körperlichen Schwächung führt und sich auf Kreislauf, Atmung und Körpertemperatur auswirkt. Wie berichtet, wird der Puls verlangsamt, es treten Atembeschwerden auf und zudem beantwortet der Körper die Giftwirkung mit Fieber.

Die Verletzungsstelle selbst ist meist stark geschwollen, heiß und mehr oder weniger gefärbt. Während die allgemeinen Körpersymptome bereits nach 12 bis 24 Stunden abklingen, können die Schwellungen noch wochenlang wirksam sein. Überhaupt zeigt die Wunde selbst die typischen Folgen, die auch bei vielen Schlangengiften zu beobachten sind. Meist ist die Heilung der Stichstelle sehr langwierig, wobei es relativ häufig noch zu Gewebeverfall (Nekrosen) im weiteren Umkreis um die Stichstelle kommen kann.

Wie bei den Steinfischen und Drachenköpfen sei aber auch hier gesagt, daß Verletzungen durch Rot-

Feuerfische bestechen durch ihre anmutige Schönheit, doch wer nicht aufpaßt, kann sich sehr leicht die „Finger verbrennen", denn ihr Gift gehört zu den stärksten, die man bisher bei Fischen kennt. Der Rotfeuerfisch (Pterois volitans, Foto) ist der größte seiner Gattung und lebt im Roten Meer sowie im Indischen und Stillen Ozean.

Feuerfische

feuerfische nur in seltenen Fällen zum Tode führen.

Erste Hilfe

Bester Schutz ist der Tauchanzug komplett mit Füßlingen und Handschuhen. Badenden sind vor allem Badeschuhe mit kräftiger Sohle zu empfehlen.

Besonders gefährdet sind Schnorchler, die nur mit Badehose und ABC-Ausrüstung unterwegs sind. Umsicht ist auch hier die beste Vorbeugung. Alte Jeans, ein dickes T-Shirt und Autoreparaturhandschuhe sind zwar nicht sehr fotogen, aber ein guter Schutz im Notfall.

Mit fortschreitender Erkenntnis der Medizin über die Art der Gifte ändern sich auch immer wieder die Behandlungs- und Erste-Hilfe-Methoden. Alte Hausmittel im Westernstil (Ausschneiden und Aussaugen der Wunde) sind mit ihren Nebenwirkungen oft gefährlicher als die eigentliche Verletzung. Nachdem man die Gifte oder das Gift der Feuerfische als Proteinfraktion erkannt hat, ist die Heißwassermethode wohl die wirkungsvollste Erste Hilfe. Dabei wird der größte Teil des in die Wunde eingedrungenen Giftes denaturiert, d. h., das Gift gerinnt und verliert seine Wirkung. Am besten wendet man heiße Kompressen an, da es hier trotz höherer

Temperaturen nicht so leicht zu Verbrennungen kommt. Auf alle Fälle sollte zur weiteren Behandlung ein Arzt aufgesucht werden, da eine fachgerechte Wundbehandlung erforderlich ist, die Nekrosen an der Einstichstelle verhindert und eine schnelle Heilung ermöglicht.

Erkennungsmerkmale

Systematisch gehören die Feuerfische (Pterois) als Gattung zu den Panzerwangen (Scorpaenoidei), die ihren Namen einer besonderen Knochenverbindung am ·Kiemenvordeckel verdanken. Diese Panzerwangen bilden alle zusammen eine Ordnung innerhalb der Knochenfische. Die Unterteilung einer Ordnung erfolgt in Unterordnungen, Familien und Gattungen.

Eine der Familien innerhalb der Panzerwangen ist diejenige der Drachenköpfe (Scorpaenaidae), zu der die Gattungen Drachenköpfe (Scorpaena), Skorpionsfische (Scorpaeniopsis), die eigentlichen Feuerfische (Pterois), die Zebrafische (Dendrochirus) sowie die Gespensterfische (Taenianotus) und noch einige weitere, hier nicht interessante Gattungen gehören.

Dieser systematische Überblick war notwendig, da gerade in dieser Familie ein häufiges Namensdurcheinander auftritt. Am leichtesten zu erkennen sind von allen aufgezählten Formen die Feuerfische mit ihren weitausladenden Brust- und Rückenflossenstrahlen. Neben diesen, bei manchen Arten wie exotische Schleier wirkenden Flossen ist aber auch die Farbenpracht der Tiere besonders hervorstechend. Dabei fällt bei allen Arten die quergestreifte Musterung auf, wobei die Grundfarben dieser Bänderung rot, rotbraun bis schwarz mit weißen Kontrastbändern wechseln.

Lebensraum und Verbreitungsgebiete

Feuerfische sind typische Bewohner der Korallenriffe und der angrenzenden Gebiete.

Die größte Art, die auch die größten Flossen aufweist, ist der Rotfeuerfisch (Pterois volitans), der im Roten Meer, im Indischen Ozean und im Stillen Ozean weit verbreitet ist. Auf seinem Körper wechseln braune bis schwarze mit hellen, fast weißen Bändern ab. Der bis 35 Zentimeter große Fisch, dessen Brustflossen bis zur Schwanzflosse reichen, ist allerdings nicht so farbenprächtig wie der etwas kleinere Antennenfeuerfisch (Pte-

Auch wenn er das Maul weit aufreißt, gefährlich für den Taucher sind beim Feuerfisch nur die Giftstacheln.

rois antennata), der im Indischen Ozean bis in den zentralen Pazifik beheimatet ist. Wichtigstes Unterscheidungsmerkmal dieser beiden Arten sind die unterschiedlich langen Überaugenfransen.

Pterois lunulatus mit ähnlicher geografischer Verbreitung wie Pterois antennata unterscheidet sich von diesem durch weniger Hautfransen und dunklen Stellen auf den Brustflossen.

Mit seinen spitzen Stacheln am Kopf fällt dagegen Pterois russelii (= Pterois lunata) auf, der aufgrund seiner langen Schwanzflosse schlanker als die anderen Feuerfische wirkt. Kennzeichnend für die Art ist aber vor allem die ungetupfte Schwanzflosse.

Besonders auffällig ist Pterois miles mit seinen breiten, weiß umrandeten dunklen Bändern, die quer über den Körper laufen. Die Zwischenhaut der Flossen ist bei dieser Art so gut ausgebildet, daß die Brustflossen wie Fächer aussehen. Einfache zwischenhautlose Flossenstrahlen zeichnen den Weißstrahlenfeuerfisch (Pterois radiata) aus, der von vielen Ichthyologen als der schönste Feuerfisch angesehen wird.

Nur auf Hawaii beschränkt sich der hellere Pterois sphex, während man Pterois macrurus vorwiegend im Tiefenwasser des Indischen Ozeans findet. Bei dieser Art ist allerdings noch unklar, ob sie nicht eine Variante von Pterois volitans darstellt.

Lebensweise und Ernährung

Alle Feuerfische leben räuberisch und ernähren sich in freier Natur ausschließlich von lebendem Futter wie kleinen Fischen und Krebsen. Auf diese Lebensweise deutet ne-

ben den typischen Körpermerkmalen wie großer Kopf mit einem riesigen Maul vor allem die ruhige, fast anmutig wirkende Schwimmweise der Feuerfische hin. Unter Überhängen oder in kleinen Grotten, aber auch frei an Felswänden schwebend, lauern sie auf Beutetiere. Geschickt treiben sie ihre Opfer in die Enge und saugen sie dann durch plötzliches Aufreißen ihres riesigen Maules förmlich in sich hinein.

Interessant ist es bei dieser Jagd, den Einsatz der weitausladenden Brustflossen zu beobachten. Wie ein lebendiges Gitter werden die langen Strahlenflossen eingesetzt und das Opfer in seiner Beweglichkeit immer mehr eingeschränkt. Im letzten Augenblick schießt der Feuerfisch nach vorne und verschlingt sein Opfer.

Man kann Feuerfische den ganzen Tag über in den oberen Riffzonen beobachten, doch entwickeln sie ihre Hauptaktivitäten in den frühen Morgen- und späten Nachmittagstunden.

Biologische Besonderheiten

Wenn man es richtig betrachtet, so ist eigentlich die ganze Gruppe der Feuerfische eine Besonderheit, sei es die Farbenpracht oder die anmutige Formenschönheit. Darüber hinaus wird der aufmerksame Beobachter aber auch wichtige Verhaltensweisen wie das besondere Jagdgebaren als außergewöhnlich registrieren. Große Bedeutung hat in diesem Zusammenhang auch die Tatsache, daß die im Normalzustand rosafarbenen Flossenstrahlen von Pterois radiata bei Erregung leuchtend weiß werden. Ein nicht unbedeutendes Erkennungsmerkmal für den emotionellen Zustand eines solchen Tieres, wenn man bedenkt, daß es – einmal in die Enge getrieben – auch Taucher angreift. Verwandte Arten der Feuerfische sind die Zebrafische. Hier seien vor allem die etwas kleineren Dendrochirus-Arten des Pazifik-Raumes erwähnt, die sich hauptsächlich in der Zahl der Rückenflossenstrahlen (13) von den echten Drachenköpfen (12) unterscheiden und in diesem Merkmal mit den Feuerfischen übereinstimmen. Dendrochirus zebra ist im gesamten Indo-Pazifischen Raum beheimatet außer im Archipel von Hawaii.

Nahe verwandt ist der im gleichen Raum außer Queensland vorkommende Dendrochirus brachypterus, dessen Grundfärbung bräunlich ist.

66

Steinfische *(Synanciidae)*

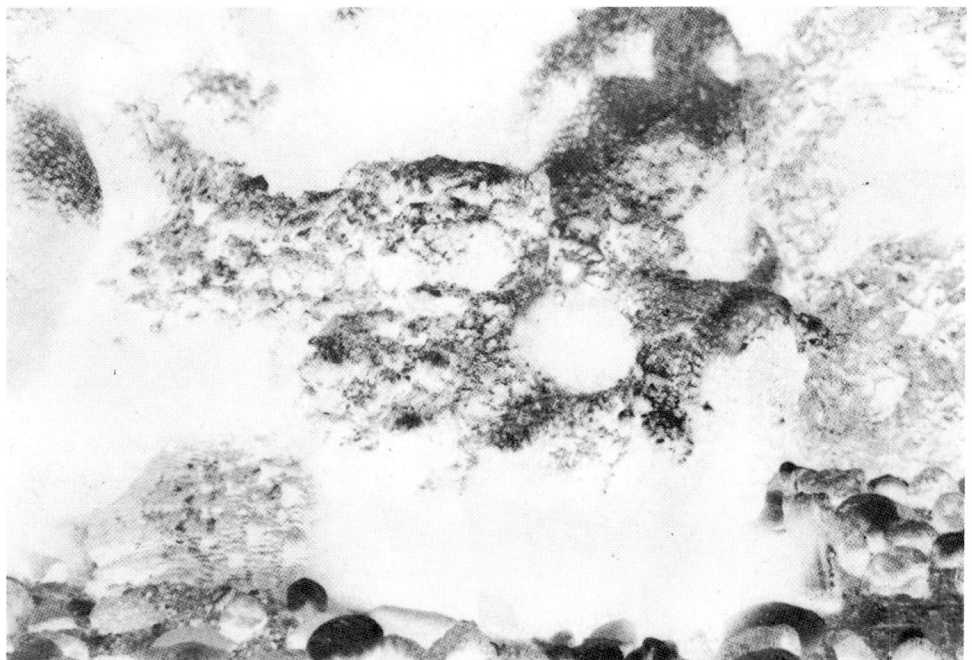

Andere deutsche Namen:
Teufelsfische

Ausländische Bezeichnungen:
Stonefish, Stingfish (engl.); Poisson pierre (franz.); Nohu (Polynesien).

Verbreitungsgebiete:
Gesamter Pazifik von Ostafrika über Indien, Australien, Melanesien, Philippinen, Polynesien. Eine Art in japanischen Gewässern; generell nimmt die Häufigkeit nach Norden und Süden mit der Wassertemperatur ab. Selten in Südafrika.

Text:
Dr. Heinz Gert de Couet
Fotos:
Horst Wiendl,
Dr. Heinz Gert de Couet

Verletzungen und Vergiftungen

Steinfische sind sehr träge und zeigen auch bei der Konfrontation mit dem Menschen nur sehr geringe Fluchttendenzen. Ihre hervorragende Anpassung an die Umgebung ist ihre beste Verteidigung und Waffe zugleich; leider macht gerade dieser Aspekt die Tiere so gefährlich. In erster Linie sind Strand- und Riffwanderer gefährdet, die das Leben in den Gezeitentümpeln beobachten wollen. Oft finden sich Steinfische schon in knie- und knöcheltiefem Wasser, so daß man leicht auf sie treten kann. Die giftigen Strahlen der Rückenflosse sind bei den Steinfischen sehr viel kürzer aber auch kräftiger, als beispielsweise bei den Drachenköpfen. Der bekannte Ichthyologe Prof. Smith gibt an, daß die Stacheln ohne weiteres die Sohle eines Strandschuhs durchdringen können, so daß allein durch das Tragen von Schuhen noch kein ausreichender Schutz vor einer Verletzung gegeben ist. Mit Sicherheit kann dadurch aber das Schlimmste verhütet werden. In vielen anderen Fällen führte Ahnungslosigkeit zu Verletzungen, weil Strandwanderer versuchten, die trägen Tiere anzufassen. Dieser bodenlose Leichtsinn hat nachweislich zum Tode einiger Menschen geführt . . .

Natürlich sind auch Fischer und Angler im Verbreitungsgebiet der Steinfische gefährdet, nicht zuletzt, weil die Giftdrüsen noch lange Zeit nach dem Tod des Fisches ihre Wirkung beibehalten.

Im Prinzip ähneln sich die Vergiftungserscheinungen von Drachenköpfen, Rotfeuerfischen und Steinfischen sehr und vermutlich auch die chemische Zusammensetzung der Gifte, über die bislang nähere Informationen fehlen. (Wie bei Weberfischen und Rochen handelt es sich um Eiweiße).

Der Steinfisch ist mit Abstand der gefährlichste Giftfisch, die Vergiftungssymptome sind sehr viel stärker ausgeprägt als bei seinen nächsten Verwandten.

Der Giftapparat selbst befindet sich in den Strahlen der ersten Rückenflosse, die, wie beschrieben, kürzer sind als bei Drachenköpfen und mit einem sehr dicken Gewebeschaft versehen sind. Auffällig ist eine keulige Anschwellung des oberen Drittels, die von der ausgeprägten Giftdrüse herrührt. Im Gegensatz zu den Rotfeuerfischen und Drachenköpfen besitzen die Steinfische einen gut ausgeprägten Gift-Leitungsgang innerhalb des Stachels.

Unmittelbar nach einer Verletzung durch Steinfische und Drachenköpfe treten meist sehr starke, brennende oder klopfende Schmerzen auf. Während bei Scorpaeniden-Vergiftungen die Schmerzen relativ schnell nachlassen (einige Stunden), dauern sie bei Steinfisch-Vergiftungen typischerweise bis zu einigen Tagen an und können extrem stark werden. Es wurde beschrieben, daß die Betroffenen um sich schlagen, schreien und sogar vor Schmerz das Bewußtsein verlieren. Die unmittelbare Umgebung der Wunde wird blau, umgeben von einem roten Ring. Das betroffene Glied schwillt sehr stark an und wird heiß. Manchmal wird die Hautpartie in der Umgebung des Einstichs gefühllos und in einiger Entfernung davon überempfindlich. Unbehandelt neigen die Verletzungen zu großflächigem Gewebszerfall (Nekrosen), ähnlich wie bei Schlangenbissen, und heilen schlecht.

Zusätzlich zu den allgemeinen Symptomen wie Kreislaufversagen und Anschwellen der Lymphknoten kommen bei Steinfischvergiftungen noch schwere Lähmungen vor, die das betroffene Körperglied erfassen und bis zur Atemlähmung und zum Herzversagen führen können. Die Schwellungen können im Einzelfall so stark sein, daß die Bewegungsfähigkeit des ganzen Körperteils eingeschränkt ist.

Statistische Beobachtungen über Unfälle mit Steinfischen sind leider nur sehr unvollständig und erlauben daher keine genaue Beurteilung der Giftigkeit dieser Tiere. Ein Grund dafür ist, daß viele Unfälle bei eingeborenen Fischern im pazifischen Raum vorkommen, die überhaupt nicht erfaßt werden. Zudem wird die Statistik dadurch verwaschen, daß es sich bei vielen Vergiftungen gar nicht um Steinfisch-Verletzungen handelt, sondern um Unfälle mit den sehr ähnlich aussehenden Skorpionfischen. In einem Zeitraum von fünf Jahren wurden auf dem Tuamotu-Archipel fünfzig Fälle von Steinfisch-Vergiftungen registriert, davon mußten 25 in Hospitälern behandelt werden. In der Regel dauert die Behandlung bis zur vollständigen Wiederherstellung einige Wochen bis Monate! Die Schauermärchen, daß nach einer Vergiftung keine drei Minuten bis zum Tode des Betroffenen vergehen, gehören allerdings eher in den Bereich des Taucherlateins und haben ihre Entstehung im Aberglauben eingeborener Fischer. Sicher ist es nicht angebracht, solche Verletzungen zu bagatellisieren, es soll aber auch nicht der Eindruck erweckt werden, als seien Steinfisch-Vergiftungen absolut tödlich.

Erste Hilfe

Da Steinfisch-Vergiftungen recht häufig auftreten und sehr ernst zu nehmen sind, haben sich die Wissenschaftler inzwischen erfolgreich um die Entwicklung eines Anti-Toxins bemüht. Derartige Gegen-

Steinfische sind Meister der Tarnung. Sie sind meist grün-lich-grau, und auf den ersten Blick könnte man sie für einen veralgten Stein halten. Da sie Flachwasserbewohner sind, kann man sich leicht böse Verletzungen zuziehen.

Steinfische

gifte oder Antiseren werden produziert, indem man Tieren äußerst geringe Mengen der Gifte injiziert und aus deren Blutserum Antikörper gegen das Gift gewinnt. Dasselbe Verfahren wird übrigens bei der Produktion von Schlangen-Antiseren angewandt. Die so gewonnenen Antikörper können das im Kreislauf befindliche Gift „neutralisieren", sofern sie in ausreichender Menge verabreicht werden und dies rechtzeitig geschieht. Problematisch ist allerdings die Beschaffung des Antiserums, das meinen Informationen zufolge derzeit nur in Australien vom „Commonwealth Serum Laboratories Parkville" in Melbourne hergestellt wird. Die Haltbarkeit von Antiseren ist sehr begrenzt und von der Kühlung abhängig, außerdem sind unter Umständen sehr große Mengen erforderlich, um das gesamte Gift zu neutralisieren. Die Wirkung des Steinfisch-Antiserums soll sehr zuverlässig sein. Natürlich sollte eine Vergiftung trotzdem ärztlich behandelt werden. Auch die Injektion von Emetin-Hydrochlorid direkt in die Wunde soll helfen. Auch wenn das Antiserum zur Verfügung steht, sollte die bereits beschriebene Heißwasser-Methode angewandt werden. Dabei werden große Teile des Giftstoffs zerstört, bevor sie sich in das umliegende Gewebe ausbreiten können. Entscheidend für den Erfolg einer Behandlung ist der Zeitpunkt des Einsetzens, der eine halbe Stunde nach Verletzung nicht überschreiten sollte. Ärztliche Hilfe ist bei Steinfisch-Vergiftungen auf jeden Fall angebracht, allein um die allgemeinen Symptome der Vergiftung erfolgreich bekämpfen zu können.
In einigen Büchern wird geraten, die Wunde mit einem Messer zu erweitern und auszusaugen, ähnlich wie man es früher bei Schlangenbissen empfohlen hat. Heute ist man der Ansicht, daß dieses Verfahren wenig effektiv ist und mehr schadet als hilft; zumal ist es eine große Belastung für den Patienten, die zu einem Schockzustand führen

kann, der ebenso lebensbedrohlich ist, wie die Vergiftung selbst.

Erkennungsmerkmale

Nicht immer ist es leicht, Steinfische von den nahe verwandten Skorpionfischen zu unterscheiden. Insbesondere die Gattung Scorpaenopsis, die häufig in den Tropen vertreten ist, ähnelt mitunter sehr den Steinfischen Synanceja und Minous. Auffälligstes, oder besser unauffälligstes Merkmal, also die hervorragende Mimese (Schutztracht; farbliche Anpassung an die Umgebung) des Steinfisches, ist sein herausragendes Kriterium. Gegenüber den Skorpionfischen ist das Maul sehr stark hochgezogen, so daß es im Profil fast senkrecht wirkt. Die Augen sitzen sehr hoch am Kopf und stehen eng beisammen. Die Steinfisch-Gattungen Minous, Caracanthus und Choridactylodes besitzen aber diese Merkmale nicht, dafür sind sie sehr viel seltener als der gewöhnliche Steinfisch Synanceja. Synanceja verrucosa besitzt 13 giftige Rückenflossen-Stacheln, drei Analstacheln und zwei Hauptstrahlen in der Bauchflosse. Die sehr großen Brustflossen werden von 19 Flossenstrahlen getragen. Hinzu kommen noch 7 bis 8 kleinere Stacheln auf dem Kiemendeckel.
Steinfische sehen meist grünlichgrau aus, manche sind aber auch unregelmäßig rostbraun gefleckt oder hellgrau-braun, so daß sie wie ein Klumpen Schlamm oder ein veralgter Stein wirken. Hautfransen am ganzen Körper unterstützen diesen Eindruck.

Lebensraum und Verbreitungsgebiete

Wie die Rotfeuerfische sind Steinfische typische Bewohner der Korallenriffe und angrenzender Gebiete. Ihr Verbreitungsgebiet erstreckt sich von Ost- und Südafrika über Australien und die Philippinen bis weit in den mittleren und westlichen Pazifik. Auch aus den

japanischen Gewässern sind die Steinfische bekannt. Minous monodactylus hat ein beschränktes Verbreitungsgebiet im Südpazifik, China und Japan. Im Roten Meer und westlichen Indopazifik ist Synanceja verrucosa die häufigste Art, die im englischen Sprachgebrauch den Beinamen „der Tödliche" trägt.
Steinfische sind Bewohner des Flachwassers. Häufig liegen sie regungslos in Gezeitentümpel der Riffplatte, was sie besonders gefährlich macht. Zwischen Korallenästen und Felsnischen versteckt, sind sie für das ungeübte Auge kaum auszumachen. Am ehesten sieht man sie auf dem Schlamm am Fuß der Riffe oder an Abbrüchen von Seegraswiesen; was aber nicht heißen soll, daß sie irgendeine Präferenz für diese Zonen zeigen. Wahrscheinlich heben sie sich hier etwas deutlicher von ihrer Umgebung ab und werden daher öfter gesehen als zwischen Korallengeäst. Meistens liegen Steinfische direkt auf dem Subtrat, nur gelegentlich graben sie sich geringfügig mit den Brustflossen ein. Interessant ist die unterschiedliche Ausprägung ihrer äußeren Merkmale, die immer dem jeweiligen Untergrund entsprechen. Sicher können Steinfische sich aber nicht ständig einer neuen Umgebung anpassen, wie es Kraken und Tintenfische tun.

Lebensweise und Ernährung

Nur wenig ist über das Leben der Steinfische bekannt, in groben Zügen dürfte es aber den verwandten Familien ähneln, den Drachenköpfen und Skorpionfischen. Steinfische sind Raubfische, die sich hauptsächlich von Fischen ernähren, denen sie auflauern; sie sind keine Jäger im eigentlichen Sinne. Ihre bullige Form sollte nicht darüber hinwegtäuschen, daß sie über kurze Distanzen sehr schnelle und gewandte Schwimmer sind. In der Regel genügt schon der Sog, der beim Aufreißen des großen Maules entsteht, um einen vorüberschwim-

menden Fisch zu verschlingen. Ihre Aktivität ist während des Tages sehr gering, vermutlich fressen sie vorwiegend in der Dämmerung. Auch ihr Nahrungsbedarf ist vermutlich gering, da sie sich kaum bewegen. Über die Fortpflanzung ist nichts bekannt; wahrscheinlich sind die Eier planktisch, wie die der Drachenköpfe und Skorpionfische. Interessant ist in diesem Zusammenhang, daß Steinfische auf der Unterseite recht auffallend rostrot gefärbt sind. Diese Zeichnung ist aber nur zu sehen, wenn die Tiere schwimmen. Vielleicht handelt es sich um ein artspezifisches Erkennungsmerkmal mit Signalwirkung auf Artgenossen, aber darüber kann man im Augenblick nur spekulieren.
Feinde haben Steinfische sicher nicht, abgesehen von der Tatsache, daß viele Jungfische den zahlreichen Planktonjägern zum Opfer fallen. Man kann aber auf der anderen Seite nicht davon ausgehen, daß die Steinfische prinzipiell nicht von Fischen erkannt werden. Der Wiener Zoologe und Meeresforscher Prof. Abel konnte aber in einem Experiment zeigen, daß sich Korallenbarsche durchaus der Gefahr bewußt sind, die vom Steinfisch ausgeht, wenn man sie in ein Aquarium einsetzt, in dem sich schon vorher ein Steinfisch befand. An der ostafrikanischen Küste konnte ich einmal beobachten, wie ein Steinfisch heftig von einem ebenso großen Juwelenbarsch attackiert wurde, der vielleicht ein Gelege zu bewachen hatte. Der Juwelenbarsch gab seine Angriffe erst auf, als sich der Steinfisch in mehreren Sätzen etwa drei Meter von der Wohnhöhle des Barsches entfernt hatte.

Biologische Besonderheiten

Nicht immer werden die Steinfische als eigenständige Familie (Synanciidae) anerkannt. Die anatomischen Unterschiede zu den nahe verwandten Skorpionfischen (Scorpaenidae) sind äußerst gering. Speziell die Morphologie des Giftapparates läßt aber eine Unterteilung in drei Grundtypen zu: den Steinfisch-Typus, Scorpaena-Typus und Rotfeuerfisch-Typus. Eine tabellarische Übersicht läßt die wesentlichen Unterschiede im Aufbau erkennen (links).
Die Anzahl der Flossenstachlen allein ist kein sichtbares Unterscheidungsmerkmal innerhalb dieser Fischgruppe.
Unbekannt ist, ob sich Steinfische häuten.

Struktur	Rotfeuerfische	Drachenköpfe	Steinfische
Flossenstacheln	länglich-schlank	mäßig lang, stark	kurz und gestaucht
Stachelschaft	dünn	mäßig dick	sehr dick
Giftdrüsen	klein, gut entwickelt	mäßig entwickelt, mäßig groß	sehr starke Ausprägung, sehr groß
Giftkanal	nicht vorhanden	nicht vorhanden	ausgeprägt

(Aus HALSTEAD: Dangerous Marine Animals. Cambridge, Maryland 1959).

Korallenwelse *(Plotosidae)*

Ausländische Bezeichnungen:
Barbel Eels (engl.); Eel-pout Cats (engl.); Machoiron (franz.)

Verbreitungsgebiete:
Gesamter Indopazifik vom Roten Meer bis zur westamerikanischen Küste

Text und Fotos:
Dr. Horst Moosleitner

Verletzungen und Vergiftung

Der erste, vorderste Knochenstrahl der ersten Rückenflosse und der beiden Brustflossen ist kräftig ausgebildet, sehr spitz und mit sägeähnlichen Zähnchen besetzt. An seiner Basis sitzen Giftdrüsen, deren Sekret bei Einstichen in die Wunde gelangt und mehr oder weniger starke lokale Vergiftungserscheinungen hervorruft. Die Giftdrüsen können jedoch nicht so funktionieren wie etwa bei Drachenköpfen und Petermännchen, bei denen erst durch Zurückschieben der die Stacheln umgebenden Haut das Gift in die Wunde gedrückt wird, denn schon bei flüchtiger Berührung mit diesen Stacheln treten starke Vergiftungen auf. Die Giftdrüsen geben ihr Gift ständig nach außen ab, so daß die Stacheln immer von einem giftigen Schleim überzogen sind, dessen Wirkung stärker ist, als das aller in der Natur vorkommenden „echten" Giftdrüsen.
Heftige Schmerzen, entzündungsähnliche Reaktionen, Anschwellen der Einstichstelle und deren Umgebung treten rasch auf, gefolgt von Übelkeit und Schweißausbrüchen bis zu Fieberanfällen, je nach Empfindlichkeit des Opfers.

Die Verletzungen sind zwar normalerweise nicht lebensgefährlich; die Vergiftungssymptome können allerdings einige Tage oder Wochen anhalten.
Es sind bisher keine Verletzungen von Tauchern durch Korallenwelse bekannt geworden, da die Tiere von sich aus nicht angreifen und meist frei schwimmen, so daß man kaum auf sie treten wird. Gefährdet sind eigentlich nur Fischer und Aquarianer, die diese Fische anfassen müssen. Es kommen dabei vor allem Verletzungen der Hände vor, die gut behandelt werden können. Ein Stich in einen Finger läßt die ganze Hand anschwellen; gelegentlich breitet sich die Schwellung bis zu Ellbogen oder Schulter aus. Schmerzen, besonders unter der Achsel, machen sich dann bemerkbar.

Erste Hilfe

Wie fast alle Fischgifte läßt sich auch das der Korallenwelse am besten mit Hitze behandeln. Baden des gestochenen Körperteiles in möglichst heißem Wasser, etwa eine halbe bis eine Stunde lang, bis die ärgsten Schmerzen nachlassen, ist angebracht. Zur Verstärkung der Wirkung sollte dem Wasser Magnesiumsulfat (Bittersalz) beigefügt werden.

Trockene Kompressen sind noch günstiger, da sie höhere Temperaturen ermöglichen.
Sollte ein Taucher von einem Korallenwels gestochen werden, so muß er schnellstens auftauchen, um festen Boden unter die Beine zu bekommen, wo dann eine Behandlung angebracht ist. Als Sofortmaßnahme unter Wasser ist die nicht ungefährliche Methode des Aussaugens der Wunde anwendbar oder ein Vergrößern der Einstichstelle, damit das austretende Blut zumindest einen Teil des Giftes ausschwemmen kann.
An Land oder an Bord ist die Wunde sofort zu desinfizieren und mit einer Hitze-Nachbehandlung zu beginnen. Ein Arzt sollte nach Stichen von Korallenwelsen immer aufgesucht werden. Dieser wird neben Schmerzlinderungsmitteln auch Antibiotika und Kreislaufmittel verabreichen und, wenn nötig, eine Wundinfiltration mit Novocainlösung vornehmen.

Erkennungsmerkmale

Korallenwelse besitzen, ebenso wie ihre Verwandten im Süßwasser, Barteln um das Maul, die ein wichtiges Erkennungsmerkmal sind. Der Gestreifte Korallenwels (Plotosus lineatus) ist wohl die auffallendste Erscheinung dieser Familie und besitzt auf schwarzem bis kaffeebraunem Grund beiderseits zwei weiße bis gelbliche Streifen. Der obere davon zieht sich von der Schnauzenoberseite zum Augenoberrand und von dort über den gesamten Rücken bis zum Schwanz. Der zweite verläuft über die Wangen, unter dem Auge hindurch, oberhalb der Brustflossen den Bauch entlang und ebenfalls bis zum Schwanz. Bauch, Brust und Kehle sind heller gefärbt, ebenso die Flossen, die zum Rand hin dunkler werden. Der zugespitzt erscheinende Schwanz entsteht dadurch, daß die zweite Rückenflosse und die Afterflosse verlängert sind und hier zusammenlaufen. Während die erste Rückenflosse mit dem Giftstachel nur vier bis fünf Strahlen aufweist, hat die zweite Rückenflosse, ebenso wie die Afterflosse, je 75 bis 100 Strahlen. Der Körper ist nackt, besitzt also keine Schuppen.
Der Einfarbige Korallenwels (Plotosus anguillaris) sieht in der Form völlig gleich aus, hat auch die gleichen Giftstacheln, wird aber etwas größer und ist einfarbig graubraun. Man glaubte früher, daß er die erwachsene Form voriger Art sei, bis man auch die Jungtiere davon fand. Beide Arten sollen bis zu 30 cm lang werden. Wie Fänge aus Südafrika und Ceylon beweisen, können sie aber bis auf 70–80 cm Größe anwachsen.
Die Jungtiere treten durchweg in Schwärmen auf, die mehrere hundert Exemplare umfassen können. Sie schwimmen dicht aneinandergedrängt und bevorzugen sandige Stellen zwischen den Riffen und Lagunen.

Lebensraum und Verbreitungsgebiet

Korallenwelse bevorzugen flache, sandige Küstenzonen und gehen auch in Algenrasen und Tangwälder. In den Korallen selbst sind sie nur selten zu finden, so daß die Bezeichnung Korallenwelse eigentlich falsch ist.
Die genannten Korallenwelse findet man im gesamten indopazifischen Raum, auch im Roten Meer. Es ist interessant, daß der bekannte Rot-Meer-Forscher Klunzinger trotz jahrelangem Aufenthalt in Kosseir (Ägypten) diesen Fisch nicht fand, während er im Golf von Suez durchaus häufig vorkam.

*Die aalartig aussehenden Korallenwelse sind
ausgesprochene Schwarmfische, die dicht aneinandergedrängt über sandige Lagunen schwimmen*

Korallenwelse

Grund dafür ist wohl, daß die Saumriffe im Süden zu steil abfallen und so den Korallenwelsen keinen entsprechenden Lebensraum bieten, während die flachen, stark durchsonnten Gebiete im Norden ideale Lebensbedingungen darstellen.

Verwunderlich ist allerdings, daß die Tiere sogar in den Suezkanal eindringen und noch im Timsah-See zu finden sind. Um die anspruchsvollen Lebensbedingungen dort aushalten zu können – hoher Salzgehalt, große Temperaturschwankungen zwischen 17 und 40 Grad – bedarf es einer besonderen Anpassungsfähigkeit.

Lebensweise und Ernährung

Korallenwelse ernähren sich hauptsächlich von organischen Partikeln, die im Boden versteckt sitzen, und von Plankton. Erwachsene fressen gelegentlich auch kleine Fische, Garnelen und dergleichen.

Die gemeinsame Nahrungssuche im Boden geht so vor sich, daß sie mit den um das Maul stehenden Barteln, die Tastorgane enthalten, suchend über den Sand schwimmen. Wenn die ersten Tiere etwas Freßbares finden, stürzen sie sich kopfüber in den Sand, so daß Wolken aufsteigen und von Kopf und Brust nichts mehr zu sehen ist.

Während die ersten Tiere fressen, ziehen die nächsten darüber hin und lassen sich ebenfalls kopfüber in den Boden fallen. Ihnen folgt eine nächste Reihe, die ebenso in den Sand stürzt. Während-dessen haben die ersten Tiere ihre Nahrung verspeist, kommen nun wieder hervor und schließen sich dem Trupp hinten an. So bewegt sich eine ständig rotierende Masse von dicht nebeneinander schwimmenden Tieren wie eine Walze vorwärts.

Die ständig hungrigen Tiere brauchen viel zu fressen und sind daher, von kurzen Ruhezeiten abgesehen, ständig auf Nahrungssuche. Sie benötigen viel Raum und grasen weite Areale ab.

Biologische Besonderheiten

Die Korallenwelse besitzen hinter dem After einen kleinen, büschel- bis bäumchenartigen Fortsatz, der durch Sehnen mit der Wirbelsäule verbunden ist. Die Funktion dieses Organes ist unbekannt; es könnte aber mit der Fortpflanzung zu tun haben.

Die Eier werden in eine vom Männchen ausgehobene Grube im Sand abgelegt. Das Ablaichen erfolgt dadurch, daß sich die El-terntiere mit zitternden Bewegungen aneinanderpressen.

Die Meinungen über die Eßbarkeit der Korallenwelse gehen weit auseinander. Sie werden aber, betrachtet man den gesamten indopazifischen Raum, trotz ihrer gefährlichen Stacheln häufig gefangen und verspeist.

Wirtschaftlich wichtiger dürfte allerdings der Fang von Jungfischen für Aquarien sein, denn besonders der gestreifte Korallenwels gilt, in kleinen Gruppen gehalten, auch bei uns als beliebter Meerwasser-Aquarienfisch.

Verwandte Arten

Während die Welse im Süßwasser aller Kontinente mit zahlreichen Arten vertreten sind, gibt es im Meerwasser nur wenige Vertreter, die sich grob in zwei Familien aufspalten lassen: die im Indopazifik vorkommenden Korallenwelse und die in der karibischen See lebenden Kreuzwelse (Ariidae). Letztere haben ihren Namen einem eigenartigen Umstand zu verdanken. Die präparierten Schädel dieser Tiere zeigen nämlich auf der Unterseite eine Kreuzform, auf der man mit einiger Phantasie noch die Form des gekreuzigten Heilands erkennen kann, während die Oberseite einen segnenden Mönch zeigen soll.

Die Schädel dieser Fische werden daher in Mittel- und Südamerika „schön bemalt" als religiöse und Reise-Souvenirs verkauft.

Das Weibchen der Kreuzwelse legt ca. 40 sehr große Eier (bis zu 2 cm Durchmesser), die das Männchen aufnimmt und länger als einen Monat im Maul bebrütet. Es kann während dieser Zeit keine Nahrung zu sich nehmen.

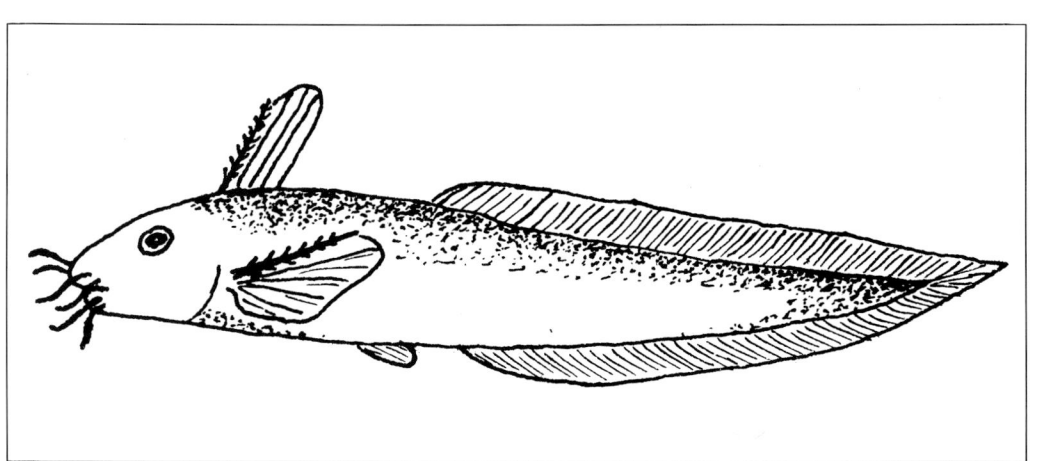

Strichzeichnung eines einfarbigen Korallenwelses (Plotosus anguillaris).

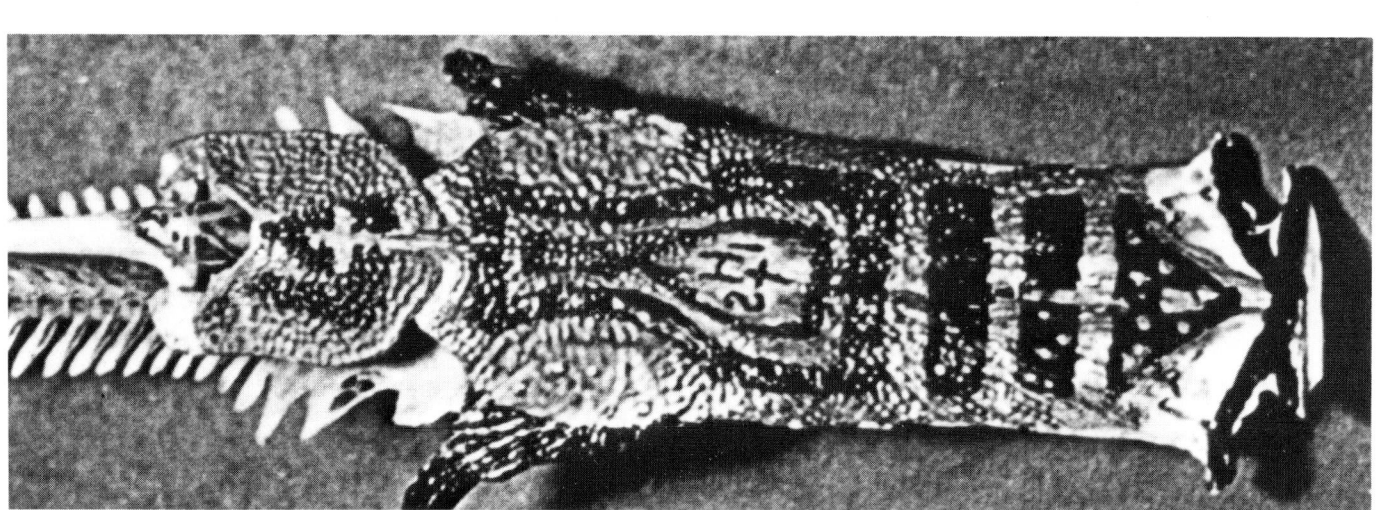

Der Schädel des Kreuzwelses (Arius proops) zeigt auf der Unterseite die Form eines Kreuzes.

Himmelsgucker *(Uranoscopidae)*

Ausländische Bezeichnungen:
stargazer (engl.); rat, rascasse blanche (franz.); aranyeta (span.); ciacia, pesce prete, pesce lucerna (ital.);

Verbreitungsgebiete:
Mittelmeer, Schwarzes Meer, östlicher Atlantik von Spanien bis Senegal, amerikanische Seite des Atlantik, tropischer Atlantik und angrenzender Pazifik;

Text:
Dr. Horst Moosleitner

Fotos:
Dr. Horst Moosleitner
Fredy Knorr

Verletzungen und Vergiftungen

Himmelsgucker sehen Petermännchen ähnlich und bewohnen wie diese Sandflächen, in welche sie sich eingraben, sind aber wesentlich plumper gebaut. Ihre erste Rückenflosse umfaßt vier Stachelstrahlen, die im Gegensatz zu den Petermännchen viel niederer und ungiftig sind. Dafür besitzt der Himmelsgucker hinter dem Kopf, anschließend an den großen Kiemendeckel oberhalb der Brustflossen, je einen starken Stachel, der doppelte Längsrillen aufweist.

Über die Giftigkeit dieser Stacheln, die sicherlich als Abwehrwaffen eingesetzt werden, sind die Experten geteilter Meinung. Während die meisten Autoren angeben, die Stacheln stünden an ihrer Basis mit Giftdrüsen in Verbindung, deren Gift bei Verletzungen die Rillen entlang in die Wunden gedrückt wird, vertritt Riedel die Ansicht, sie seien völlig ungiftig.

Vielleicht beruhen diese unterschiedlichen Angaben auf Untersuchungen an verschiedenen Tieren, oder es werden alte, ungeprüfte Angaben immer wieder „ungeschaut" abgeschrieben. Jedenfalls ist den Angaben über die Giftigkeit der Himmelsgucker mit einiger Skepsis zu begegnen, auch wenn ihnen schon so manche Menschen zum Opfer gefallen sein sollen. Der Fisch soll auch Fischer mit seinen Stacheln dadurch verletzt haben, daß er mit dem Kopf kräftig hin und her schlug.

Außer den mechanischen Verletzungen kann man bei Berührung der Tiere noch etwas zu spüren bekommen, nämlich elektrische Schläge. Die Fische besitzen hinter dem Auge je ein ovales elektrisches Organ, das in einer besonderen „Tasche" liegt. Es vermag Stromstöße von etwa 50 Volt zu erzeugen, die eigenartigerweise im Wasser weniger stark auf den Menschen wirken sollen als an Land, wo sie als überaus schwere, kräftige elektrische Schläge verspürt werden.

Erste Hilfe

Wenn die Stacheln der Himmelsgucker ungiftig sein sollten, so erübrigen sich irgendwelche umfassende Maßnahmen. Es reicht eine normale Wundbehandlung mit entsprechender Desinfektion aus.

Im Falle einer Giftigkeit können nur die auftretenden Symptome behandelt werden, da über die Natur der Gifte und deren Wirkungsweise nichts bekannt ist. Hier orientiere man sich am besten an der Behandlung von Verletzungen durch Petermännchen.

Treten überaus starke Schmerzen sofort nach dem Stich auf, die nicht enden wollen, so ist eine Vergiftung nicht auszuschließen, sofort die Heißwassermethode anzuwenden und mit der Verabreichung entsprechender Heilmittel gegen die auftretenden Beschwerden zu beginnen. Zur Sicherheit einen Arzt aufsuchen. Die Elektroschocks haben normalerweise keine gesundheitsschädigenden Folgen.

Wichtigste Maßnahme also: Hände und Beine weg von den äußerst wehrhaften Tieren! Nicht auf Sandböden umherstapfen und nicht unachtsam in Netze und an Angeln greifen! Es könnte zumindest äußerst unangenehm sein.

Erkennungsmerkmale

Himmelsgucker besitzen einen plumpen, etwas steifen Körper, der vorne sehr dick und rund ist und sich nach hinten keilförmig verjüngt. Der Kopf ist bullig und die erste Rückenflosse sehr nieder. Die kleinen Augen liegen erhöht am Kopf, so daß der Fisch nach oben zu starren scheint, was ihm auch den Namen eingebracht hat. Das Maul ist steil, fast senkrecht nach oben gerichtet und überragt ebenfalls die sehr flache Kopfoberseite.

Die nach oben verlegte Mundöffnung ermöglicht auch vollständig eingegrabenen Tieren, von denen sonst nur noch die Augen den Sand überragen, die Versorgung mit Atemwasser. Bei einigen Arten sind sogar die Nasenöffnungen direkt mit der Mundhöhle verbunden, damit das Wasser ohne Verunreinigung durch Sand und Schlamm an die Kiemen gelangen kann, und so eine einwandfreie Atmung gewährleistet ist.

Der Kopf ist außerdem durch Knochenplatten gepanzert; die Bauchflossen sind bis an die Kehle vorgerückt. Der hell gesprenkelte, braune Europäische Himmelsgucker oder Meerpfaff (Uranoscopus scaber) ist ein häufiger Mittelmeerfisch, der auch im Schwarzen Meer und im östlichen Atlantik, von Spanien bis Senegal, vorkommt. Etwa im selben Gebiet findet man den Ariscopus iburius, der wie die vorige Art etwa 30 Zentimeter lang wird.

Auf der amerikanischen Seite des Atlantik findet man in den dem Namen entsprechenden Gebieten den Nördlichen Himmelsgucker (Astroscopus guttatus), der bis zu 55 Zentimeter lang wird, und den wunderschön hell-dunkel gefleckten Südlichen Himmelsgucker (A.y-graecum), der etwa 40 Zentimeter Länge erreicht.

Es gibt etwa 25 Arten von Himmelsguckern, die in tropischen und gemäßigten Gewässern beheimatet sind. Den Himmelsguckern nahe verwandt sind die Sterngucker (Familie Dactyloscopidae), die jedoch schmaler gebaut sind, kein elektrisches Organ und auch keine Stacheln besitzen. Ihre kehlständigen

Himmelsgucker sehen immer etwas grimmig oder beleidigt aus. Dieser Eindruck entsteht durch das fast senkrecht nach oben gerichtete Maul. Ihren Namen verdanken sie ihren erhöht am Kopf liegenden Augen, so daß diese Fische ständig nach oben zu starren scheinen.

Himmelsgucker

Bauchflossen weisen jeweils drei freie Strahlenenden auf. Sie kommen an den Küsten Amerikas, im tropischen Atlantik wie im angrenzenden Pazifik vor.

Lebensweise und Ernährung

Himmelsgucker lauern, bis über den Kopf in den Sand eingegraben – nur noch Augen und Mundspitze ragen hervor – auf unachtsame kleinere Tiere. Einige Arten, so auch der Europäische Himmelsgucker, besitzen am Kinn eine Wurmattrappe – eigentlich die lang ausgezogene Schleimhautfalte des Unterkiefers, die auch als Atemventil dient – die schlängelnd aus dem Mund hervorgestreckt werden kann.

Auf diese Weise angelt der Himmelsgucker kleine Fische und Krebse, die in dem Augenblick, in welchem sie zubeißen wollen, selbst in die Falle gehen.

Himmelsgucker liegen natürlich nicht immer vollständig eingegraben, sie können auch auf dem Sand oder nur teilweise eingegraben liegen. Sie werden hierdurch jedoch kaum besser sichtbar, da ihre Färbung sie hervorragend tarnt und auch für den Menschen nahezu unsichtbar macht.

Über die Fortpflanzung der Himmelsgucker ist wenig bekannt. Sie haben in Frühling und Sommer ihre Laichzeit. Die Eier schweben frei im Wasser, werden von Strömungen verdriftet und sorgen so für eine weitere Verbreitung. Erst die fertigen Jungfische gehen zum Bodenleben über.

Lebensraum und Verbreitungsgebiete

Himmelsgucker kommen in allen tropischen und subtropischen Meeren mehr oder weniger häufig vor. Sie sind durchweg Bewohner seichter Sand- und Schlammböden, wenngleich sie auch in tieferen, einige sogar in sehr tiefen Regionen zu finden sind.

Während der Europäische Himmelsgucker (Uranoscopus scaber) schon von Oberflächennähe abwärts vorkommt, wird der Nördliche Himmelsgucker (Astroscopus guttatus) z.B. auf den Bahamas erst ab etwa 70 Metern Tiefe gefunden, und das äußerst selten.

Der Europäische Himmelsgucker gilt durchweg als häufig, wird jedoch wegen seiner Tarnung selten gesehen. Der Fang erfolgt mit Angel und Schleppnetz. Man wird das Tier daher eher auf Fischmärkten als unter Wasser zu sehen bekommen.

Biologische Besonderheiten

Die Himmelsgucker scheinen äußerst geheimnisvolle Fische zu sein, denn nicht nur über die Giftigkeit der Schulterstacheln gibt es sehr unterschiedliche, ja sogar gegensätzliche Ansichten, sondern auch über das Vorkommen von elektrischen Organen ist man geteilter Meinung. Während einige

Himmelsgucker liegen nicht immer eingegraben auf dem Meeresboden. Jedoch sind sie auch dann nicht besser zu sehen, da ihre Färbung sie ausgezeichnet tarnt.

Autoren angeben, der Europäische Himmelsgucker (Uranoscopus scaber) besitze welche, liest man bei anderen, er habe keine und nur die amerikanischen Arten von Astroscopus seien damit ausgestattet. Wir wollen uns nicht in diese Konflikte einmischen, sondern einfach die Finger von den Tieren lassen, egal ob sie nun giftig oder elektrisch, keines von beiden oder beides gemeinsam sind.

Wie sind nun die elektrischen Organe – zumindest der Astroscopus-Arten – gebaut. Sie bestehen aus ähnlichen Elementen, wie sie die anderen elektrischen Fische (siehe Rochen) auch haben. Ihre kleinste Einheit ist die elektrische Zelle, der Elektrozyt. Diese Zelle stammt von einer Muskelzelle ab (beim Himmelsgucker vom Augenmuskel) und sieht aus wie eine flache, horizontal liegende Scheibe. Auf der glatten Oberseite liegen zahlreiche Endigungen des Augenbewegungsnervs, während die Unterseite viele kurze Fortsätze und „Löcher" besitzt, welche die Oberfläche stark vergrößern. Das Ganze ist in eine durchsichtige gelatinöse Masse verpackt. Zahlreiche solcher Zellen liegen nebenund übereinander und bauen ein elektrisches Organ auf, das 150 bis 200 Lagen übereinander besitzen kann.

Jede einzelne der elektrischen Platten erzeugt 150 Millivolt (= 150 tausendstel Volt). Sind sie in Serie, also hintereinander geschaltet, so erreichen sechs Zellen schon mehr als ein Volt. Bei vielen tausend Zellen kann man sich vorstellen, daß ein großes Tier, wie etwa ein Zitteraal, an die 500 Volt erreichen kann. Doch mit der Voltzahl alleine kann man noch keine starken Schläge austeilen; hierzu braucht man Stromstärke. Diese wird dadurch erhöht, daß Zellen parallel geschaltet werden. Die Wirkung der Stromstöße ist also die Summe aus neben- und hintereinander geschalteten einzelnen Elementen. Der Himmelsgucker soll, nach einigen Autoren, Schläge von bis zu 50 Volt austeilen, andere sprechen nur von fünf Volt. Da man die Schläge aber als starke Schmerzen empfindet, dürften es schon 50 Volt sein.

Anzahl und Stärke der elektrischen Schläge wird vom Fisch über die auf der Oberseite der Platten anliegenden Nerven gesteuert. Er kann daher starke einzelne Schläge abgeben oder Serien von 10 bis 50 Entladungen loslassen, die mit einer Frequenz von 50 bis 100 Entladungen pro Sekunde ablaufen.

Die elektrischen Schläge werden nicht nur zur Abwehr verwendet, also bei Berührung abgeschossen, sondern auch, wenn sich kleine Fische nähern. Diese werden durch die Stromstöße sichtlich in ihrer Bewegung behindert und so zu einer leichten Beute.

Interessanterweise feuern beide Organe völlig synchron gleichzeitig ab und zwar so, daß die Entladung von oben nach unten erfolgt. Hierbei wird wahrscheinlich die Kopfoberfläche negativ und das gesamte Maulinnere positiv. Elektrische Zellen arbeiten übrigens nach demselben Prinzip wie normale Nervenzellen auch, die elektrische Potentiale aufbauen und Erregungen durch Entladungen weitergeben.

Neben stark elektrischen Fischen wie Sternguckern und Rochen gibt es zahlreiche Fische, die sehr schwach elektrisch sind. (Die meisten stark elektrischen Fische haben auch schwachelektrische Organe.) Diese vermögen ihre Stromstöße nicht für Abwehr oder Sicherung der Beute zu verwenden, sondern benützen sie wie eine Radaranlage. Die bauen durch ständiges Ausstrahlen leichter Impulse ein elektrisches Feld um sich auf, das durch Störungen neben einem „räumlichen Sehen" in Dunkelheit oder trübem Wasser auch Feinde und Beutetiere orten kann und manchmal auch der Kommunikation zwischen Fischen dient.

Kaninchenfische *(Siganidae)*

Andere deutsche Namen:
nicht bekannt
Ausländische Bezeichnungen:
Rabbitfish (engl.),
Cordonnier (franz.),
Sigan (arab.)

Verbreitungsgebiete:
Indopazifischer Ozean,
Mittelmeer, Rotes Meer

Text und Fotos:
Dr. Horst Moosleitner

Verletzungen und Vergiftungen

Die Stacheln der meisten Flossen der Kaninchenfische sind sehr spitz und können äußerst schmerzhafte Stiche verursachen. Solche Stacheln gibt es 13 in der Rücken-, 7 in der After- sowie 2 in der Bauchflosse, jeweils einen innen und außen. Wegen dieser stacheligen Begrenzung der Bauchflossen, die in der gesamten Fischwelt einzigartig ist, wurden Kaninchenfische früher als eigene Unterordnung der Zweistachler (Amphacanthi) geführt.
Wahrscheinlich nicht bei allen, aber zumindest bei einigen Arten der Kaninchenfische stehen die Stacheln der Rücken- und Afterflossen mit Giftdrüsen in Verbindung. Schon die leichteste Berührung mit ihnen bewirkt, daß der Inhalt der Giftdrüsen in die Stichwunde gelangt und dort sehr schmerzhafte Verwundungen hervorruft.
Besonders gefürchtet sind die Arten Siganus luridus und S. rivulatus, deren Stiche mit denen eines Skorpions verglichen werden können.

Erste Hilfe

Die Stiche der Kaninchenfische sind, wenn auch schmerzhaft, so doch nicht gefährlich. Die Schmerzen lassen bald nach, und man kommt mit normaler Wundbehandlung, also Desinfektion und Verband bzw. Pflaster, aus.
Im Falle von Komplikationen durch Überempfindlichkeit oder Wundinfektion ist ein Arzt aufzusuchen.

Erkennungsmerkmale

Der Körper der Kaninchenfische ist länglich, eiförmig, seitlich stark abgeflacht, von sehr kleinen Schuppen bedeckt und wird bis zu 30 cm lang. Sie haben ein kaninchenähnliches Maul und eigenartig geformte Bauchflossen, die innen und außen je einen harten Stachelstrahl besitzen.
Es gibt etwa 30 Arten von Kaninchenfischen, die auf den indopazifischen Raum beschränkt sind; in der Karibik kommen keine vor. Leicht erkennbar ist die meist paarweise lebende Art Siganus stellatus, Tüpfel-Kaninchenfisch, dessen Körper von dunklen Punkten übersät ist. Die rückwärtigen Flossenteile sind gelb. Nachts dreht sich diese Färbung um, und es erscheinen helle Punkte auf dunklem Grund.
Gut zu unterscheiden sind noch der Streifen-Kaninchenfisch (Siganus vermiculatus), der auf graubräunlichem Grund eine silbrigweiße, vielfach gewundene Punkt- und Streifenzeichnung zeigt und der Gelbe Kaninchenfisch (Siga-

nus virgatus), der zum hinteren Körperende hin gelb gefärbt ist und vorne, ähnlich den Brassen, auf silbrigem Grund zwei dunkle Querstreifen besitzt, von denen der erste durch das Auge, der zweite durch die Kiemenregion zieht.
Die meisten anderen Arten sind schwer zu unterscheiden, da sie ihre Färbung ständig ändern und einander ähnlich sehen. Der auch im Mittelmeer vorkommende Siganus rivulatus (= S. sigan = Teuthis sigan = Amphacanthus sigan = Teuthis nebulosus) kann einfarbig grünlich-grau gefärbt sein und in großen Schwärmen, ähnlich den Goldstriemen, vorkommen. Er ist besonders daran zu erkennen, daß er sich rasch mit dunklen Punkten überziehen kann.
Der zweite Mittelmeerbewohner, Siganus luridus (Amphacanthus luridus = Teuthis lurida) ist hochrückiger gebaut und meist dunkelbraun gefärbt. Die Araber nennen ihn „Schwarzer Sigan", da er außerhalb des Wassers rasch verdunkelt. Er tritt auch in den Farbvarianten oben halb dunkel, unten hell, oder mit einem dunklen Längsstreifen in der Körpermitte auf. Er kommt hauptsächlich in Gruppen von fünf bis zehn Stück vor. Am Riff hält er sich hauptsächlich am Korallenabhang auf; im Mittelmeer zieht er steil abfallende Felsen vor.
Manchmal gehen beide Arten gemeinsam auf Nahrungssuche, und diesen gemischten Schwärmen schließen sich noch Papageifische (Scarus cretensis) an, so daß eine recht bunte Gesellschaft mümmelnd und kauend durch die Küstengewässer des östlichen Mittelmeeres zieht.

Lebensraum und Verbreitungsgebiete

Der eigentliche Lebensraum der Kaninchenfische sind die Korallenriffe und Lagunen des indopazifischen Ozeans. Sie leben dort in küstennahen, seichten Zonen und dringen manchmal auch ins Brackwasser ein; zwei Arten gehen sogar ins Süßwasser.
Seit der Eröffnung des Suezkanals im Jahre 1869 gelang es zwei Arten von Kaninchenfischen (Siganus rivulatus und S. luridus), aus dem Roten Meer in das Mittelmeer einzudringen. Eine großartige physiologische Leistung, wenn

man bedenkt, daß innerhalb des Kanals, in den Bitterseen, sehr hohe Salzkonzentrationen herrschen, die ein Leben dort fast unmöglich machen und für die meisten Tiere eine unüberwindliche Barriere darstellen. Die Kaninchenfische nützten nach Durchquerung des Kanals die gegen den Uhrzeigersinn gerichteten Strömungsverhältnisse im östlichen Mittelmeer zur weiteren Verbreitung aus und erreichten so Israel, die Türkei und im 2. Weltkrieg die griechischen Inseln (Kykladen). Sie werden dort seither als „Germanos" (Deutsche) bezeichnet, weil ihr Einzug mit dem der deutschen Truppen in etwa zusammentrifft; wahrscheinlich aber nicht wegen ihrer stacheligen Bewaffnung, sondern aufgrund einer Legende, nach der die Deutschen die „Samen" dieser Fische ins Meer geschüttet haben sollen und sie sich seither dort ausbreiten.
In Wirklichkeit bedurften sie jedoch keiner fremden Hilfe – sie hatten Griechenland aus eigener Kraft erreicht. Ein weiteres Vordringen nach Westen wird als ziemlich sicher angenommen.

Lebensweise und Ernährung

Die Kaninchenfische werden so genannt, weil nicht nur ihr Maul dem eines Kaninchens ähnelt, sondern dessen ständig mümmelnden Bewegungen diese Wirkung noch unterstreichen.
Sie leben paarweise (wie z. B. Siganus stellatus) oder in kleinen Gruppen. Nur selten kommen sie in größeren Herden vor. Einmal sah ich allerdings unter dem Bootssteg von Sanganeb, im Roten Meer, eine Herde von mindestens 500 Siganus stellatus versammelt. Wozu sie sich hier eingefunden hatten, ließ sich nicht klären. Vielleicht waren sie zum Ablaichen hierher gekommen.
Die Kaninchenfische haben scharfe Zähne und fressen durchweg Algen, die sie von den Korallenfelsen abnagen.
Im Mittelmeer haben sie in den wesentlich reichhaltigeren Algenrasen statt auf den Korallenriffen eine ungeheure Nahrungsquelle gefunden, die es ihnen erlaubt, unter viel geringerem Konkurrenzdruck als dort riesige Herden zu bilden.
Sie werden auch von den Fischern gefangen. Die Meinungen über die Schmackhaftigkeit der Fische gehen aber weit auseinander:

An ihrem hasenartig geformten Maul, das ständig in mümmelnder Bewegung ist, kann man die Kaninchenfische am besten erkennen. Der Tüpfel-Kaninchenfisch (Siganus stellatus) lebt meist paarweise. Er ist tagsüber mit dunklen Punkten übersät, während sich die Färbung nachts ins Gegenteil umkehrt. Er hat dann helle Punkte auf dunklem Grund

Kaninchenfische

Während sich ihr Fleisch nach Grzimek bei den Fischern keiner großen Beliebtheit erfreuen soll, und er sie als Speisefische nicht begehrt bezeichnet, finden sie Klunzinger und Smith als schmackhaft, delikat und sehr geschätzt.

Biologische Besonderheiten

Die Kaninchenfische werden von manchen Autoren als völlig eigenständige Familie (Signidae) geführt. Andere wiederum fassen sie gemeinsam mit den Doktorfischen (Acanthuridae) in der Unterordnung der Doktorfische (Acanthuroidei) zusammen. Früher waren sie auch unter dem Namen „Teuthis" bekannt.

Der 1. Stachel der Rückenflossen steht nicht wie bei anderen Fischen nach oben oder hinten, sondern streckt sich als kurzer, scharfer Stachel durch die Haut des Nackens waagerecht nach vorne. Der Sinn ist noch nicht geklärt, es dürfte sich allerdings, da er ebenfalls wie die anderen Rückenflossenstacheln mit Giftdrüsen in Verbindung steht, um eine hervorragende Abwehrwaffe handeln.

Die Kaninchenfische können sehr schnell ihre Farbe wechseln und sich hierdurch vorzüglich tarnen. Ein Meister der Tarnkunst ist Siganus luridus, der im Mittelmeer in Schwärmen auftritt und die helle Färbung der Goldstriemen so gut nachahmt, daß man ihn erst aus allernächster Nähe unterscheiden kann. Da auch seine Freßgewohnheiten denen der ständig dahingrasenden Goldstriemen ähnelt, ist diese Angleichung nahezu perfekt.

Stört man die Tiere aber, so überzieht sich ihr einförmig hellgrüner Körper plötzlich mit zahlreichen kleinen oder größeren Punkten und Flecken, so daß sich ihre Form völlig auflöst und ihre Umrisse mit der Umgebung verschmelzen. Die Fähigkeit zu hervorragender Angleichung der Färbung an den Untergrund zeigt sich besonders nachts. Die Tiere schlafen dann am Felsen oder im Sand liegend einzeln oder in Gruppen beisammen und gleichen hierbei die Färbung und Musterung des Körpers dem Boden so an, daß man glaubt, die Algenformationen setzen sich über den Körper hinweg fort.

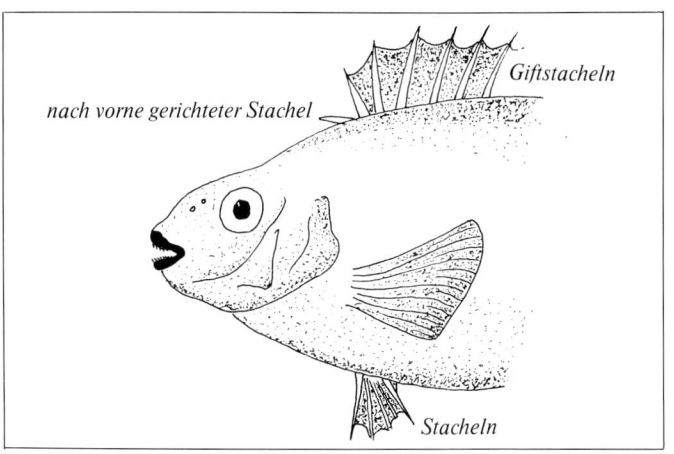

Der früher nur im Roten Meer vorkommende Siganus rivulatus gilt als eine der giftigsten Arten der Kaninchenfische (o.).
Schematische Darstellung der Giftstacheln bei Kaninchenfischen (l.).

Stachelrochen

(Trygonidae = Dasyatidae)

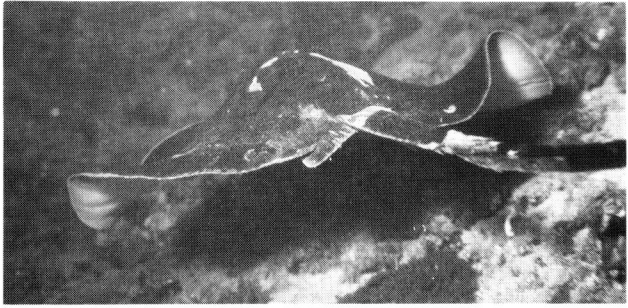

Andere deutsche Namen:
Stechrochen
Ausländische Bezeichnungen:
Stingray (engl.), Matan, Ferracia (ital.), Zutulja (sbkr.), Serrata (span.), pastenague (franz.)
Verbreitungsgebiete:
Die Gattung Dasyatis kommt weltweit in den Tropen und Subtropen vor, zwei Arten im Mittelmeer, eine davon gelegentlich in der Nordsee. Etwa 30 Arten gibt es in den tropischen Meeren. Fast alle sind Flachwasserbewohner. Schwarzes Meer, Nordwestküste Afrikas bis Schottland. Nach Norden seltener werdend.

Text und Fotos:
Dr. Heinz Gert de Couet

Verletzungen und Vergiftungen

Die Stachel- oder Stechrochen besitzen an der Basis des verlängerten Schwanzes einen, bei manchen tropischen Arten auch zwei abgeflachte Kalkstacheln, die in intaktem Zustand von einer dünnen Gewebehülle überzogen sind. Unter der Haut befinden sich in zwei Gruben längs der Mitte die giftproduzierenden Drüsen. Am Rande weisen die bis zu dreißig Zentimeter langen Stacheln zusätzliche Widerhaken auf, die für die erheblichen Verletzungen verantwortlich sind. Obwohl bei älteren Tieren das Gewebe um den Giftstachel oft zerstört ist oder ganz fehlt, behält er seine Wirkung, da die Giftdrüsen gut geschützt sind und durch den Stachel mit Blut versorgt werden.

Durch ihre Lebensweise als Bodenbewohner sind Stachelrochen besonders für Schwimmer und Strandwanderer gefährlich. Selbst wenn sie nur ein paar Zentimeter unter der Oberfläche halb eingegraben liegen, sind sie durch ihre gleichmäßig braun-graue Färbung kaum zu erkennen. Anders als die Petermännchen benutzen die Rochen ihre Waffen ausschließlich zur Verteidigung. Da sie aber auch keine großen Fluchttendenzen zeigen, kann man sehr leicht unbeabsichtigt auf sie treten. Ähnlich wie ein Skorpion schlägt der Ro-

chen seitlich oder über den Kopf mit seinem Schwanz nach dem Angreifer. Der mit den Widerhaken besetzte Stachel reißt dabei tiefe, bis 15 cm lange Wunden. Beim Zurückziehen des Stachels bleibt in der Regel ein großer Teil des Stachelschaft-Gewebes und der Giftdrüsen in der Wunde stecken.

Der unmittelbar nach dem Stich auftretende Schmerz wird als brennend und stechend empfunden und steigert sich in seiner Intensität innerhalb der folgenden 30 bis 60 Minuten, und hält dann meist mehrere Stunden oder Tage an. Gleichzeitig schwillt die Umgebung der Wunde an und verfärbt sich zunächst aschgrau, später blau und wird dann rot. Unbehandelt stirbt das Gewebe um den Einstich und zerfällt.

An allgemeinen Symptomen treten auf: Durchfall, Erbrechen, Herzklopfen, Schweißausbrüche, Blutdruckabfall mit Kollaps und Angstzustände. Gelegentlich beobachtete Krämpfe und Lähmungen werden auf die starken Schmerzen zurückgeführt. Mit der Größe der Wunden erhöht sich auch die Wahrscheinlichkeit einer Sekundärinfektion. Zur Vorbeugung bei Unfällen bieten Badeschuhe in diesem Fall keinen ausreichenden Schutz wegen der Besonderheit der Giftwaffe. Ein „schlurfender" Gang beim Wandern im Flachwasser und auf Riff-

platten verhindert auf jeden Fall, daß man auf einen Rochen tritt.

Erste Hilfe

Wie bei den meisten Fischen handelt es sich beim Gift der Stachelrochen um Eiweiß-Substanzen, die noch nicht aufgeklärt werden konnten. Dagegen gelang es, das Rohgift aus den Drüsenzellen des Stachelgewebes zu isolieren; es ist farblos und hat einen leichten Ammoniak-Geruch, der auf den Gehalt von sogenannten biogenen Aminen hinweisen könnte.

Entsprechend der chemischen Ähnlichkeit der Gifte verschiedener Fische hat auch die Behandlung in gleicher Weise zu erfolgen. Da es bislang noch kein Gegengift gibt, sollte die schon beschriebene „Heißwasser-Methode" angewandt werden, um die Toxine weitgehend unschädlich zu machen. Der Stachel eines Rochens kann erhebliche Gewebeschädigungen verursachen, die meist chirurgisch behandelt werden müssen.

Wenn ärztliche Hilfe nicht sofort verfügbar ist, sollte die Wunde zunächst sehr gut ausgewaschen werden, wodurch schon erhebliche Giftmengen entfernt werden können. Es besteht die Möglichkeit, daß Reste des giftigen Stachelschaftgewebes noch in der Wunde stecken; diese müssen natürlich vorsichtig entfernt werden. Danach sollte die Behandlung mit möglichst heißem Wasser erfolgen, und zwar für mindestens dreißig Minuten. Der Arzt ist auch bei einem leichten Verlauf der Vergiftung zu konsultieren, allein wegen der Infektionsgefahr (Tetanus). Antibiotikabehandlung ist bei größeren Wunden auf jeden Fall angezeigt. Im übrigen müssen die allgemeinen Symptome bekämpft werden.

Erkennungsmerkmale

Das für alle Rochen gemeinsame Merkmal ist die rücken- und bauchseitig abgeplattete Körperform, die aus einer enormen Vergrößerung der Brustflossen und gleichzeitiger Verwachsung mit dem übrigen Rumpf resultiert. Dieses Merkmal steht im Gegensatz zu den oberflächlich ähnlich aussehenden Plattfischen, bei denen der Körper seitlich abgeflacht ist, und die Augen nachträglich auf die eine Seite „gerutscht" sind. Zwischen der typischen Spindelform der Haie und den abge-

flachten Rochen existieren alle möglichen Zwischenformen mit mehr oder weniger stark vergrößerten Brustflossen.

Die Stachelrochen sind als Bodenbewohner die ursprünglichste Form im Sinne der Entwicklungsgeschichte, alle anderen, freischwimmenden Formen sind als abgeleitet zu betrachten. Die Rochen bewegen sich hauptsächlich mit den umgewandelten Brustflossen fort, während der Schwanz und auch die Afterflossen die Funktion von Steuerorganen übernehmen, so daß der Eindruck entsteht, sie würden „fliegen". Wie die Haie besitzen auch die Rochen keinen Kiemendeckel sondern nur Kiemenspalten, die sich ebenso wie das Maul an der Unterseite des Körpers befinden, während das „Spritzloch", das dem Ohr der höheren Wirbeltiere entspricht, an der Oberseite hinter den Augen sitzt. Die Rückenflosse fehlt fast allen Rochen gänzlich, dafür ist der Schwanz peitschenartig in die Länge gezogen.

Die Form des Körpers ist schmalrhombisch im Gegensatz zu den nahe verwandten Adlerrochen und läuft nach vorne spitz zu. Die Färbung der meisten Stachelrochen-Arten ist relativ einheitlich graublau ohne besonderes Muster. Die Haut ist glatt. Die ähnlich aussehenden Nagelrochen (Rajidae) sind im Gegensatz dazu oft auffallend marmoriert oder gefleckt, besitzen spitz zulaufende Brustflossen und sind im übrigen mit großen Hautzähnen und Stacheln bedeckt.

Sowohl die Stachelrochen als auch die Adlerrochen haben einen giftigen Schwanzstachel von oft erheblicher Größe. Dieser Giftstachel ist eine Spezialbildung der Haut, die sich von den Placoid-Schuppen der Knorpelfische herleiten lassen.

Der Schwanz der Schmetterlingsrochen ist wesentlich kürzer als der gewöhnlicher Stachelrochen (Gattung Dasyatis), dafür sind die Brustflossen viel breiter, und der Kopf ist stumpf. Insgesamt wirken die Tiere breiter als lang. Die Körperoberfläche ist gesprenkelt. In Amerika kommt diese Gattung an der pazifischen Küste von Mexiko bis Süd-Californien vor, im Indopazifik sind nur zwei Arten bekannt, die in Südafrika häufiger auftauchen. Die Gattung Potamotrygon ist mit nur einer Art (P. motoro) in den Süßwasserflüssen Paraguays und Brasiliens (Amazonas) vertreten und wegen ihrer Gefährlichkeit bei den Einheimischen berüchtigt.

Man muß seine Gewohnheiten kennen,
um ihn zu finden, denn der Stachelrochen – wie hier
der blaugefleckte Taeniura lymna – versteckt
sich gerne zwischen Korallenbänken und Felsvor-
sprüngen. Scheinbar träge, aber mit
wachsamen Argus-Augen registriert er jede
Bewegung. Um ihn richtig ins Bild zu bekommen,
muß man sich, wie Heinz Gert de Couet,
vorsichtig heranpirschen. Doch Vorsicht, wenn er
unruhig wird und davonschwimmt:
Sein giftiger Stachel kann unangenehme Folgen haben.

Stachelrochen

In unseren Breiten (aber auch im Indopazifik) am häufigsten vertreten ist der Gewöhnliche Stechrochen (Dasyatis = Trygon pastinaca), der eine Länge von zweieinhalb Meter erreichen kann, wobei allein der bestachelte Schwanz 1 1/2 mal so lang wie der übrige Körper ist. Die Oberseite ist grau bis olivgrün, aber auch gelblich oder braun, bei Jungtieren oft gemustert. Die Unterseite ist regelmäßig weiß. Ebenfalls im Atlantik und Mittelmeer kommt der Violette Stechrochen (Dasyatis = Trygon violacea) vor, der sehr viel kleiner bleibt als sein häufiger Verwandter. Der Schwanz des Violetten Stechrochens ist doppelt so lang wie der Körper; die Färbung auffallend schiefergrau bis bläulich.

Sehr viel seltener ist der Brucko (Dasyatis centroura), der zugleich einer der größten Stachelrochen mit einer Länge von etwa drei Metern ist. Der Körper ist breiter als lang, die Augen sehr klein. Die Färbung ist ähnlich der des Gewöhnlichen Stachelrochens, bei älteren Tieren treten häufig Stacheln auf den Brustflossen auf. Der Schwanz ist mehr als doppelt so lang wie der zugespitzte Körper.

Lebensraum und Verbreitungsgebiet

Das Hauptverbreitungsgebiet der Stachelrochen liegt zwischen dem 35. Grad nördlicher und südlicher Breite und deckt sich somit weitgehend mit der Verbreitung von Korallenriffen. Zahlreiche Arten dringen aber über die beschriebenen Grenzen hinaus nach Norden und Süden in kalte Gewässer vor, sogar in der lichtlosen Tiefsee soll es Stachelrochen geben. Der überwiegende Teil aber – das ist sowohl auf die Anzahl der Arten als auch auf die Häufigkeit der Individuen bezogen – lebt in den tropischen und subtropischen Meeren und ist dort in Küstennähe konzentriert.

Ursprünglich sind die Rochen echte Meeresfische, die sich aber wechselnden Bedingungen gut anpassen können. Nur so ist es zu erklären, daß zahlreiche Rochen in Brackwasser und Flußmündungen eindringen oder sich sogar ganz auf das Leben im Süßwasser spezialisiert haben, wie die Gattung Potamotrygon in den südamerikanischen Flüssen. Die „Everglade-Sümpfe" in Florida sind bekannt für den Reichtum an Stachelrochen, ebenso die ostafrikanischen „Mangroven-Sümpfe" und die „Creeks", die toten Meeresarme.

In den wärmeren Gewässern sind die Stachelrochen praktisch überall da vertreten, wo sandiger und schlammiger Boden vorherrscht. Die meisten Arten bevorzugen flachere Gewässer bis zu einer Tiefe von zwanzig bis dreißig Metern. Unter den bereits erwähnten Arten des Mittelmeerraumes bildet lediglich der Violette Stachelrochen eine Ausnahme. Er soll bis in hundert Meter Tiefe vordringen. Seine geografische Verbreitung reicht vom subtropischen Atlantik bis zu den angeschlossenen tropischen Meeren. Der Gewöhnliche Stachelrochen (D. pastinaca) wird im östlichen Atlantik von Westafrika bis nach Norwegen angetroffen, im Mittelmeer und Schwarzen Meer ist er ebenfalls zu Hause, während er in der Ostsee allenfalls als Irrläufer angetroffen wird. Der wesentlich größere Brucko (D. centroura) ist hingegen auf wärmere Gewässer beschränkt. Sein Verbreitungsgebiet im Ostatlantik reicht von uns bis zur südlichen Biskaya, auch im Schwarzen Meer ist er nicht vertreten. Der Brucko lebt bis in einer Tiefe von vierzig bis fünfzig Metern; im Sommer soll er sich oft in Küstennähe aufhalten.

Lebensweise und Ernährung

Bis auf die planktonfressenden Mantas sind alle Rochen Raubfische. Entsprechend ihrer Lebensweise als Bodenfische ernähren sich die Stachelrochen vorwiegend von vergrabenen Krebsen, Würmern und Plattfischen sowie Mollusken. Große Rochen machen auch vor bodenbewohnenden Haien und vor der eigenen Art nicht Halt. In Muschelzuchten sind sie berüchtigte Schädlinge. Ihr Gebiß ist ähnlich aufgebaut wie das der Haie. Die Zähne liegen in mehreren Reihen hintereinander; sie sind platten- oder pflasterförmig in Anpassung an hartschalige Beutetiere.

Die Stachelrochen sollen dämmerungs- und nachtaktive Fische sein. Tagsüber findet man sie halbeingewühlt im Sand und Schlamm, so daß nur die Augen und das Spritzloch herausschauen. In diesem Zustand sind sie sehr träge, wahrscheinlich reduzieren sie ihren gesamten Stoffwechsel auf ein Minimum. Manchmal lassen sie sich auch durch neugierige Taucher nicht stören. Werden sie aufgeschreckt, scheinen sie ziemlich ziellos zu flüchten. Ich konnte schon Rochen beobachten, die auf der Flucht Korallenstöcke rammten. Gelegentlich werden aber auch tagsüber Stachelrochen beobachtet, die den Untergrund nach Nahrung durchwühlen. Rochen haben nur wenig Feinde; möglicherweise tarnen sie sich durch das Eingraben im Sand, um ihnen nicht zum Opfer zu fallen.

Biologische Besonderheiten

Die Geschlechter sind bei Rochen, wie bei Haien, immer getrennt, die Befruchtung der Eier findet innerlich statt. Die Männchen besitzen zum Teil spezialisierte Klammerorgane für die Kopulation, wie man sie auch bei Haien an den Analflossen findet. Die Ablage der Eier, beziehungsweise die Geburt der Jungen findet meist im Sommer statt. Zu dieser Zeit steigen die Rochen in flache, küstennahe Regionen auf.

Im Gegensatz zu den anderen Familien der „echten" Rochen, die beschalte Eier ablegen, sind die Stachelrochen lebendgebärend. Zwischen sechs und neun relativ große Jungfische werden pro Wurf geboren. Die Embryonalentwicklung der Rochen dauert zwischen vier und sechs Monaten. Normalerweise werden über zwanzig Zentimeter lange (je nach Art), weichschalige Eier abgelegt, die denen der Katzenhaie ähnlich sind. Zunächst sehen sie gelblich aus, werden aber im Laufe der Entwicklung fast schwarz und haben eine Kissenform. Die Eier der Stachelrochen sind ebenfalls sehr dotterreich, die Entwicklung der Jungen findet aber in einer Aussackung des Eileiters statt, der eine eiweißhaltige Flüssigkeit abgibt, die der Ernährung der Embryonen dient. Bis zur Geburt der Jungen sind deren Brustflossen eingerollt.

Eine weitere Besonderheit der Rochen im allgemeinen ist ihre Fähigkeit, elektrische Felder sehr geringer Stärke wahrzunehmen. Es ist erwiesen, daß Rochen ihre Beute damit orten können, auch wenn sie eingegraben sind. Bereits die geringen elektrischen Potentiale, die von der Muskulatur kleiner Tiere ausgehen, können von den Rochen zielsicher aus einiger Entfernung wahrgenommen werden.

Eine besondere Anpassung der bodenlebenden Rochen ist auch die merkwürdige Form der Augen. Die Iris, die den Lichteinfall auf die lichtempfindliche Netzhaut steuert, ist von oben ausgebuchtet und überdeckt einen großen Teil der Pupille, so, als wäre Goldbronze von oben über das Auge gelaufen. Durch diese Einrichtung schützen die Rochen ihre Augen vor dem Lichteinfall von der Oberfläche. Dafür sehen sie alle Vorgänge in Bodennähe mit großer Genauigkeit und Schärfe; außerdem wird die Abbildung auf der Netzhaut wesentlich lichtstärker, so daß sie auch in der Dämmerung äußerst exakt ihre Umgebung registrieren können. Solche Anpassungen an einen bestimmten Lebensraum, die unabhängig voneinander in verschiedenen systematischen Gruppen stattgefunden haben, werden in der Zoologie „Konvergenzen" genannt.

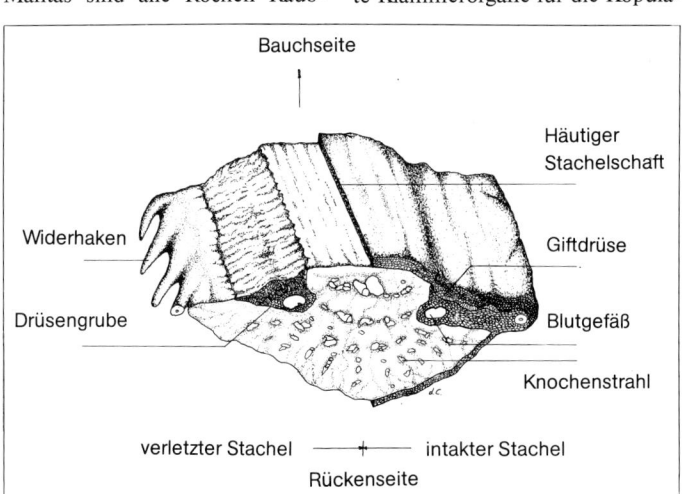

Schematische Darstellung des Giftapparates eines Stachelrochens.

Adlerrochen und Mantas *(Myliobatidae, Mobulidae)*

Lateinische Bezeichnungen:
Familie Aetobatidae = Myliobatidae (Adlerrochen), Gattungen Myliobatis, Stoasodon, Pteromylaeus;
Familie Mobulidae (Mantas), Gattungen Mobula, Manta.

Andere deutsche Bezeichnungen:
Adlerrochen = Kuhrochen;
Manta = Teufelsrochen.

Ausländische Bezeichnungen:
eagleray, bullray, pylstert (engl. Adlerrochen); devilray, devilfish (engl. Manta); raié leopard (franz. Adlerrochen); raié manta (franz. Manta); fai manu (polynes. Adlerrochen); fafa piti (polynes. Manta).

Verbreitungsgebiete:
tropische Meere, Mittelmeer, Ostatlantik von Schottland bis Senegal, tropischer Westatlantik.

Text:
Dr. Heinz Gert de Couet

Fotos:
Archiv tauchen (1)
Ludwig Sillner (1)

Verletzungen und Vergiftungen

Im Gegensatz zu den Adlerrochen (Myliobatidae) besitzen die Mantas (Mobulidae) meist keine Schwanzstacheln. Insofern kann man sie nicht in die Reihe „giftiger" Meerestiere einreihen. Ob die nur gelegentlich auftretenden Schwanzstacheln überhaupt über ein Giftdrüsengewebe verfügen, ist bisher nicht untersucht. Die Gefährlichkeit ist vielmehr in ihrer Größe zu sehen; ausgewachsene Mantas können sechs bis sieben Meter Spannweite erreichen! Aus der Zeit der Helmtaucher sind einige Todesfälle bekannt geworden, dadurch, daß sich Mantas, angelockt durch aufsteigende Luftblasen, mit ihren hornartigen Kopfflossen in den Versorgungsschläuchen verfingen und sie abrissen.

Als echter Hochseebewohner kommt der Manta nur zufällig in Küstengebiete und begegnet dort dem Taucher sehr selten. Aus diesem Grunde sei er auch nur erwähnt, weil er in engem, verwandtschaftlichem Verhältnis zu den Adlerrochen zählt.

Auch Adlerrochen sind überwiegend Hochseebewohner und daher weniger gefährlich als Stachel- und Nagelrochen, obwohl auch sie über einen sehr wirksamen Giftapparat verfügen. Mit dem dicht hinter der Schwanzbasis gelegenen Giftstachel (gelegentlich sind es auch zwei) können sie insbesondere Fischern oder Harpunenjägern gefährliche Wunden beibringen. Der Giftstachel ist gewöhnlich kürzer als der von Nagel- und Stachelrochen, wie dieser aber umhüllt von einem giftabsondernden Gewebe und mit zahlreichen Widerhaken besetzt.

Eine Verletzung resultiert in der Regel in einer mehr oder weniger großen Wunde. Vergiftungssymptome sind zunächst sehr starke Schmerzen, Blutdruckabfall, Brechdurchfall, erhöhter Herzschlag und Schweißausbrüche. Wie bei anderen Rochen ist die Verletzung unter Umständen lebensgefährlich. Die Umgebung der Wunde schwillt stark an, hat zunächst ein aschgraues Aussehen und wird später blau-rot. Besonders gefährlich sind Verletzungen im Bereich der Brust und des Bauches.

Erste Hilfe

Bei allen Rochenstacheln liegt das Giftdrüsengewebe in einer Grube beiderseits des kalkigen Stachels. Bei einer Verletzung liegt der Verdacht nahe, daß Teile dieses Gewebes in die Wunde gelangt sind. Aussaugen der Wunde hat nur manchmal einen Effekt; chirurgische Maßnahmen durch den Arzt sind in jedem Falle vorzuziehen. Daneben sind schmerzstillende Medikamente angezeigt. Häufig bricht der Stachel in der Wunde ab oder seine Widerhaken reißen beim Zurückziehen größere Wunden, die Infektionsherde ersten Grades darstellen und mitunter eine chirurgische Versorgung unvermeidbar machen. Ein Aussaugen der Wunde hat als Erste Hilfe einen geringen Effekt; besser ist die beschriebene „Heißwassermethode", bei der die vergiftete Stelle durch möglichst heiße Bäder oder Kompressen behandelt wird. Die aus labilen Eiweißen bestehenden Gifte werden hierbei zerstört. Wichtig aber sind auch vorbeugende Maßnahmen gegen den Schock.

Erkennungsmerkmale

Adlerrochen (Mylobatidae) und Mantas (Mobulidae) sind von allen anderen Rochen leicht an den breiten, flügelartigen und spitz zulaufenden Brustflossen zu unterscheiden, die ihnen ein rautenförmiges Aussehen verleihen. Der bei den übrigen Rochen recht dick und muskulös ausgebildete Schwanz ist bei diesen Hochseebewohnern zu einer dünnen Peitsche ausgezogen; eine Schwanzflosse ist nie ausgebildet. Die Vorderkante der Brustflossen ist immer konvex, die Hinterkante meistens konkav oder gerade, was den Mantas zu einem ausgesprochen stromlinienförmigen Aussehen verhilft. Kopf und Schnauze überragen den Rumpf; die Augen liegen immer vor der Brustflosse, das Maul ist nicht so unterständig wie bei den übrigen Rochen. Bei den Mantas liegt es wie ein Kühlergrill ganz vorn am

*Scheinbar paradox: Die Riesen
unter den Rochen, die Mantas,
ernähren sich ausschließlich von
den Kleinstlebewesen des Planktons. Oft trifft man sie in Oberflächennähe, wo sie auf Nahrungssuche sind. Dabei machen
sie sehr große Wanderungen.*

Adlerrochen und Mantas

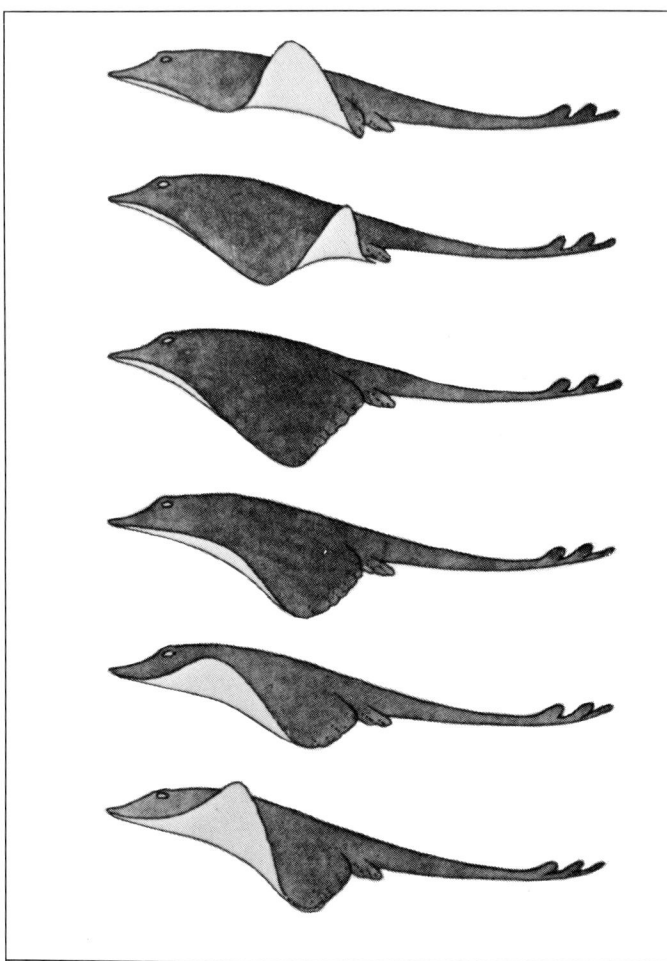

Rochen schwimmen mit wellenförmigen Bewegungen der schwingenartigen Brustflossen.

Kopf und ist flankiert von zwei schaufelförmigen Hörnern, die nach innen eingerollt werden können. Der eigentliche Schwanz ist bei den Mantas nicht so lang wie bei den Adlerrochen, bei denen er die Länge der Körperscheibe meist übertrifft.

Adlerrochen werden gut zweieinhalb Meter lang, Mantas erreichen sieben Meter Breite bei einem Gewicht von über zwei Tonnen. Die Gattung Mobula erreicht fast sechs Meter Länge. Beide Familien sind oberseits dunkel grau-blau; Adlerrochen besitzen meist helle, kleine Flecken. Unterseits sind sie hell.

Lebensraum und Verbreitungsgebiete

Die Mantas zählen zu den sogenannten „Cosmopoliten" unter den Meerestieren, den Vagabunden der Meere. Nur zwei Gattungen sind beschrieben worden: Manta und Mobula mit etwa einem Dutzend verschiedener Arten. Mobula mobular ist die einzige Art, die den Ostatlantik und das Mittelmeer besiedelt. Manta birostris, vielleicht die einzige Art des Genus, ist der Riese unter den Rochen, der die tropischen Regionen des Pazifik bewohnt. Er ist ein Hochseebewohner, der ausgedehnte Wanderungen durchführt.

Adlerrochen bewohnen tropische und gemäßigte Breiten. Im Ostatlantik treten sie von Schottland bis zum Senegal auf; zwei Arten sind für das Mittelmeer beschrieben worden: Myliobatis aquila und Myliobatis bovina. Daneben existieren zahlreiche tropische Arten.

Lebensweise und Ernährung

Mögen sich Mantas und Adlerrochen verwandtschaftlich auch na-

hestehen, so ist ihre Lebensweise doch unterschiedlich. Noch dem Bodenleben der Rochen angepaßt, ernähren sich die Adlerrochen hauptsächlich von Muscheln und Schnecken, die sie mit den rauhen Pflasterzähnen ihrer Kiefer zermahlen. Entsprechend finden sie sich häufig über Sand- und Schlammböden, die eine reiche Muschelfauna aufweisen, bis hinunter in einige Hundert Meter Tiefe. Zu bestimmten Jahreszeiten findet man Adlerrochen in großen Schulen nahe der Oberfläche und in Küstennähe.

Wie ihre großen Verwandten sind die Adlerrochen lebendgebärend. Bis zu zehn Junge kommen nacheinander mit eingerollten „Flügeln", den vergrößerten Brustflossen, auf die Welt. Diese Tatsache, die sie von allen anderen Rochen unterscheidet, stellt eine Anpassung an das Leben im offenen Meer dar. Es wurde mehrfach behauptet, Adlerrochen und Mantas würden im Augenblick der Geburt hohe Sätze aus dem Wasser ma-

chen. Dieses Verhalten resultiert vermutlich aber nur aus dem Appetit von Haien auf neugeborene Adlerrochen.

Daß Adlerrochen eine begehrte Spezialität auf dem Speisezettel von Hochseehaien darstellen, weiß man von verschiedenen Untersuchungen an Haien. Sehr häufig finden sich nämlich die typischen Stacheln der Rochen in Mundhöhle, Speiseröhre und Magen der Räuber, denen das Gift der Rochen wenig auszumachen scheint.

Die Sprünge der Rochen sind also nur als Versuch zu interpretieren, den Verfolgern zu entkommen. Der Ichthyologe Smith berichtet von einem Adlerrochen-Weibchen, das auf der Flucht vor einem Hai einen Satz auf eine Sandbank machte, während der Verfolger mit kräftigen Schwanzschlägen versuchte, sein Opfer zu erreichen. Die Ebbe hinterließ schließlich das Weibchen mit drei Jungen, während der Hai mit letzter Kraft entkam.

Die Riesen unter den Rochen, die

Mantas, ernähren sich ausschließlich von den Kleinstlebewesen des Planktons und haben sich völlig vom Bodenleben getrennt. Ihre Zähne sind zu winzigen Höckern degeneriert, die in 150 Reihen hintereinander stehen. Dafür nimmt das Maul die gesamte Breite des Kopfes ein und ist von zwei Hörnern flankiert, welche die Strömung in den Rachen leiten. Der Kiemen-Reusenkorb filtriert Krebse, Larven und Fische aus dem durchströmenden Wasser. Teufelsrochen werden meist in der Nähe der Oberfläche angetroffen, wo sie − paarweise oder in Gruppen − auf Nahrungssuche sind. Während sie dem Plankton folgen, machen sie sehr große Wanderungen.

Biologische Besonderheiten

Eine wichtige Besonderheit der Adlerrochen und Mantas wurde schon erwähnt: Sie sind lebendgebärend im Gegensatz zu allen anderen Rochen. Diese Tatsache steht in ursprünglichem Zusammenhang mit der Lebensweise dieser Tiere im offenen Meer. Sie haben die enge Bindung zum Meeresboden aufgegeben, die die Rochen im allgemeinen kennzeichnet. Die Linie der Evolution, die von den freischwimmenden Haien über Sägefische, Meerengel und Geigenrochen schließlich bei den Stachel- und Nagelrochen mündet, wird über die Adlerrochen und Mantas wieder rückwärts vollzogen; dieses Mal aber mit einem anderen Besatz an Organen. Die kräftige, asymmetrisch gebaute Schwanzflosse der Haie, die für den eigentlichen Vortrieb beim Schwimmen dient, wurde bei den bodenlebenden Rochen zu einem verkümmerten, peitschenartigen Organ, das beim Schwimmen nur noch zur Steuerung dient. Dafür verbreiterten sich die Brustflossen zu Gebilden, die den ganzen Rumpf umfassen und durch wellenförmige Bewegungen für den Vortrieb sorgen. Bei den Mantas hat sich dieses Konstruktionsprinzip zu einem Optimum an Kraft, Wendigkeit und Eleganz vereinigt. Vielleicht rührt daher der aus dem spanischen stammende Name Manta, der soviel wie „Schal" bedeutet. Interessanterweise hat die Wahl des Planktons als Nahrungsquelle ein Pendant bei den sonst räuberischen Haien: Der Walhai, mit 20 Metern Länge die größte Art der Familie, ernährt sich ebenfalls von Kleinstlebewesen. Man spricht in diesem Falle von einer zoologischen „Konvergenz".

Zitterrochen *(Torpedinidae)*

Andere deutsche Namen:
Elektrische Rochen

Ausländische Bezeichnungen:
Electric Ray (engl.); Torpille (franz.); Torpedine (ital.); Tremofina (span.)

Verbreitungsgebiete:
Alle tropischen und gemäßigten Meere

Text:
Dr. Fiedrich Naglschmid

Verletzungen und Vergiftungen

Elektrische Rochen besitzen auf jeder Seite ihrer Körperscheibe ein großes elektrisches Organ, das sich aus Kiemenmuskeln gebildet hat. Berührt man einen Zitterrochen, erhält man je nach Größe des Tieres zum Teil heftigen Stromschlag. Hervorgerufen wird dieser elektrische Schlag von den wohl ungewöhnlichsten Abwandlungen der ursprünglichen Muskelfunktionen, der Bewegung. Die im Körper und im Brustflossenansatz dieser Tiere gelegenen Muskelfasern sind zu elektrischen Platten umgebildet. Dabei können mehrere Tausend (5000 – 6000) dieser elektrischen Platten miteinander verschaltet sein. Arbeiten alle Platten zusammen, können sie sehr hohe Spannungen erzeugen. So wurden bei Torpedo marmorata 45 V, bei Torpedo nobiliana sogar 220 V gemessen. Jedes Organ kann nur wenige Stromschläge abfeuern, die meist nur 3 – 4tausendstel Sekungen dauern.

Entsprechend den Gesetzen der Elektrizitätslehre richtet sich die Spannung der elektrischen Organe nach der Anzahl der hintereinandergeschalteten Platten, also nach der Länge der Organe. Die Stromstärke dagegen richtet sich vor allem nach der Anzahl der nebeneinandergeschalteten Einzelplatten, also nach dem Querschnitt der Organe. Dieser wiederum ist bei den Zitterrochen besonders groß.

Es ist damit nicht verwunderlich, daß bei einigen Zitterrochenarten, die besonders groß werden wie z. B. der im Atlantik lebende Torpedo occidentalis, Entlastungsstärken von einen Ampere auftreten können. Besonders der erste Stromschlag kann sehr unangenehm sein und Augenzeugenberichten zufolge einen Mann durchaus umwerfen. Es ist daher verständlich, daß Fischer sich vor solchen Schlägen hüten. Die Wirkung ist dabei meistens auf den Schreck und das unangenehme kribbelnde Gefühl eines kurzen Stromschlages beschränkt. Da aber in extremen Situationen schon Ströme von 40 V und Stärken von 0,1 A tödlich sein können, sind vor allem herzlabile Personen gefährdet.

Untersucht man einen Zitterrochen, so findet man die elektrischen Organe leicht, da sie glasartig und durch ihre Durchsichtigkeit gut abgegrenzt sind. Wie gestapelte Geldstücke liegen die einzelnen Platten auf bzw. hintereinander, ähnlich den Batterien in einer Taschenlampe. Wird ein Reiz auf das Tier ausgeübt, so entladen sich alle „Batterien" innerhalb weniger tausendstel Sekunden. Der Vergleich mit Batterien ist jedoch nicht ganz richtig, da die elektrischen Platten der Rochen nur in diesem Reizmoment eine äußere Spannung aufbauen.

Erste Hilfe

Wie bereits erwähnt, ist die Wirkung der elektrischen Schläge von Zitterrochen nur kurzfristig und ohne direkte Verwundung für den Betroffenen. Durch die Schreckwirkung kann es aber leicht zu unkontrollierten Reflexbewegungen kommen, in deren Verlauf man sich an scharfkantigen Steinen oder Korallenblöcken Hände und Beine verletzen kann. Auch ist bei plötzlichen Stromstößen mit panikartigen Fluchtreaktionen der Betroffenen zu rechnen. Bei großen Rochen können solche Schläge durchaus Kammerflimmern hervorrufen. Meist bleibt der Betroffene bei Bewußtsein und kann selbst wieder zur Ruhe kommen. Sollte tatsächlich einmal der Fall von Bewußtlosigkeit auftreten, so helfen Herzmassage und kurze kräftige, aber nicht zu heftige Stöße in der Herzgegend. Nur in den wenigsten Fällen sind kreislaufstabilisierende Medikamente notwendig.

Erkennungsmerkmale

Wie die meisten Rochen, so haben auch die Zitterrochen einen scheibenförmig abgeplatteten Körper. Das besondere Erkennungsmerkmal der Torpedinidae ist der kräftige, vom Körper abgesetzte Schwanz. Die Körperplatte ist bei den meisten Arten rund, kann aber auch elliptisch oder oval sein. Dennoch ist unabhängig von der Färbung die Form der Körperscheibe das wohl markanteste Merkmal der Zitterrochen. Die Brustflosse zieht sich als Saum um die Körperscheibe

und wird wellenförmig bewegt, wenngleich die Fortbewegung hauptsächlich mit Hilfe des kräftigen Schwanzes erfolgt. Die fünf Kiemenspaltenpaare liegen wie allen Rochen auf der Unterseite des Körpers, ebenso liegt das Maul unterhalb der Schnauze. Auffallend sind die Spritzlöcher, die hinter den kleinen unscheinbaren Augen liegen.

Lebensraum und Verbreitungsgebiete

Zitterrochen kommen in allen tropischen und subtropischen Meeren vor. Ihr Verbreitunggebiet reicht von der obersten Küstenlinie bis in Tiefen von 2500 Metern. Allerdings bekommen Taucher und Schnorchler meist nur ein oder zwei Vertreter der drei Dutzend Arten zu Gesicht.

Am bekanntesten hiervon dürfte der Marmorrochen Torpedo marmorata sein, der zwischen 40 und 60 Zentimetern groß wird und im Mittelmeer, im Atlantik bis hinauf zur Kanalküste und im Indischen Ozean anzutreffen ist. Er bewohnt hauptsächlich Sand- und Schlickböden. Seine von hellbraun bis rötlich reichende Rückengrundfärbung ist stark marmoriert, die Bauchseite wie bei den anderen Zitterrochen weißlich.

Ein etwa gleiches Verbreitungsgebiet besitzt der Augenfleckzitterrochen Torpedo torpedo. Seine meist in Fünfzahl auftretenden Augenflecken auf dem Rücken unterscheiden ihn deutlich vom Marmorzitterrochen. Nur sehr selten kommt dagegen der Schwarze Zitterrochen Torpedo nobiliana in die flachen Küstenbereiche. In der Karibik wird der Taucher Narcine brasiliensis, im Indopazifik Torpedo fuscomaculata, im Bereich der Malediven auch Narcine brunnea finden; immer allerdings deutlich an ihrer Körperform erkennbar, auch wenn die einzelnen Arten recht unterschiedliche Färbungen aufweisen.

Lebensweise und Ernährung

Wie alle Rochen, so bevorzugen auch die Zitterrochen sandige, schlickige oder Seegras-bewachsene Böden. In Riffen sind sie am ehesten in den sandigen Lücken zwischen den Korallenstöcken zu finden. Meist sind die Tiere in den Untergrund eingewühlt. Da zudem auch die Rückenfärbung eine hervorragende Tarnung abgibt, ist es schon schwierig, Zitterrochen auf

Zitterrochen, wie dieser aus der Gattung Torpedo, können in besonderen Organen Elektrizität erzeugen und empfindliche Stromstöße abgeben.

Zitterrochen

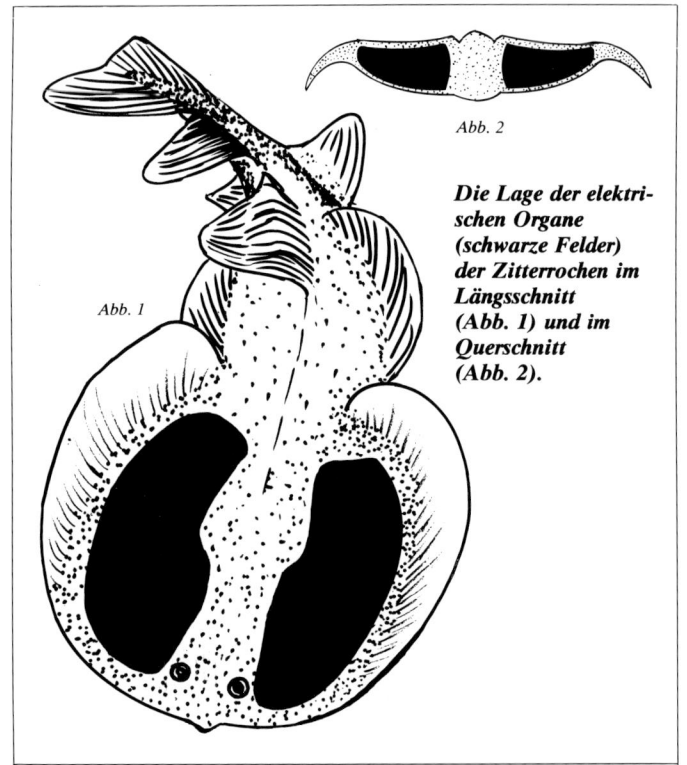

Abb. 2

Abb. 1

Die Lage der elektrischen Organe (schwarze Felder) der Zitterrochen im Längsschnitt (Abb. 1) und im Querschnitt (Abb. 2).

den ersten Blick zu entdecken. Kleine Krebse, kleine Plattfische oder andere kleine Beutetiere bilden die Nahrung der Zitterrochen. Ihre Beute erledigen sie mit Hilfe ihrer elektrischen Organe, die hervorragend für diese spezielle Art der „Fischerei" ausgebildet sind. Perfekter kann man sich ein Fangsystem gar nicht vorstellen. Auf zum großen Teil erhebliche Entfernung wird die Beute mit einem elektrischen Schlag gelähmt und vollständig bewegungsunfähig gemacht. Die so gelähmte Beute braucht nur noch gefressen zu werden. Da die Zähne relativ klein sind, verschlingen die Rochen ihre Beute, ohne sie zu zerkleinern.

Biologische Besonderheiten

Elektrische Rochen bilden eine der fünf systematischen Gruppen der Rochen, die wiederum zu den Knorpelfischen gehören und damit aufs Engste mit den Haien verwandt sind.

Die Haut der Torpedinidae ist glatt und meist völlig nackt. Eines der wichtigsten Unterscheidungsmerkmale innerhalb der verschiedenen Arten ist die Anzahl der Rückenfloßen, die in Ein- oder Zweizahl auf dem Schwanz sitzen.

Elektrische Rochen sind lebendgebärend. Bei einem Weibchen der Art Torpedo nobiliana fand man sechzig Keimlinge, doch werden im allgemeinen nicht mehr als zehn Junge geboren.

Ihre elektrischen Organe setzen diese Fische nicht nur zum Beutefang ein, sondern auch als wirksame Abwehrwaffe bei unliebsamen Angriffen. Trotzdem werden Elektrorochen von größeren Haien häufig gejagt und gefressen.

Für den Menschen ist das Fleisch nicht sehr schmackhaft. Allerdings sind diese Fische schon seit altersher mit ihren Eigenschaften bekannt. So findet man bereits bei den Griechen Abbildungen dieser Rochen auf Keramikgefäßen. Die Römer benutzen elektrische Rochen zur Heilung. Mittelgroße Tiere wurden in Aquarien gehalten und ihre Stromschläge zur Therapie bei Rheuma eingesetzt.

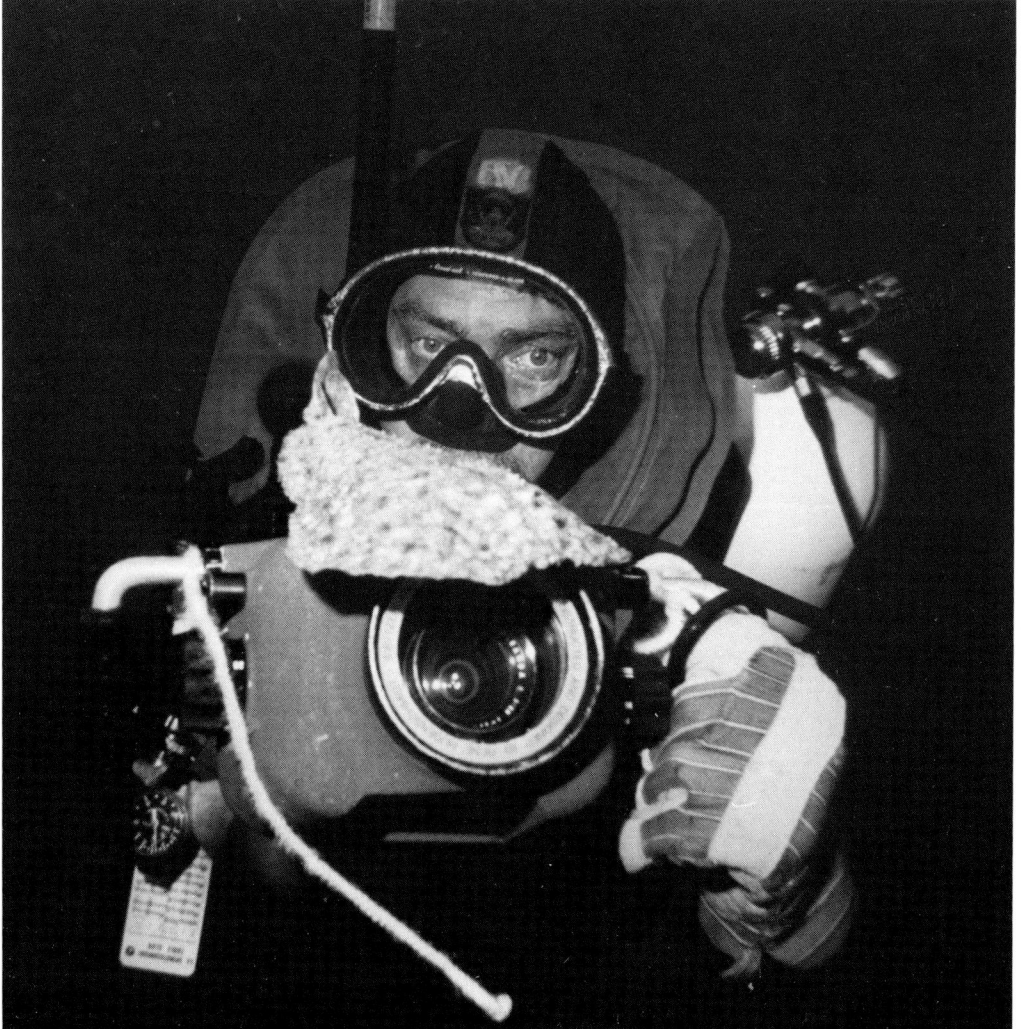

Foto: Arnd Rödiger

Nicht ganz ungefährlich ist es für einen Taucher, mit der Kamera an einen Zitterrochen (Torpedo marmorata) so nahe heranzugehen.

Barrakudas *(Sphyraena spec.)*

Andere deutsche Bezeichnungen:
Pfeilhechte
Ausländische Bezeichnungen:
barracuda (engl.); luzzo de mar
(ital.); stukan (serbokroat.)

Verbreitungsgebiete:
tropischer Indopazifik, Atlantik,
Rotes Meer, Mittelmeer
Text: Dr. Horst Moosleitner
Fotos: Dr. Horst Moosleitner (2),
Gerhard Lauckner (1)

Verletzungen und Vergiftungen

Die Gefährlichkeit der Barrakudas wird sehr unterschiedlich beurteilt und ist regional verschieden. So gelten sie im westlichen Raum, also in der Karibik und um die Bahamas, als sehr angriffslustig und gefährlicher als Haie, in anderen Meeren hingegen als völlig harmlos.

Die Ursache liegt zum Teil darin, daß es sich um verschiedene Arten handelt. Andererseits kommt der Große Barrakuda beiderseits von Amerika vor und wird im Pazifik durchaus als harmlos bezeichnet. Geht man dieser Tatsache auf den Grund, so findet man heraus, daß auf der atlantischen Seite schon seit Jahrzehnten harpuniert wird, und sich die Barrakudas bereits auf diese Art des Jagens eingestellt haben. Solange nicht harpuniert wird, verhalten sich auch die Barrakudas ruhig und fliehen vor dem Taucher. Dieses Verhalten ändert sich jedoch in dem Augenblick, wo ein angeschossener Fisch an der Harpune zappelt. Sie eilen herbei und

schnappen blitzschnell zu. Die Pfeilhechte oder Barrakudas haben es zwar nur auf den verletzten Fisch abgesehen, aber sie können nur zu leicht auch einen Teil des Tauchers erwischen.

Angler haben dieses Phänomen immer wieder zu spüren bekommen. Kaum hatten sie einen Fisch an der Leine, mußten sie zusehen, diesen ganz herauszubekommen, bevor ein Barrakuda ein Stück davon abgebissen hatte.

Da Barrakudas auf den Riffen des karibischen Raumes wesentlich häufiger anzutreffen sind als Haie, geht von ihnen auch die größere Gefahr aus.

Untersuchungen von Barrakuda-Attacken, die zum Teil tödlich ausgingen, haben folgendes ergeben: Barrakudas orten im Gegensatz zu Haien, die ihre Beute mit dem Geruchssinn aufspüren, ihre Opfer mit dem Auge. Sie beobachten stets genau ihre Umgebung, und wenn etwas durch eigenartige Bewegungen oder Farben ihre Aufmerksamkeit erregt, so schwimmen sie zunächst neugierig näher. Sie folgen dem Taucher oft wie ein folgsamer Hund, immer im Ab-

stand von einigen Metern. Dreht man sich um, so drehen auch sie ab. Kaum schwimmt man weiter, sind sie schon wieder auf dem Posten.

Der Angriff eines Barrakudas kann sehr plötzlich kommen, manchmal ausgelöst durch das Aufblinken eines Gegenstandes. Oft reicht der Bügel der Taucherbrille, der im Sonnenlicht der Wellenkringel glänzt, aus. Weitere Ursachen sind ungenügende Sichtverhältnisse oder Situationen, in welchen der Barrakuda die Art seiner Beute nicht erkennen kann, z. B., wenn Personen in der Brandung waten oder mit Schwimmreifen, Luftmatratzen oder ähnlichem herumpaddeln, und der Fisch nur Teile von ihnen zu sehen bekommt.

Barrakudas erreichen Geschwindigkeiten von 70 bis 100 Kilometern pro Stunde. Man sieht sie also kaum kommen. Sie reißen mit ihren kräftigen Kiefern und den riesigen Zähnen Bissen aus dem Opfer und schwimmen weg. Ein zweiter Angriff wie etwa bei den Haien erfolgt nicht.

Über die Art der Wundränder sind die Experten unterschiedlicher

Meinung: Während die einen sagen, der Biß verursache scharfrandige, glatte Wunden, erklären andere, die einzeln stehenden Zähne verursachen ausgefranste Ränder und zerfetzen die Muskulatur.

Die Folgen dieser meist schweren Verletzungen sind, wenn nicht sofort Hilfe zur Hand oder ein Krankenhaus in der Nähe ist, Tod durch Blutverlust, Schock und damit Ertrinken. Hinzu kommt noch die Möglichkeit des Angriffs weiterer Barrakudas oder von Haien. Angriffe von Barrakudas sind jedoch sehr selten und die Tiere wesentlich besser als ihr Ruf.

Nicht nur der Biß von Barrakudas kann schwerwiegende Folgen haben, auch der Genuß von Barrakuda-Fleisch kann schwere Vergiftungen hervorrufen. Ursache dafür ist, daß riffbewohnende Barrakudas auch Pflanzenfresser wie Doktorfische verzehren, die ihrerseits durch die Aufnahme giftiger Algen bereits vergiftet sind.

Frißt ein solcher Barrakuda nun mehrere solcher giftigen Fische, so reichert er das Gift in seinem Körper an und wird dadurch noch giftiger als seine Beute. Durch den Genuß von vergiftetem Barrakuda-Fleisch bekommt der Mensch die gefürchtete Ciguatera-Krankheit, die neben der Beeinträchtigung der Sinnesorgane langwierige Vergiftungserscheinungen und sogar den Tod zur Folge haben kann. Besonders dunkel gefärbte Barrakudas sollen Träger der Ciguatera-Krankheit sein (näheres siehe „Doktorfische").

Erste Hilfe

Die große Chance für einen durch Biß Verletzten liegt — gegenüber Angriffen durch Haie — darin, daß der Barrakuda nur einmal zuschnappt. Kann ein Tauchkamerad den Verwundeten sofort bergen und zu einem Arzt oder in ein Krankenhaus bringen, so bestehen berechtigte Hoffnungen zu überleben. Sind nur Extremitäten verletzt, kann durch sofortiges Abbinden ein allzu großer Blutverlust vermieden werden. Verletzungen am Körper sind meist so schwer, daß kaum Hoffnungen bestehen. Man tut also gut daran, keine gefangenen Fische am Gürtel zu befestigen.

Angriffe sind meist dadurch vermeidbar, daß man in Gewässern, wo große Exemplare häufig vorkommen, nicht harpuniert, nicht umherwatet und auch nicht mit Luftkissen herumschwimmt. Schwimmer sind durch ihr Geplansche wesentlich gefährdeter als Taucher, die normalerweise nichts

Junge Barrakudas wie hier auf dem
Foto sind meist harmlos. Sie leben
gesellig in Herden über sandigem
Grund im Seichtwasser. Ab 60
Zentimetern Länge siedeln sie auf
das Riff über. Große Exemplare
sind durchweg Einzelgänger, die dem
Menschen gefährlich werden können.

Barrakudas

von ihnen zu befürchten haben. Man muß sich allerdings erst an ihre Anwesenheit hinter dem Rücken gewöhnen.

Vor Vergiftungen durch den Genuß von Barrakuda-Fleisch kann man sich nur schützen, indem man keines ißt. Dem Fisch selbst merkt man die Giftigkeit nicht an; sie verschwindet auch nicht durch irgendwelche Zubereitungsmaßnahmen wie Kochen, Würzen usw.

Erkennungsmerkmale

Das Erscheinungsbild des Barrakuda ist charakteristisch: Sein spindelförmiger, langgestreckter, kraftvoller Körper ähnelt dem eines Hechtes, weshalb er auch Pfeilhecht genannt wird. Obwohl mit dem Hecht überhaupt nicht verwandt, hat er diese Form durch dieselbe Lebensweise entwickelt. Beide lauern, im Wasser stehend, und fallen ihre Beute in Überraschungsangriffen aus dem Stand heraus an.

In den Weltmeeren gibt es 18 bis 20 Arten von Barrakudas. Da einige von ihnen — wie der Große Barrakuda (Sphyraena barracuda) — Kosmopoliten sind, also im gesamten tropischen Raum vorkommen, ist es auch möglich, daß manche Spezies in verschiedenen Meeren als eigene Arten beschrieben wurden. Erst weltweite vergleichende Untersuchungen würden hier Klarheit bringen.

Die Unterscheidung der einander ähnelnden Arten erfolgt durch die Anzahl der Schuppen und die Ausbildungsform des Kiemendeckels. Da dies am lebenden Tier unter Wasser meist nicht möglich ist, kann auch die Artzugehörigkeit nur schwer angegeben werden. Auch die Färbung variiert und ist daher für die Bestimmung zu unsicher.

Die Größe ist häufig die einzige Möglichkeit der Bestimmung: Hat man z. B. im karibischen Raum einen mehr als einen Meter langen Barrakuda vor sich, so ist es mit Sicherheit der Große Barrakuda. Es gibt hier nämlich nur noch zwei andere Arten, die 60 Zentimeter nicht überschreiten. Der Große Barrakuda kann zweieinhalb Meter erreichen; manche sprechen sogar von drei bis fünf Metern.

Im indopazifischen Raum ist eine Zuordnung kaum möglich, da es hier viele Arten gibt. Allein im Roten Meer leben sechs Arten, von denen drei über einen Meter lang werden. Auch im Mittelmeer ist eine Art vertreten, die auch im östlichen Atlantik vorkommt und über einen Meter lang wird, nämlich der Gewöhnliche Barrakuda oder Pfeilhecht (Sphyraena sphyraena).

Lebensraum und Verbreitungsgebiete

Nur von einigen Arten weiß man Genaueres über bevorzugte Lebensräume. Lediglich vom Großen Barrakuda ist bekannt, daß Larven und Jungformen im freien Ozean schwimmend gefunden wurden. Die Jungfische selbst suchen das Seichtwasser auf und leben dort gesellig, oft in großen Herden über sandigem Grund oder Seegras. Ab etwa 60 Zentimetern Länge siedeln sie auf das Riff über, wo sie nur noch selten in Schwärmen auftreten. Ganz große Exemplare sind durchweg Einzelgänger. Da man hin und wieder auch Ansammlungen großer Exemplare vor den Riffen oder im freien Wasser findet, nimmt man an, daß es sich hierbei um Laichverbände handelt.

Der Große Barrakuda (Sphyaena barracuda) bewohnt den tropischen Indopazifik und den Atlantik. Ebenso in Teilen des Indopazifiks sowie im Roten Meer ist der Gelbflossen-Barrakuda (Sphyraena flavicauda) beheimatet, und den Pfeilhecht (Sphyraena sphyraena) findet man im Atlantik und — als einzige Art — im Mittelmeer.

Lebensweise und Ernährung

Barrakudas sind Raubtiere, die durchweg Fische erbeuten. Je nach Lebensraum bevorzugen sie allerdings unterschiedliche Arten. Jungtiere des Großen Barrakudas, die über Sandgrund im Seichtwasser leben, fressen hauptsächlich Grundeln, Ährenfische, Seenadeln, Papageifische u. a.. Größere, am Riff lebende Exemplare ernähren sich meist von Grunzern, Kugelfischen, Stachelmakrelen, Brassen, Halbschnäblern, Makrelen, Schnappern u. a..

Sie lauern den Beutetieren auf und überfallen sie in plötzlichen stürmischen Attacken.

Beim Barrakuda kann man drei Schwimmweisen feststellen: ein langsames Dahingleiten ohne sichtbaren Antrieb, ein mittelschnelles Schwimmen mittels Flossenantrieb und das sehr schnelle Angreifen durch schlängelnde Körperbewegungen, bei welchem je nach Größe 70 bis 100 Kilometer pro Stunde erreicht werden.

Erwachsene Barrakudas zeigen des weiteren drei verschiedene Verhaltensweisen: Entweder lauern sie nahe einem Korallenriff oder kreuzen einen bestimmten Bereich des Riffs patrouillierend auf und ab. Manchmal sollen sie auch Schwärme kleinerer Fische in Buchten „einsperren", sie also wie Lämmer hüten, bis sie sie „brauchen".

Biologische Besonderheiten

Über die Fortpflanzung der Barrakudas ist wenig bekannt. Man weiß nur, daß sich die erwachsenen Tiere manchmal in großen Schwärmen an exponierten Punkten versammeln. Vielleicht ist dies eine wichtige Maßnahme, um den Fortbestand der Art zu sichern, da im Schwarm die Wahrscheinlichkeit des Auffindens laichbereiter Artgenossen wesentlich größer ist.

Laichzeit ist bei den meisten Arten Frühling und Sommer. Wahrscheinlich werden die Eier (50 000 bis 500 000 Stück) in der Hochsee abgelegt. Die Larven mancher Arten schwimmen jedenfalls im freien Ozean und gehen später zum Bodenleben über. Jungfische des Mittelmeer-Pfeilhechtes kann man manchmal in großen Schwärmen in ruhigen, seichten Buchten finden. Der spätere Lebensraum liegt in tieferem, exponiertem, fischreichem Gebiet. Barrakudas werden mindestens 14 Jahre alt.

In Gemeinschaft mit den Barrakudas findet man häufig Fische verschiedener Art. Meist sind es eine oder mehrere Stachelmakrelen (Caranx), die einzelne Barrakudas genauso wie Zerstörer einen Kriegskreuzer begleiten. Manchmal ist es auch umgekehrt, daß einzelne Stackelmakrelen in Herden von Barrakudas mitschwimmen.

In den Barrakuda-Herden des Roten Meeres fand ich noch einen anderen Fisch, den Braunfleck-Doktorfisch (Acanthurus gahm), der eigenartigerweise von den Barrakudas nicht angegriffen wird, sondern ungestört mitschwimmt und so, geschützt von der zähnestarrenden Armada, das Riff verlassen und ins freie Wasser vorstoßen kann. Was er hier tut, ist nicht genau bekannt. Wahrscheinlich schloß er sich genauso wie die Stachelmakrele den Barrakudas an, weil er wie ein Aasgeier auf leichte Beute hoffte und das Warten auf Nahrung einer eigenen Jagd vorzog. Diese Gemeinschaft zwischen Barrakudas und Begleitfischen beruht also lediglich darauf, daß sich fleischfressende Fische potentiellen Räubern anschließen, in Erwartung einer Anteilnahme an deren Mahlzeit. Daneben bietet das freie Wasser sicher genug an größerer pelagischer Nahrung, die „nebenbei" verspeist werden kann.

Das Aussehen der Barrakudas ist charakteristisch: spindelförmige, langgestreckte Körper.

Haie *(Selachoidei)*

Ausländische Bezeichnungen:
shark (engl.); requin (franz.); squalo (ital.)
Verbreitungsgebiete:
Bis auf den im Süßwasser lebenden Nicaragua-Hai in allen Meeren der Welt. Die für den Menschen gefährlichen Arten konzentrieren sich auf den Tropengürtel.
Text:
Dr. Heinz Gert de Couet und
Dr. Horst Moosleitner

Verletzungen und Vergiftungen

Haie sind wohl die gefährlichsten Meerestiere, und über sie ist schon soviel Grauenhaftes erzählt und geschrieben worden, daß man damit Bände füllen könnte. Versucht man, Ursachen und Begleitumstände von Haiangriffen auf einen gemeinsamen Nenner zu bringen, so muß man zuerst feststellen, daß es „den Hai" gar nicht gibt. Es kommen nämlich in den Weltmeeren und sogar in einigen Flüssen und Seen an die 250 Arten vor, von denen jede ihre Eigenheiten hat, und so läßt sich auch nicht verallgemeinern, wie sich Haie verhalten würden.

Lediglich von einigen wenigen, genauer untersuchten Arten weiß man, unter welchen Umständen und wie sie angreifen würden. Einige große Gruppen von Haien, nämlich Marder-, Katzen-, Engelshaie u.v.a. sowie die großen planktonfressenden Riesen- oder Walhaie kann man bei dieser Betrachtung außer acht lassen, da sie zu klein sind oder aufgrund ihrer Lebensweise kaum für Angriffe in Frage kommen.

Richtig gefährlich werden Haie meist ab zwei bis drei Metern Länge. Die meisten sind jedoch überaus vorsichtig. Sie nähern sich ihrer Beute zunächst durch mehrmaliges Umschwimmen. Erst wenn sie ihnen ungefährlich erscheint, stoßen sie sie an und warten ab, was geschieht. Wenn auch dieser Test für sie positiv ausgegangen ist, beißen sie zu. Sie sägen durch schüttelnde Kopfbewegungen mit Hilfe ihrer rasiermesserscharfen, in mehreren Reihen stehenden Zähnen ein großes, halbrundes Stück aus ihrem Opfer. Haben sie dieses verschlungen, so kehren sie wieder. Fließt Blut, so verfallen sie in einen richtigen Rausch, der sie in alles beißen läßt, was ihnen in die Quere kommt. Da in tropischen Meeren meist mehrere Haie in der Nähe sind, greifen auch diese an, und für das Opfer bestehen, auch wenn es den ersten Angriff überstanden hat, nur wenig Überlebenschancen. Schlimmer reagiert der zum Glück äußerst seltene Weiße Hai. Er schwimmt geradewegs auf alle Gegenstände und Lebewesen zu und beißt gleich einmal prüfend hinein. Hat er einen Taucher erst angeknabbert, so gibt es kaum mehr ein Entrinnen.

Der Mensch kann jedoch vom Hai nicht nur als Opfer, das man frißt, betrachtet werden. Er kann in ihm auch einen Konkurrenten sehen. Besonders Riffhaie, die ein bestimmtes Revier in Anspruch nehmen, reagieren auf ständiges Bedrängen durch den Menschen „sauer". Sie schwimmen dann in eigenartig steifen, verdrehten Bewegungen, die man als letzte Drohung verstehen kann. Gleich darauf greifen Sie dann an, mit einem Biß ins Genick.

Außerdem hat man beobachtet, daß Haibisse von Tageszeit und Temperatur abhängig sind. Haie haben einen bestimmten Tagesrhythmus mit passiven und aktiven Zeiten. In den aktiven Phasen, z.B. in den Morgen- und Abendstunden, kommt es daher eher zu Haiangriffen.

Manche Bisse gehen auf eine gewisse „Gereiztheit" der Tiere bei besonders hohen Temperaturen zurück, die sie manchmal völlig „grundlos" zubeißen läßt.

Eine in unseren Breiten weitgehend unbekannte Tatsache ist die Ungenießbarkeit bestimmter Organe von Haien, da hierzulande allenfalls die berühmte chinesische Haifischflossensuppe gegessen wird, die im übrigen meistens aus mehr Hühnerbrühe als aus Haifischflossen besteht. Im Gegensatz dazu werden Haie oder Teile von ihnen in asiatischen und arabischen Ländern als Delikatesse gegessen. Eine Vergiftung tritt in der Regel durch den Genuß von Haifischleber ein, aber auch die Muskulatur kann Vergiftungssymptome hervorrufen. Nach bisherigen Untersuchungen handelt es sich bei Haifisch-Vergiftungen um eine Intoxikation mit dem Vitamin A oder seinen Vorstufen. Dies ist übrigens der einzig bekannte Fall, in dem ein in Spuren sehr wichtiger Stoff in der Überdosis giftig wirkt. Aus unbekannten Gründen ist die Haifischleber äußerst reich an Vitamin A. Mit Sicherheit ist eine Haifisch-Vergiftung keine Ciguatera-Vergiftung, wie sie durch verschiedene andere Fische verursacht werden kann. Eine Reihe von Vergiftungen und sogar Todesfälle sind berichtet worden. Eine Bedeutung hat diese Tatsache auch im nordeuropäischen Raum, weil Haifischfleisch in Form von Fischmehl auch eine Vergiftung von Haustieren verursachen kann.

Die Symptome einer leichten Vergiftung sind Übelkeit, Erbrechen und Durchfall. Nach Genuß giftiger Leber stellen sich zunehmend auch Störungen des Nervensystems ein: Kopfschmerzen, Gelenkschmerzen, ein prickelndes Gefühl um den Mund, Brennen der Zunge und der Speiseröhre. Mit der Zeit stellen sich auch Koordinationsschwierigkeiten und Atembeschwerden, Lähmungserscheinungen, Koma und schließlich der Tod ein.

Bei Einsetzen der beschriebenen Symptome sollte grundsätzlich Erbrechen erwirkt werden, um eine weitere Vergiftung durch den Mageninhalt zu verhindern. Ein Arzt sollte unbedingt geholt werden. Einzige Vorsichtsmaßnahme ist, Haifischleber (und andere Innereien von Korallenfischen) nicht zu essen. Besonders tropische und große Haie sollen sehr giftig sein. Unter diesen sind mit Sicherheit der Schwarzspitzen-Sandhai (Carcharhinus melanopterus) und der Weiße Hai (Carcharodon carcha-

Der Blauhai (Prionace glauca) aus der Familie der Requiem-Haie ist wohl der eleganteste Hai überhaupt. Ständig auf der Reise zwischen den Kontinenten, schlängelt sich der Räuber durch die Wasserwüsten der Hochsee.

Haie

rias) sowie der Hammerhai (Sphyrna zygaena) ungenießbar; aus den kälteren Breiten ist der Grönlandhai (Somniosus microcephalus) als giftig beschrieben worden.

Eine Hai-Vergiftung kann man sich außerdem durch Hantieren mit den Arten zuziehen, die einen Stachel an der Basis der Rückenflosse besitzen. Wenigstens für die in gemäßigten Breiten vorkommenden Stierkopf-Haie (Fam. Heterodontidae) wurde die Existenz eines Giftdrüsengewebes am Stachelschaft nachgewiesen. Darüber hinaus besitzt der in der Nordsee vorkommende Dornhai Stacheln. Die Symptome der Vergiftung sind nicht schwer, aber schmerzhaft und vom Risiko einer Infektion begleitet. Vorsicht auch vor kleinen Haien!

Erste Hilfe

Was kann man nun tun, um Haiangriffe zu vermeiden: Zunächst einmal, in „haiverseuchten" Gewässern nicht baden oder schwimmen! Schwimmende, plantschende Menschen erscheinen Haien wie kranke oder verletzte, an der Oberfläche zappelnde Fische. Taucher haben in dieser Hinsicht weniger zu befürchten. Stellt man sich anschwimmenden Haien mit Entschlossenheit entgegen, so drehen sie normalerweise auch ab. Es ist sogar äußerst schwierig, an Haie nahe genug heranzukommen, um sie fotografieren zu können. Als Abwehrgerät gegen aufdringliche Haie hat sich der schon von Hans Hass eingeführte, etwa einen Meter lange Haistock bewährt. Schließlich kann man einem allzu dreisten Hai auch noch die UW-Kamera auf seine empfindliche Nase hauen, was ihn ziemlich sicher davon überzeugen wird, daß man nicht eßbar ist.

Abgesehen vom Weißen Hai und sich bedrängt fühlenden Riffhaien, werden Taucher normalerweise nicht angegriffen, außer man bietet ihnen einen Anlaß dazu. Dies kann ein zu sorgloser Umgang mit ihnen und in erster Linie Fischfang, egal ob mit Netz oder Harpune sein. Wenn es der Hai auch nur auf den Fisch abgesehen hat, so kann das Tier, obwohl es recht gut sieht, doch versehentlich einen Körperteil des Tauchers mit erwischen. Außerdem kann das heranschießende Tier, dessen Haut durch aufsitzende Spitzen und Zähnchen (Placoidschuppen) sehr rauh ist und wie Schleifpapier wirkt, „ungewollt" Verletzungen verursachen, die wiederum Auslöser für Angriffe auf den Menschen sein können.

Ruhiges, besonnenes Handeln läßt die Begegnung mit dem Hai zu einem unvergeßlichen Erlebnis werden. Es ist jedoch für entsprechende Rückendeckung zu sorgen; am besten, man hat ein Riff hinter sich. Sollten einem die Haie doch zu nahe kommen bzw. zu gefährlich erscheinen, so ist langsamer, gut gedeckter Rückzug angebracht. Fluchtartiges Verlassen der Szenerie, insbesondere in senkrechter Richtung, löst beim Hai den Jagdinstinkt und damit Angriffsreaktion aus.

Wie man an verschiedenen Tauchbasen im indischen und karibischen Raum, wo Haie von Hand aus gefüttert werden, sehen kann, ist es dem Menschen durchaus möglich, mit „dem Hai" gut auszukommen und sein Freßverhalten in den Griff zu bekommen. Dies sollte jedoch nicht dazu führen, ihnen mit Leichtsinn zu begegnen. Überheblichkeit hat schon manchem das Leben gekostet.

Sollte man trotz aller Vorsichtsmaßnahmen von einem Hai verletzt worden sein, so ist schnelles Handeln notwendig, noch bevor ein nächster Angriff erfolgt. Das Opfer ist sofort an Land zu bringen und der Transport in ein Krankenhaus, sofern vorhanden, zu veranlassen.

Ist keine Hilfe zur Hand, so besteht nur noch wenig Hoffnung. Durch Blutverlust und Schock tritt rasch Bewußtlosigkeit und damit der Tod durch Ertrinken ein. Nur wenigen Menschen ist es bisher gelungen, nach einem Biß alleine zu entkommen. Sie verdanken meistens glücklichen Umständen ihre Rettung.

Dem Tauchpartner kommt daher die wichtigste Aufgabe bei der Rettung von Hai-Verletzten zu. Er hat nicht nur für den Transport an Land zu sorgen und eventuell neuerliche Angriffe abzuwehren, sondern auch Erste Hilfe zu leisten. Diese besteht darin, dem Patienten zu helfen, vorerst den Schock zu überwinden. Der Verletzte ist hierzu mit tief gelagertem Kopf vorschriftsmäßig einfach am Strand (oder an Deck) zu betten und mit einem leichten Überwurf gegen Unterkühlung zu schützen. Bei Bewußtlosigkeit ist sofort mit der Beatmung zu beginnen.

Keinen Schnaps oder heißen Tee einflößen! Der inzwischen herbeigerufene Arzt oder die Rettung sollten zunächst eine Blutplasma-Transfusion vornehmen und hierauf eventuell Medikamente gegen Schmerzen oder Erregung (Verletzte sind häufig sehr erregt) verabreichen. Der Verletzte soll nicht sofort abtransportiert, sondern völlig bewegungslos gehalten werden, bis der Schock überwunden ist, was bei guter gesundheitlicher Verfas-

sung des Tauchers sehr schnell geschieht.

In Ländern mit haigefährdeten Stränden wie in Südafrika und Australien sind alle Ambulanzen und Badestationen mit Blutplasma für die spezielle Behandlung von Haiopfern ausgerüstet und die Bademeister und Lebensretter in der Technik der Aufbereitung von Blutplasma sowie im Anbringen von Kompressen und Abbindungen ausgebildet. Wenn keine größeren Gefäße (Hauptschlagadern) durchtrennt worden sind, so bestehen bei obiger Behandlung auch bei schweren Verletzungen berechtigte Hoffnungen auf ein Überleben.

Erkennungsmerkmale, Lebensweise, Ernährung, Lebensraum und Verbreitungsgebiete

Haie zählen gemeinsam mit den Rochen zu den Knorpelfischen, da ihr Skelett keine richtigen Knochen ausbildet, sondern nur Knorpel, in welche allerdings Kalk eingelagert wird.

Die torpedoförmige Gestalt mit den fünf seitlichen Kiemenschlitzen, dem unterständigen Maul und der durchweg oben lang ausgezogenen Schwanzflosse ist allgemein bekannt. Von dieser allgemeinen Grundform weichen z.B. die bodenlebende Haiarten wie Katzen-, Engels- oder Ammenhaie durch ihre eher abgeflachte Körperform und der Hammerhai durch seine eigenartige Kopfausbildung wesentlich ab.

Man teil die etwa 250 Arten von Haien in sieben Unterordnungen ein:

1. Kammzähnerhaie (Notidanoidei)
Sie umfassen nur die Familie der Grauhaie, von denen der Grauhai (Hexanchus griseus) sechs Kiemenspalten aufweist, kaffeebraun gefärbt ist und fünf, manchmal bis zu acht Metern Länge erreicht. Er frißt Fische und Krebse und kommt von der Oberfläche bis in 1500 Meter Tiefe vor. Er schläft tagsüber am Boden und jagt nachts. Grauhaie sind weit verbreitet und besiedeln den gesamten Atlantik und auch das Mittelmeer.

2. Kragen- oder Krausenhaie (Chlamydoselachoidei)
Sie sehen wie dicke Aale aus, besitzen nur eine weit hinten liegende Rückenflosse, und ihre Schwanzflosse ist auf einen oberen Lappen

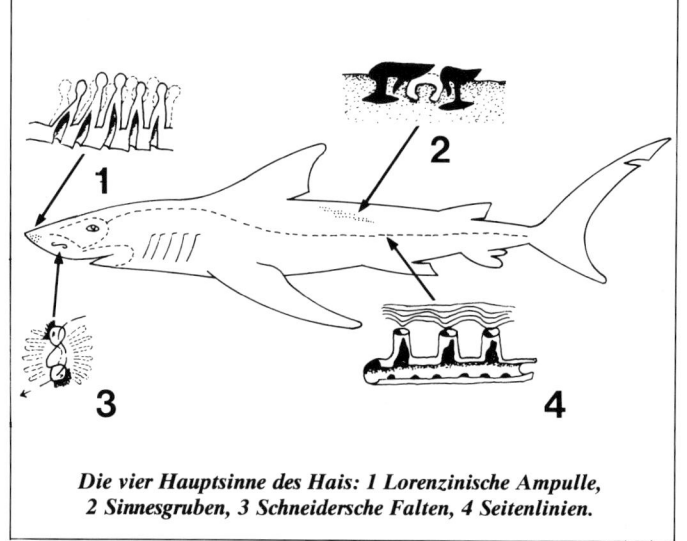

Die vier Hauptsinne des Hais: 1 Lorenzinische Ampulle, 2 Sinnesgruben, 3 Schneidersche Falten, 4 Seitenlinien.

reduziert, der gerade nach hinten gestreckt wird. Der Mund ist endständig. Die ersten Kiemenscheidewände sind krausenartig aufgebogen und haben den Tieren den Namen gegeben. Es gibt nur eine Art, den Krausenhai (Chlamydoselachus anguineus), der in der Tiefsee lebt und dort Kraken und andere Kopffüßer verzehrt.

3. Stierkopf- oder Hornhaie (Heterodontoidei)
Sie haben einen plumpen Körper mit einem dicken Kopf sowie einen abgeplatteten Bauch und fünf Kiemenspalten. Sie besitzen zwei große Rückenflossen, an deren Vorderende je ein kräftiger Stachel steht. Der Mund ist nur halb unterständig. Die bekannteste Art ist der Japanische Hornhai (Heterodontus japonicus), der bis zu einem Meter lang wird und das Flachwasser des Indopazifik bewohnt.

4. Echte Haie
Diese Unterordnung umfaßt die wichtigsten Arten, die jene typische Gestalt mit zwei Rückenflossen ohne Stacheln und fünf Kiemenspalten aufweisen. Sie umschließt kleine Tiere bis zu den größten Fischen überhaupt:

4.1 Sandhaie (Carchariidae)
Sie besitzen einen langgestreckten Körper, eine spitze Schnauze und bevorzugen als jagende Dauerschwimmer größere Tiefen. Der Sandtiger oder Echte Sandhai (Carcharias taurus) steigt auch in flache Küstengewässer auf und zählt in Südafrika zu den gefährlichsten Haien.

4.2 Nasenhaie (Scapanorhynchidae)
Sie sind ausgesprochene Bewohner tieferer Gewässer, erreichen bis zu viereinhalb Meter Länge und besitzen als sicheres Kennzeichen eine sehr lange, wie eine Schaufel wirkende Schnauze.

4.3 Makrelenhaie (Isuridae)
In dieser Familie sind einige, an der fast gleichflügeligen Schwanzflosse erkennbare Arten vereinigt, allen voran der Weiße Hai oder Menschenhai (Carcharodon carcharias), der zwölf Meter Länge erreicht. Er ist der gefräßigste aller Haie und verzehrt Schildkröten, Robben, Delphine und ins Meer gekippten Abfall. Er ist ein ständig umherstreichender Bewohner der Hochsee aller Meere, der jedoch, Schiffen folgend, auch in Küstennähe gelangt und dort Badende gefährdet. Am häufigsten wird er vor Australien gesichtet, manchmal findet man ihn auch im Mittelmeer. Die ebenfalls zu dieser Familie gehörenden Heringshaie (Lamna nasus) und der Mako (Isurus oxyrhynchus) sind auch Hochseetiere,

schwimmen häufig in Oberflächennähe und erzielen sehr hohe Geschwindigkeiten, wenn sie Herings- oder Makrelenschwärme jagen. Sie können auch den Menschen, besonders Schiffbrüchigen, gefährlich werden.

4.4 Riesenhaie (Cetorhinidae)
Sie ähneln im Körperbau zwar den Makrelenhaien, doch sind sie – obwohl die größten – friedliche Kleintierseiher, denen man sich getrost nähern kann. Sie erreichen bis zu 15 Metern Länge und sind an ihren langen Kiemenspalten, die sich von der Kopfoberseite bis zur Brustmitte ziehen, und der graublauen Grundfärbung sowie der mit helleren ovalen Flecken übersäten Körperoberfläche gut erkennbar. Der Riesenhai (Cetorhinus maximus) kommt im Atlantik und im westlichen Mittelmeer vor.

4.5 Walhai (Rhinodon typus)
Er ist dem Riesenhai in Form und Lebensweise ähnlich, aber von hellbrauner Grundfärbung mit großen weißen, manchmal in Reihen angeordneten Flecken. Er wird einer Extrafamilie zugeordnet.

4.6 Drescherhaie (Alopidae)
Sie weisen einen stark verlängerten oberen Lappen der Schwanzflosse auf, der ebenso lang wie der Körper sein kann. Hierher gehören die in der Hochsee (und auch im Mittelmeer) Fischwärme jagenden Fuchshaie (Alopias vulpinus). Sie umkreisen Schwärme mit peitschenden Schwanzschlägen und treiben sie auf diese Weise eng zusammen. Sie sollen auch die Fische mit Schwanzschlägen betäuben, damit sie eine leichte Beute werden.

4.7 Ammenhaie (Orecotolobidae)
Über einen plumpen, eher abgeplatteten Körper verfügen diese

Haie, zu denen etwa 25 Arten aus zwölf Gattungen gehören. Viele von ihnen haben eine hübsche Flecken- und Streifenzeichnung, die diese Grundfische gut tarnt, und als weitere Kennzeichen eine häutige Bartel vor jeder Nasenöffnung.
Ammenhaie sind Bodenbewohner der flachen Küstengebiete aber auch größerer Wassertiefen tropischer und subtropischer Meere. Einer der bekanntesten ist der auch im Roten Meer vorkommende indopazifische Zebrahai (Stegosona fasciatus), der trotz seiner Länge bis zu drei Metern ungefährlich ist. Manche Ammenhaie haben schon Taucher verletzt, die sie belästigten, am Schwanz packten oder versuchten zu harpunieren.

4.8 Katzenhaie (Scyliorhinidae)
Sie sind wohl die kleinsten Haie, die man durchweg als ungefährlich bezeichnen kann und von denen es an die 50 Arten aus zwölf Gattungen gibt. Die meisten sind Bewohner der Küstengewässer. Drei Arten kommen auch in europäischen Meeren vor und überschreiten kaum einen Meter Länge. Taucher begegnen am ehesten dem Kleingefleckten Katzenhai (Scyliorhynchus caniculus) oder dem Großgefleckten Katzenhai (S. stellaris), aber auch deren kapselförmigen, an vorspringenden Punkten mit vier Fäden befestigten Eiern.
Katzenhaie ernähren sich von niederen Tieren wie Krebsen, Weichtieren, „Würmern" und zum Teil auch von Bodenfischen.

4.9 Marder- oder Glatthaie (Triakidae)
Diese Haie sind ähnlich klein wie die Katzenhaie. Zu ihnen gehört einer der bekanntesten Haie, der Weißspitzen-Riffhai (Triaenodon

obesus). Er ist dem Menschen ungefährlich, wenn er sich auch manchmal neugierig nähert. Er wird höchstens eineinhalb Meter lang. Taucher werten eine Begegnung mit ihm mächtig auf, indem sie ihn bis zu vier Meter lang werden lassen. Im Mittelmeer findet man zwei Arten von Marderhaien, die hier Hundshaie genannt werden und bis zu 1,6 Meter lang werden. Sie bewohnen bodennahe Küstengewässer ab ca. 40 Metern Tiefe. Tagsüber ruhen sie sich, auf Sand liegend, aus, und nachts gehen sie auf Nahrungssuche.

4.10 Falscher Marderhai (Pseudotriacus microdon)
Dieser Hai ist ein seltener Tiefseebewohner, der bis zu drei Meter lang wird. Bisher sind nur wenige Exemplare gefangen worden. Er wurde in eine eigene Gattung gestellt.

4.11 Blauhaie (Carcharinidae)
Sie stellen die artenreichste Familie der Haie mit 60 Arten aus 17 Gattungen dar. Einige von diesen, wie der bis zu sechs Meter lange und in allen Meeren heimische Blauhai (Prionace glauca) und der viereinhalb Meter erreichende, eher tropische (zumindest im Mittelmeer fehlende) Tigerhai (Galeocordu cuvieri) gelten als sehr gefährlich und werden neben dem Weißen Hai als „Menschenhaie" bezeichnet.
Nur beschränkt gefährlich sind die bis zu zwei Meter langen tropischen Riffhaie wie der Schwarzspitzenhai (Carcharhinus melanopterus) und der etwas wildere Graue Riffhai (C. menisorrah), der an den schwarzen rückwärtigen unteren Flossenteilen erkennbar ist.

4.12 Hammerhaie (Sphyrnidae)
Sie sind an ihrer hammerartig verbreiterten Kopfform gut zu erkennen. Der Große Hammerhai (S. mokkaran) wird bis fünfeinhalb Meter lang und ist weltweit – auch im Mittelmeer – verbreitet. Der Glatte Hammerhai (S. zygaena), am gebogenen Vorderrand des Kopfes erkennbar, ist häufig und speziell vor den Riffen Port Sudans auch in Rudeln anzutreffen.
Hammerhaie zählen zu den gefährlichen Haien und werden mancherorts sehr gefürchtet. Im Roten Meer sind sie eine Attraktion für Tauchtouristen.

5. Stachelhaie (Squaloidei)
Sie sind zwar ähnlich gebaut wie die Echten Haie, doch sie besitzen je einen Stachel vorn an den Rückenflossen, außerdem fehlen ihnen die Afterflossen. An die 60 Arten aus vier Familien gehören hierher mit so bezeichnenden Namen wie

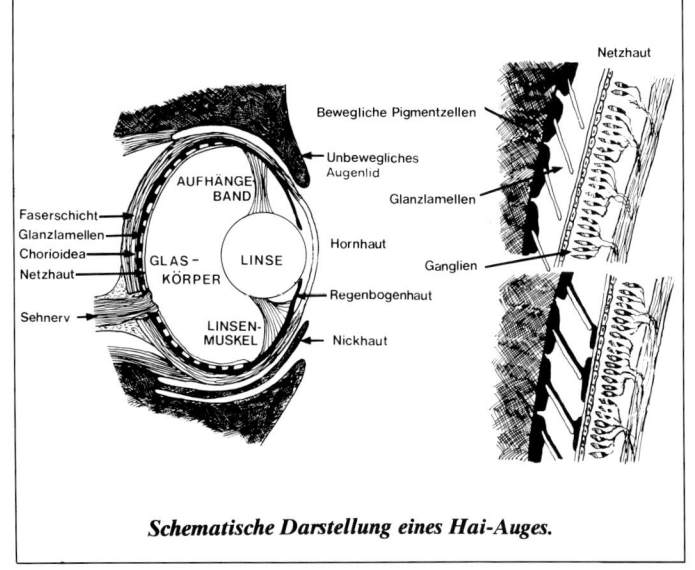

Schematische Darstellung eines Hai-Auges.

Netzhaut

Bewegliche Pigmentzellen

Unbewegliches Augenlid

Glanzlamellen

AUFHÄNGEBAND

Faserschicht
Glanzlamellen
Chorioidea
Netzhaut

GLAS-KÖRPER

LINSE

Hornhaut

Ganglien

Sehnerv

LINSEN-MUSKEL

Regenbogenhaut

Nickhaut

Weißspitzenriffhai (Carcharhinus albimarginatus)

Grauer Riffhai (Hexanchus griseus)

Walhai (Rhinodon typus)

Hammerhai (Sphyrna zygaena)

Weißer Hai (Carcharodon carcharias)

Ammenhai (Ginglymostoma cirratum)

Leopardenhai (Triakis semifasciata)

Haie

Dornhai, Schokoladenhai, Nagelhai, Meersau-Hai und Lemargo. Es sind meist kleinere, ungefährliche Bodenformen, aber auch der bis zu acht Meter lange, zum Glück auf den Norden beschränkte Grönland- oder Eishai (Somniosus microcephalus).

6. und 7. Säge- und Engelhaie (Pristiphoroidei und Squatinoidei)

Es verbleiben noch die Unterordnungen der Sägehaie, die eine schwertförmig verlängerte Schnauze, beiderseits von scharfkantigen Zähnen besetzt, haben, und die Engelhaie, die einen flachen Körperbau mit verbreiterten Brustflossen, ähnlich den Rochen, besitzen und zu diesen überleiten, aber noch fünf Kiemenspalten aufweisen.

Der Gemeine Meerengel (Squatina squatina) bewohnt den Nordatlantik und das Mittelmeer, wo er am Boden liegt und Weichtiere und Krebsen auflauert.

Biologische Besonderheiten

Eine Besonderheit teilen die Haie mit ihren nächsten Verwandten, den Rochen und Seekatzen oder Chimären: das Fehlen einer Schwimmblase, das die meisten Haie zu ständigen Schwimmbewegungen zwingt, um nicht auf den Grund abzusinken. Ein weiterer, oft zitierter Grund für diese Verhaltensweise ist das Fehlen eines festen, knöchernen Kiemendeckels (Operculum), mit dem die Knochenfische die Kiemenspalten abdichten können. Um ihre Kiemen optimal mit sauerstoffreichem Wasser zu versorgen, müssen die Haie ständig für eine geringe Strömung sorgen, indem sie schwimmen.

Für bodenbewohnende Arten gilt das nur bedingt; sie können wahrscheinlich einen geringen Unterdruck in der Mundhöhle erzeugen und dadurch die Kiemenspalten wie ein Lippenventil beim Einsaugen von Wasser abdichten. Dies mag auch ein Grund dafür sein, warum Haie strömungsexponierte Gewässer gerne aufsuchen oder sich zum Ausruhen in durchströmte Höhlen begeben – womit auch das Phänomen der „schlafenden" Haie erklärt sein mag.

Haie weisen neben der optimalen Stromlinienform, hoher Kraft und Schnelligkeit eine ganze Reihe von speziellen Anpassungen an ihren Lebensraum und ihre Lebensweise auf. Unter anderem zählen dazu ihre Sinnesorgane, deren Empfindlichkeit die der meisten Wirbeltiere übertrifft.

Das bei der Nahrungssuche und Orientierung vielleicht wichtigste Organ ist die Seitenlinie, ein flüssigkeitsgefülltes Röhrensystem, das sich an der Schnauze verästelt und in dem zahlreiche Sinneszellen auch die kleinste Druckwelle in Form von Flüssigkeitsverschiebungen registriert. Dieses Organ ist in der Lage, Geräusche und Bewegungen in der Umgebung wahrzunehmen, die das menschliche Ohr nie registrieren könnte.

Entgegen früherer Vermutungen sind die Augen der Haie außerordentlich hochentwickelt. Während das Auflösungsvermögen durchschnittlich ist, besitzt das Hai-Auge eine Art biologischen Restlichtverstärker, der auch bei sehr schlechten Lichtverhältnissen ein gutes Bild liefert. Hinter der Netzhaut (Retina) befindet sich eine Schicht lichtreflektierender Zellen, das tapetum lucidum, die große Mengen von Guanin-Kristallen enthalten. Bei Dunkelheit nehmen diese Pigmente eine leichte Schrägstellung ein, so daß jeder Lichtstrahl, der die Retina trifft, reflektiert wird und die Lage der Sehzellen ein zweites Mal passiert. Die Funktion eines anderen Sinnesorgans, der Lorenzini-Ampullen, die sich an der Schnauze befinden, ist erst in den vergangenen Jahren aufgeklärt worden: Mit ihnen kann der Hai offensichtlich sehr schwache Ströme in seiner Umgebung wahrnehmen, wie sie zum Beispiel von der Muskulatur eines vergrabenen Fisches oder Krebses erzeugt werden.

Zu erwähnen ist ferner die sprichwörtlich feine Nase der Haie, mit der sie zum Beispiel Blut in einer Verdünnung von 1:1 000 000 wahrnehmen sollen. Das Riechhirn stellt den größten Teil des Haigehirns dar, dient aber auch einfachen Assoziations- und „Intelligenz"-Leistungen. Die paarigen Riechgruben befinden sich seitlich an der Schnauze; bei den Hammerhaien liegen sie am weitesten voneinander entfernt, weshalb man ihnen auch das beste Geruchsorientierungsvermögen nachsagt. Sie sind von einer kleinen Hautfalte so überdeckt, daß das vorbeiströmende Wasser die ganze Oberfläche der Sinneszellen erfaßt.

Über das Sozial- und Liebesleben der Haie ist recht wenig bekannt, denn die Beobachtungszeiträume für Taucher sind zu kurz, außerdem stellt der Mensch einen Störfaktor im Riff dar, und man kann nicht annehmen, daß sich die Tiere in seiner Gegenwart „normal" verhalten. Im Gegensatz zu früheren Annahmen haben wenigstens die riffbewohnenden Arten sehr wohl ein Sozialleben. Ihre Rangordnung ergibt sich aus dem gegenseitigen Ausweichen bei einer Begegnung. Überwiegend sind es größere Tiere und die Weibchen, die einen hohen Rang haben.

Die Paarung der Haie verläuft recht stürmisch, denn die Weibchen tragen zu einer bestimmten Jahreszeit deutliche Narben und Verletzungen, die vom Liebesspiel herrühren. Das Paarungsorgan der Männchen besteht in einer Spezialisierung der Afterflossen, den Pterygopoden, länglichen Gebilden, anhand derer die Geschlechter leicht auseinanderzuhalten sind. In den beiden Uteri der Weibchen reifen bis zu zwei Dutzend Embryos heran; nicht selten vertilgen sie sich bereits vor der Geburt gegenseitig, so daß manchmal nur zwei Junge zur Welt kommen. Bereits eine Woche vor der Geburt stellen die Weibchen die Nahrungsaufnahme ein; dadurch wird sichergestellt, daß nicht versehentlich die eigenen Kinder ein Opfer des Appetits der Mutter werden. Mit wenigen Ausnahmen (Katzenhaie, Dornhaie) sind die Haie lebendgebärend.

Eine Reihe von Tieren sind ständige Begleiter der Haie, sei es als Parasiten oder als Tischgenossen, als Kommensalen. Jeder größere Hai besitzt einen oder mehrere Schiffshalter (Echineis), die, an Bauch oder Unterkiefer festgesaugt, als blinde Passagiere von den Mahlzeiten des großen Hais partizipieren. Pilotfische sind ständige Begleiter der Hochseehaie, wahrscheinlich aus dem gleichen Grunde, ebenso große Makrelen.

Es ist immer noch nicht geklärt, ob diese ständigen Begleiter reine Tischgenossen sind oder ob der Hai irgendeinen Nutzen von ihnen hat. Tatsache ist, daß Haie auch von Parasiten arg drangsaliert werden. Hierzu gehören verschiedene Ruderfußkrebse und Fischasseln, sowie Rundwürmer und Egel, die sich mit Vorliebe im Mund- und Kiemenraum festsetzen, wo die Haut besonders dünn und schuppenlos ist. Es ist klar, daß ein Schiffshalter nicht im Maul eines Riesenhais herumpaddelt, um ihn von Parasiten zu befreien; möglicherweise frißt er aber sogenannte Ektoparasiten. Dazu eine Beobachtung aus dem Roten Meer: Neben einem mittelgroßen Riffhai, der fast regungslos in der starken Strömung stand, schwamm eine Stachelmakrele (Caranx spec.), vielleicht 50 Zentimeter lang. Immer wieder stieß sie auf den Hai hinunter und schien ihn heftig zu beißen. Da der Hai diesem Verhalten gegenüber völlig gleichgültig schien und von Stachelmakrelen weder Brutpflege noch Territorialverhalten bekannt ist, bleibt eigentlich nur der Schluß, daß dieser kleinere Räuber Hautparasiten entfernte. Gerade die großen Hochseehaie werden oft von einem ganzen Geschwader von Lotsenfischen (Naucrates) und Schiffshaltern begleitet.

Feinde der Haie sind insbesondere die größeren Arten. Delphine, Seekrokodile und Igelfische sind als Bedrohung für ausgewachsene Haie wohl von untergeordneter Bedeutung.

Über die Gefährlichkeit von Haien ist schon genügend spekuliert worden, so daß wir uns nur noch kurz einigen Verhaltensweisen dieser Fischgruppe widmen wollen, die mit sehr großer Wahrscheinlichkeit einen Angriff nach sich ziehen. Es handelt sich um das in der englischen Literatur als „agonistic display" bezeichnete Verhalten, das mit dem Begriff Drohverhalten nicht ganz ausreichend übersetzt ist und bei mehreren Riff- und Hammerhaien beobachtet wurde. Dabei schwimmt der Hai sehr langsam und beginnt, um die Längsachse zu rollen, während er wie ein Kater „buckelt". Um sich im Wasser zu stabilisieren, sind die Brustflossen parallel zum Grund ausgerichtet. Wenigstens in einem Fall ist auf dieses Verhalten im unvermittelten Angriff mit fatalen Konsequenzen erfolgt. Wahrscheinlich handelt es sich um eine gesteigerte Form des Imponierschwimmens, bei der übertriebene Bewegungen ausgeführt werden, um einen Eindringling zu warnen oder zu vertreiben. Es stellt also eine Form innerartlicher Kommunikation dar.

Seeschlangen *(Hydrophiidae)*

Wissenschaftliche Bezeichnungen:
Unterfamilie Laticaudinae (13 Arten); Unterfamilie Hydrophiinae (39 Arten); Gattungen: Enhydrina, Pelamis, Hydrophis, Emydocephalus, Aipysurus, Lapemis, Astrotia, Laticauda

Ausländische Bezeichnungen:
Sea-snake (engl.); Serpent de mer (franz.); Balinkasaw (Tagalog/Philippinen)

Verbreitungsgebiete:
Warme, tropische Gewässer von Ostafrika, Golf von Persien, Golf von Oman bis Zentralpazifik. Hauptverbreitungsgebiet ist der westliche Pazifik mit den Gewässern um Australien und die Philippinen. Eine Art bis zum Golf von Panama, Baja California.
Text: Dr. Heinz Gert de Couet
Fotos: Armin Kempfer

Verletzungen und Vergiftungen

Bei fast allen Schlangen (Ausnahme: Speikobra) erfolgt die Vergiftung durch den Biß des Tieres. Das Gebiß besteht aus einer Reihe nach hinten gerichteter Fangzähne, der Oberkiefer besitzt zusätzlich im vorderen Teil jederseits zwei, seltener einen Giftzahn. Die Giftdrüsen befinden sich unterhalb und hinter den Augen vor den Gehörknochen. Es handelt sich um je ein länglich-ovales Organ auf jeder Seite des Kopfes, das vorne in den Giftkanälen mündet. Die Giftzähne besitzen einen dünnen Kanal, durch den das Toxin beim Biß austritt.

Die Symptome der Vergiftung treten erst sehr spät nach dem erfolgten Biß auf, der in der Regel völlig schmerzlos ist. Sehr tückisch ist die Verletzung dadurch, daß äußere Anzeichen einer Verletzung oder Vergiftung wie Blutungen, Schwellungen und lokale, unregelmäßige Blutergüsse nicht auftreten. In manchen Fällen waren die Betroffenen nicht in der Lage, ihren schlechten Allgemeinzustand mit der geringfügigen Verletzung in Zusammenhang zu bringen. Grundsätzlich hängt die Schwere und die Geschwindigkeit der Vergiftung von zwei Faktoren ab:

1. Von der Menge des injizierten Giftes, die in erster Linie davon abhängt, wann die Schlange zum letzten Male gebissen hat. In der Regel müssen einige Tage vergehen, bis eine Schlange wieder über ihre volle Giftmenge verfügt. Zum anderen können die meisten Schlangen die Giftmenge bestimmen, die sie injizieren. Beim Verteidigungsbiß geben sie weniger Gift ab als beim Jagdbiß.
2. Von der betroffenen Stelle. Ist ein Gefäß getroffen, verteilt sich das Gift sehr rasch im ganzen Organismus und ruft schwere Vergiftungen hervor. Ist lediglich ein Muskel betroffen, verteilt sich das Toxin weitaus langsamer, die Symptome setzen entsprechend später ein und sind wirkungsvoller zu bekämpfen.

Die ersten Anzeichen einer Vergiftung machen sich frühestens 20 Minuten nach dem Biß bemerkbar; meistens vergehen aber 60 bis 90 Minuten, bis sich die Vergiftung bemerkbar macht. Das Toxin enthält eine äußerst wirksame neurotoxische Komponente, die für Lähmungserscheinungen verantwortlich ist, aber auch eine myotoxische Komponente, die schwere Schädigungen des Bewegungsapparates hervorruft. Weiterhin enthält das Gift Lecithinase, das rote Blutkörperchen zerstört und für eine ra-

sche Ausbreitung der Giftstoffe in der Umgebung des Bisses sorgt. Zuerst wird das Bewegen der Glieder immer schwieriger, dann verschwinden die Reflexe, und es treten massive Lähmungen auf. Manchmal ist die Vergiftung von einer merkwürdigen Euphorie des Betroffenen begleitet, häufiger aber treten Muskelschmerzen in Verbindung mit Angstzuständen auf. Die bald darauf einsetzenden Lähmungserscheinungen beginnen bei den unteren Extremitäten und pflanzen sich bis zum Oberkörper fort. Typische Symptome sind erschlaffende Augenlider und die Unfähigkeit, den Kiefer zu bewegen, wodurch der Betroffene den Eindruck eines Schlafenden macht, dabei aber bei vollem Bewußtsein ist. Der Puls wird unregelmäßig und schwach, die Pupillen sind weit geöffnet und reagieren nicht mehr auf Lichteinfall. Während dem Betroffenen das Atmen und Sprechen immer schwerer fällt, klagt er über Durst und einen trockenen Hals. Übelkeit und Erbrechen wurden als weitere Symptome der Vergiftung beschrieben. Neben den Lähmungen können Muskelzucken und Krämpfe auftreten. 3 bis 6 Stunden nach dem Biß wird das Auftreten von Atmungspigmenten im Urin beobachtet, welche die Folge der Schädigungen im Muskelgewebe und der Blutzellen sind. Bei schweren Vergiftungen tritt Facialis-Lähmung auf (mimische Muskulatur). Die Haut des Betroffenen fühlt sich kalt an, wird blau und feucht. Der Tod tritt durch Atemlähmung ein.

Erste Hilfe

Die einzige vernünftige und wirksame Hilfe im Falle eines Seeschlangen-Bisses ist die möglichst rasche Injektion eines Schlangengiftes oder Antivenins, das durch Injektion geringer Giftmengen in Pferde, Rinder oder Schweine produziert wird. Die Tiere reagieren auf das Gift mit der Produktion eines spezifischen Antikörpers, der in der Lage ist, das Schlangengift zu neutralisieren. Natürlich produziert auch der Mensch Antikörper gegen das Schlangengift, so daß nach mehreren, überlebten Bissen eine völlige Immunität eintritt. Es ist bei Verwendung eines Antivenins darauf zu achten, daß eine genügend hohe Dosis verabreicht wird, die ganz bestimmt in der Lage ist, das ganze Toxin zu neutralisieren. Aufgrund der nahen Verwandtschaft der Gifte von Kobras (Elapidae) und Seeschlangen, sind auch Seren gegen deren Gifte teilweise wirksam und sollten verab-

reicht werden, wenn keine Alternative bereit steht. Informationen über den Bezug und die Verwendung von Antiveninen gibt in Deutschland die Fa. Behring-Werke AG, Postfach 167, 3550 Marburg. Im Ausland können folgende Institutionen Schlangenseren liefern: Australien – Commonwealth Serum Laboratories, Parkville, Melbourne; Indonesien – Perusahaan Negara Bio Farma, Djalan Pasteur, Bandung; Formosa – Taiwan Vaccine Serum Laboratory, 130 Fuh-lin Road, Shiling, Taipei; Thailand – Queen Saovabha Memorial Institute, Bangkok.
Alle herkömmlichen Methoden zur Bekämpfung von Schlangenbissen wie Abbinden, Aussaugen und Ausbrennen der Wunde haben nur kurzzeitige Effekte, wenn überhaupt. Der Verletzte sollte nach erfolgtem Biß jede überflüssige Bewegung vermeiden, um den Kreislauf nicht anzuregen und damit für eine schnelle Ausbreitung des Toxins zu sorgen. Wenn eine Staubinde angebracht wird, ist unbedingt darauf zu achten, daß diese alle 30 Minuten gelockert wird, um die Sauerstoffversorgung des betroffenen Gliedes aufrecht zu erhalten (immer zwischen Herz und Einstichstelle). Mindestens 20 ml eines wirksamen Antivenins sollten so schnell wie möglich verabreicht werden; da dies intravenös erfolgen soll, ist eine Behandlung durch Laien nicht angebracht.

Erkennungsmerkmale

Obwohl fast alle Seeschlangen sehr auffällig gezeichnet sind, ist es im einzelnen nicht einfach, die über 50 Arten auseinanderzuhalten und auf eine Beschreibung ihrer Eigenheiten soll hier verzichtet werden. Gelegentlich kann man aber allein vom Verbreitungsgebiet der Schlange auf die Art schließen. Alle bekannten Seeschlangen sind außerordentlich giftig, doch ist es im Falle einer Vergiftung möglicherweise sehr wichtig, die Art zu kennen, um dem Arzt eine gezielte Behandlung zu ermöglichen. Wenn es irgendwie geht, ist die betreffende Schlange zu fangen und dem Arzt zu zeigen.
Kennzeichnend für fast alle Seeschlangen ist ein starker Helldunkel-Kontrast in der Körperzeichnung. Die Gelblippen-Seeschlange (Pelamis platurus) ist oben ganz dunkel, unten völlig gelb. Enhydrina schistosa ähnelt in der Zeichnung der europäischen Kreuzotter, weil sie ein auffallendes Zick-Zackmuster auf dem Rücken trägt. Die Gattung Hydrophis zeichnet

schwarz-blau-gestreiften Seeschlange wirkt auf
Raubfische freßhemmend (l.o.) Eine schön
gezeichnete Seeschlange ist Hydrophis ornatus.
Sie gehört zu der artenreichsten Gattung (r.o.).
Eine der größten Seeschlangen der australischen
Gewässer ist Lapemis hardwickii (l.m.).
Die Arten der Gattung Laticauda zählen zu den
amphibischen Seeschlangen. Sie sind wenig
beißlustig. Hier Laticauda columbrina (r.m.).
Die Arten der Gattung Hydrophis haben sehr
schlanke Vorderkörper im Gegensatz zum
massigen Hinterteil. Hydrohis cantoris (l.u.).
Ein junges Exemplar der größten und kräftigsten
Seeschlange Astrotia stokesi (r.u.).
Rechte Seite: Nachtaufnahme einer grazilen
Seeschlange, die gerade ihren Kopf in den Sand
nach Futter gräbt (o.). Eine geringelte
Seeschlange verfolgt eine Oliv-Seeschlange
(Aipysurus laevis, r.u.). Eine Nahaufnahme
einer Oliv-Seeschlange, die zu den giftigsten
Arten gehört (l.u.).

Seeschlangen

sich durch ein geringeltes Muster aus, ebenso die Gattung Laticauda. Seeschlangen sind selten größer als 1 bis 1,5 m, einige werden aber bei 3,5 m Länge so dick wie der Oberarm eines Mannes. Der Kopf ist normalerweise groß und breit, nur bei sehr speziellen Seeschlangen-Arten bleibt er recht klein im Verhältnis zur Körperlänge.

Lebensraum und Verbreitungsgebiete

Mit einer Ausnahme sind Seeschlangen Bewohner der nahen Küstenregionen des ganzen tropischen Pazifik. Aus unbekannten Gründen sind die Gewässer um Neu-Guinea, Salomonen-Inseln, Fidji und dem malayischen Archipel bis zu den Philippinen besonders reich an Arten und gelegentlichen Massenvorkommen.
Eine mögliche Begründung könnte darin liegen, daß die Entstehung von wasserlebenden Giftschlangen in diesem geografischen Raum stattgefunden hat; verschiedene Gründe, auf die noch ausführlicher eingegangen werden soll, sprechen dafür. Die einzige pelagische, das heißt hochseebewohnende Art, ist die Gelblippen-Seeschlange (Pelamis platurus), die man gelegentlich auf offenem Meer, an der Oberfläche treibend, beobachten kann. Besonders bei ruhiger See läßt sich diese Art gerne zum Sonnen an der Oberfläche zusammengerollt mit der Strömung verdriften. Gleichzeitig hat diese Art das größte Verbreitungsgebiet. Sie ist zwischen Ostafrika und Mittelamerika (Golf von Panama) anzutreffen. Aus der letztgenannten Region sind auch Massenansammlungen bekannt geworden. Enhydrina schistosa, die als die gefährlichste aller Seeschlangen gilt, bewohnt den Golf von Persien, das chinesische Meer und die Nordküste Australiens (Torres-Straße). Als zoologische Kuriosität sei noch die Art Hydrophis semperi erwähnt, die als einzige Seeschlange im Süßwasser lebt,

und zwar ausschließlich im Taal-See auf der Philippineninsel Luzon, wenig südlich von Manila. Der Atlantik ist gänzlich frei von Seeschlangen, weil die Landbrücke zwischen Süd- und Nordamerika bereits bestand, als die Seeschlangen bei ihrer Ausbreitung nach Osten den Kontinent erreichten. Die kalten Gewässer des Humboldt-Stromes verhindern eine Ausbreitung der Seeschlangen nach Süden.

Lebensweise und Ernährung

Das gesamte Leben der Seeschlangen spielt sich im Meer und unter der Wasseroberfläche ab. Mit ihrem seitlich abgeflachten, ruderförmigen Schwanz sind die Seeschlangen perfekt an ihre Umgebung angepaßt; die meisten Seeschlangen sind ausgezeichnete, schnelle und wendige Schwimmer, die sich mit der gleichen Geschicklichkeit nach vorne und rückwärts bewegen können. Die Schwimmbewegung selbst wird durch eine wellenartige Bewegung durch den ganzen Körper bewerkstelligt, ähnlich der Schwimmweise von Muränen und Aalen. Auf dem Land sind sie dafür fast hilflos.
Die Lebensweise der Seeschlangen ist mehr oder weniger bodengebunden, mit Ausnahme der schon erwähnten Gelblippen-Seeschlange, das heißt, sie suchen sich Ruheplätze und Verstecke in Riffspalten und -löchern. Ihre Nahrung, überwiegend kleine Fische, erbeuten sie schwimmend, wobei sie ihre Giftzähne einsetzen. Für gewöhnlich werden Fische mit dem Kopf zuerst verschlungen, damit sich die Flossenstacheln der Opfer nicht in den Schlund der Schlange bohren.
Seeschlangen haben trotz ihrer Giftigkeit viele Feinde. Man hat sie in den Mägen großer Zackenbarsche und Haie gefunden. Seevögel greifen treibende Schlangen an und verschlingen sie. In diesem Zusammenhang ist es erwähnenswert, daß viele Hochseebewohner – egal zu welchem Tierstamm sie gehören – oberseits eine dunkle (oft blaue) Färbung zeigen, auf der

Unterseite aber hell sind. Die im freien Meer lebende Gelblippen-Seeschlange weist diesbezüglich das gleiche Prinzip auf. Eine dunkle Farbe hebt sich natürlich weniger von der Umgebung ab als eine helle und stellt damit einen gewissen Schutz vor Raubvögeln dar. Umgekehrt wird eine helle Färbung auf der Unterseite gegen die Oberfläche schlechter von Raubfischen gesehen. Die auffälligen Muster der übrigen Seeschlangenarten lassen sich als eine Art Warntracht ansehen.
Zu den aggressiven bzw. leicht reizbaren Arten wird Enhydrina schistosa gezählt, die im indonesischen Raum und in den nordaustralischen Gewässern häufig vorkommt. Gleichzeitig ist diese Schlange die giftigste der Familie wegen ihres enormen Toxinvorrates, der ausreicht, um 25 bis 30 Menschen zu töten. Aus den australischen Gewässern ist Aipysurus laevis eine besonders gefährliche Art. Diese olivfarbene Seeschlange soll sich nach zuverlässigen Berichten aus „Neugier" Tauchern nähern und sie verfolgen.
Im Bereich der Philippinen kommen mehrere Arten der Gattung Laticauda vor, die alle auffallend geringelt sind. Die Vertreter dieser Gattung sind als wenig angriffslustig und träge bekannt.
Nicht viel ist bekannt über das Liebesleben der Seeschlangen. Die Paarungszeit ist wahrscheinlich für die meisten Arten der Sommer; sie wird im Schwimmen vollzogen. Mit Ausnahme der Gattung Laticauda sind Seeschlangen lebendgebärend, als Anpassung an das Wasserleben. Bei einem Wurf kommen nur 2 bis 6 Junge zur Welt. Ihre Länge beträgt bei der Geburt ein Drittel bis die Hälfte des Muttertiers.
In den Monaten Juni bis September kommt es im Gebiet der Philippineninsel Gato, nördlich von Cebu, zu Massenansammlungen von Seeschlangen der Gattung Laticauda, die in diesem Gebiet ihre Eier in Felsspalten der Uferregion ablegen. Dieses Verhalten wird als ein Zeichen stammesgeschichtlicher

Primitivität angesehen. Überhaupt ist diese Gattung noch am ehesten an das Landleben gewöhnt. Es wird behauptet, daß sie nachts an den Pfählen von im Wasser gebauten Fischerhütten im Sulu-Archipel emporklettern, um sich einen warmen Platz zu suchen. Tagsüber sind diese Schlangen sehr träge und bewegungsfaul.

Biologische Besonderheiten

Drei Ordnungen innerhalb der Reptilien haben vor einigen Millionen Jahren das Meer als Lebensraum zurückerobert, das ihre Vorfahren einmal verlassen hatten, um das Land zu besiedeln. Jede dieser Ordnungen war bereits an besondere Verhältnisse auf dem Lande angepaßt, bevor sie sich auf den aquatischen Raum spezialisierte. Am vollständigsten haben die Seeschlangen diesen Übergang vollzogen, denn die meisten unter ihnen sind in keiner Phase ihres Lebens auf das Land angewiesen, während zum Beispiel die Meeres-Schildkröten zur Eiablage einen angestammten Platz an einem Meeresstrand aufsuchen müssen.
Das größte Problem für ein ehemals landlebendes Tier im Meer ist das Salz, das es ständig mit der Nahrung zu sich nimmt, ohne daß es eine Flüssigkeitsquelle zur Verfügung hat. Normalerweise wird überschüssiges Salz von den Nieren in einer entsprechenden Menge an Wasser wieder ausgeschieden. Im Falle der meeresbewohnenden Schlangen hätte das nach kurzer Zeit ein völliges Austrocknen des Körpers zur Folge. Also scheiden diese Tiere das Salz ohne die entsprechende Flüssigkeit aus. Dazu besitzen sie spezielle Salzdrüsen unter der Zunge. Allerdings können sie nicht jeden beliebigen Salzgehalt tolerieren. Bereiche oberhalb 36 %, wie sie zum Beispiel im Roten Meer vorkommen, werden nicht mehr vertragen, weshalb es dort auch keine Seeschlangen gibt. Umgekehrt können sie problemlos in Brack- und Süßwasser eindringen.
Seeschlangen können stundenlang tauchen; es erhebt sich sogar die Frage, ob sie überhaupt an der Oberfläche Luft holen müssen, um nicht zu ersticken. Ihre verschließbaren Nasenlöcher sind zur Erleichterung der Atmung an der Oberfläche auf die Kopfoberseite gerückt. Die Mundschleimhäute sind gefältelt und reich mit Blutgefäßen versorgt, so daß sie möglicherweise die Funktion von Kiemen übernehmen können.

Schädel und Fanggebiß der Gelbbinden-Seeschlange Pelamis platurus. Die Giftdrüse liegt unter dem Auge und mündet in die beiden vorderen Fangzähne.

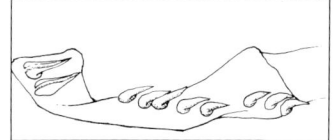

Aufsicht auf den rechten Teil des Oberkiefers einer Seeschlange, von unten. Man beachte die beiden vorderen Giftzähne mit den Toxinkanälen.

Kraken *(Octopoda)*

Lateinische Bezeichnungen:
Octopus spec.
Hapalochlaena Maculosa =
Blaugefleckter Krake

Deutsche Bezeichnungen:
Oktopus, Polyp, achtarmige
Tintenfische

Ausländische Bezeichnungen:
pieuvre, octopus, poulpe (franz.); pulpo (span.); polpo (ital.); octopus (engl.)

Verbreitungsgebiete:
Der gefährliche Blaugefleckte Oktopus bewohnt das autralische Barriere-Riff, vor allem den nördlichen Teil, Neu Guinea und die Salomonen-Inseln bis zu den Philippinen. Er ist überall selten. Kraken bewohnen im allgemeinen alle warmen und gemäßigten Breiten einschließlich des Mittelmeeres.

Text:
Dr. Heinz Gert de Couet

Fotos:
A. van den Nieuwenhuizen

Verletzungen und Vergiftungen

Alle Kopffüßer (Cephalopoden) besitzen einen papageienartigen Schnabel im Zentrum ihrer Fangarme, mit denen sie normalerweise ihre Beutefische und -krebse zerbeißen. Beim Biß injiziert der Krake verschiedene Verdauungsenzyme und -gifte aus zwei Speicheldrüsen in die verursachte Wunde. Die Verletzung selbst ähnelt einer durch eine Kneifzange entstandenen Verletzung, da der Schlund außerordentlich muskulös ist.
Ein Fall mit tödlichem Ausgang, vermutlich verursacht durch den Blaugefleckten Oktopus, ist aus Australien bekannt. Ein Taucher hatte mit einem Kraken hantiert und ihn über seine Hand zur Schulter spazieren lassen. Eine Zeitlang saß er im Nacken des Tauchers und verursachte dort einen fast unsichtbaren Biß, der kaum blutete. Wenige Minuten nach dem Biß verspürte der Taucher ein trockenes Gefühl im Mund und bekam Schluckbeschwerden. Als er das Wasser verließ, mußte er erbrechen und verlor die Kontrolle über seine Bewegungen. Schließlich bekam er Atembeschwerden und konnte nicht mehr sprechen. Zwei Stunden nach dem Biß starb er trotz künstlicher Beatmung (Halstead 1959).
Im allgemeinen ist ein brennendes oder prickelndes Gefühl in der Wunde das erste Symptom einer Vergiftung durch Kopffüßer. Ansonsten stellen sich schnell und ohne begleitende Schmerzen fortschreitende Lähmungserscheinungen ein, die von einem tauben Gefühl an Mund und Nacken begleitet werden. Übelkeit und Erbrechen sind nicht selten; Atembeschwerden und schwere motorische Störungen einschließlich einer Lähmung der Augenmuskulatur und der Pupillen stellen sich ein. Das Opfer ist bei klarem Bewußtsein, auch wenn es nicht reagieren kann.
Neuere Bemühungen, den Giftstoff der Blaugefleckten Kraken zu isolieren und zu charakterisieren, resultierten in der Reinigung eines Toxins von sehr geringem Molekulargewicht und einem gewebeauflösenden Enzym (Hyaluronidase . Das Torin blockiert die Nerv-Muskel-Synapsen und wirkt als allgemeines Nervengift, ist jedoch nicht mit dem Curare wesensgleich, da sich seine Wirkung nicht mit Atropin beheben läßt. Außerdem wirkt es blutdrucksenkend.

Erste Hilfe

Den Betroffenen in stabile Seitenlage bringen und für freie Atmung sorgen, insbesondere bei Erbrechen. Man sollte versuchen, das Gift aus der Wunde auszuwaschen, eventuell dabei die Wunde durch einen Schnitt erweitern. Wenn noch keine Lähmung eingetreten ist, kann durch eine Staubinde die Ausbreitung des Toxins eingeschränkt werden.
Bei eintretenden Lähmungserscheinungen keine Getränke geben, und bei Atemnot mit künstlicher Beatmung beginnen, unter Umständen auch Herzmassage. Unbedingt einen Arzt holen, aber den Betroffenen nicht allein liegen lassen und ihm gut zureden.
Gegenmittel sind nicht bekannt. Auch Atemstimulantien sind während der stärksten Lähmungsphase praktisch wirkungslos. Die Dauer der Lähmungserscheinungen beträgt zwischen vier und zwölf Stunden. Danach kann mit stetiger Besserung gerechnet werden, und die Reaktion auf die Medikamente ist besser.
Als vorbeugende Maßnahme kann man als Taucher nur darauf achten, wo man in den gefährdeten Gewässern hingreift. Die meist nur wenige Zentimeter großen Kraken hocken tagsüber in kleinen Felsritzen und in leeren Muscheln.

Erkennungsmerkmale

Kraken sind leicht an den acht Fangarmen von anderen Kopffüßern zu unterscheiden. Der Eingeweidesack ist im Verhältnis zu den abgesetzten Augen und den Fangarmen klein und wirkt von oben wie eine überdimensionale Nase.
Den Kraken fehlt eine innere Schale, der Schulp, wie ihn zehnarmige Tintenfische besitzen. Die größte verbürgte Spannweite für Kraken beträgt zehn Meter bei einer Art, die die nordamerikanische Pazifikküste bewohnt. Die Arten des Mittelmeeres erreichen selten eine Spannweite von drei Metern, d. h. eine Länge von eineinhalb Metern. Der Blaugefleckte Oktopus der australischen Gewässer bleibt mit etwa 20 Zentimetern vergleichsweise klein. Er ist leicht an den leuchtend-blauen Punkten und Flecken zu erkennen.
Im Mittelmeer bewohnen drei völlig harmlose Arten überwiegend

111

Der Biß des etwa zwanzig Zenti-
meter kleinen Blaugefleckten
Oktopus (Hapalochlaene maculosa)
ist sehr giftig und kann für den
Menschen tödlich sein. Leicht ist
dieser Krake an den leuchtend-
blauen Punkten zu erkennen.

Kraken

felsige Küstengebiete: der Gewöhnliche Krake (Octopus vulgaris) mit zwei Saugnapfreihen auf jedem Arm. Er ist von mittelbrauner Farbe. Der Moschuskrake (Eledone = Ozoena moschata) bewohnt tiefere Meeresgebiete und ist recht selten. Er besitzt nur eine Reihe von Saugnäpfen auf jedem Fangarm. Der langarmige Krake (Octopus macropus) zeichnet sich durch seine auffallend langen Fangarme aus und bleibt kleiner als Octopus vulgaris.

Lebensweise und Ernährung

Die Kraken stellen die einzige Familie der Kopffüßer dar, die mit einer Ausnahme ganz zum Bodenleben übergegangen ist und damit auch einen Teil ihrer Schwimmfähigkeit eingebüßt hat. Der Verlust dieser Eigenschaft geht einher mit einer im ganzen Tierreich beispiellosen Fähigkeit, sich der Umgebung in Form und Farbe perfekt anzupassen (Mimese). Die Färbung ist sogar zu einem Ausdrucksmittel für Gefühle und Stimmungslagen geworden, was sehr bemerkenswert für einen recht primitiven Tierstamm ist.

Der Besitz einer äußeren oder inneren Schale, die für fast alle Weichtiere (Mollusca) typisch ist, wurde beim Oktopus ebenfalls im Interesse einer Fähigkeit aufgegeben, sich besser durch Spalten und Lücken bewegen zu können. Der Verlust dieses Schutzes zwingt den Oktopus, sich eine feste Behausung zu suchen, sei es eine Felsnische oder ein antikes Tongefäß.

Der Lebensraum der Kraken ist aber keineswegs auf felsige Küstengebiete oder Riffstrukturen beschränkt. Auf sandigem Grund bauen sie Burgen, die überwiegend aus Resten ihrer Opfer bestehen: Schneckengehäuse, Muschel- und Krebsschalen. Droht Gefahr durch einen Barsch oder eine Muräne, saugt der Krake alle verfügbaren Steinchen und Schalen in seiner Umgebung mit den Fangarmen an

und igelt sich damit regelrecht ein. Manchmal kommt es für Kraken zu unliebsamen Situationen, wenn ein Hummer der Wohnungsinhaber ist: Dann stehen sich zwei Konkurrenten gegenüber, die sich gegenseitig „zum Fressen gern" haben. Größe und Geschicklichkeit des Kraken entscheiden dann darüber, wer im Magen der anderen endet. Es ist mehrfach beobachtet worden, daß sogar kleinere Kraken einen Hummer regelrecht in Stücke gerissen haben.

Kraken sind getrenntgeschlechtlich. Üblicherweise nähert sich bei der Paarung das Männchen dem Weibchen, wobei es ständig die Farbe wechselt, wahrscheinlich weniger aus Erregung als vielmehr, um potentielle Nebenbuhler einzuschüchtern. An ihrem zweiten Armpaar besitzen die Männchen besonders große Saugnäpfe, die dem Weibchen zeigen, während sie sich nähern. Dies geschieht vermutlich als Zeichen einer ganz bestimmten Absicht. Würden sie dies nicht tun, würde das Weibchen sie als bloße Eindringlinge in das fremde Territorium ansehen und angreifen.

Der dritte rechte oder linke Fangarm des Männchens ist zu einem speziellen Begattungsorgan, dem Hectocotylus, ausgebildet. Mit diesem Arm wird die Spermatophore, eine samenhaltige Kapsel, in einer speziellen Furche aufgenommen und in die Mantelhöhle des Weibchens eingeführt. Manchmal geschieht dies aus größerer Distanz, mitunter läuft das Liebesspiel aber auch ganz stürmisch ab und zieht sich über mehrere Stunden hin.

Nach der Begattung platzt die Spermatophore und entläßt die Samenfäden, die in der Mantelhöhle ihren Weg in den Eileiter finden. Die Ablage der Eier dauert bis zu einer Woche. In dieser Zeit befestigt das Weibchen bis zu 150.000 Eier in typischen Trauben an der Decke seiner Höhle. Die Entwicklung der Eier dauert etwa sechs Wochen bis zum Schlüpfen der winzigen Larven, die zunächst eine planktonische Lebensweise führen. Während dieser Zeit bewacht das Weibchen die Brut, reinigt die Eier, bläst ihnen mit dem Atemtrichter ständig frisches Wasser zu und entfernt die abgestorbenen Eier. Während der gesamten Entwicklungsperiode nimmt das Weibchen keine Nahrung mehr zu sich, wahrscheinlich, um ein Verschleppen von Zersetzungsprodukten und Bakterien zu verhindern. Kurz nach dem synchronen Schlüpfen der Jungen geht das Weibchen ein – ein Phänomen, das auch von anderen Kopffüßern beschrieben wird. Einmalig ist jedoch in dieser Gruppe die aufopfernde Brutpflege der Weibchen. Durchschnittlich erreichen nur zwei der vielen tausend Larven ein Lebensalter von zwei Jahren. Bereits nach dem Schlüpfen sind die jungen Kraken den Nachstellungen der Planktonfresser ausgesetzt. Nach wenigen Tagen wird die Larvalperiode beendet, und die Jungen gehen zum Bodenleben über. Außer von den zahlreichen Nachstellungen durch Fische werden Kraken von Parasiten und Infektionen geplagt, die besonders die empfindliche Haut befallen. Wahrscheinlich bedeuten schon kleine Verletzungen oft den Tod des Tieres durch Verpilzung der Wunde. Interessant ist, daß Kraken die Wirtstiere von parasitischen Mesozoen sind, einem sehr kleinen Tierstamm, der das Bindeglied zwischen ein- und mehrzelligen Lebewesen darstellt.

Lebensraum und Verbreitungsgebiete

Der sehr giftige Blaugefleckte Oktopus wurde in verschiedenen Gebieten des großen Barriere-Riffs bis hinaus nach Neu-Guinea und der Bismarck-See gefunden. Wahrscheinlich kommt er auch bei den Philippinen im Norden und den Molukken bis zu den Salomonen vor. Kraken bewohnen alle warmen und gemäßigten Breiten der Weltmeere und bevorzugen die flacheren Küstenregionen.

Biologische Besonderheiten

Zwei herausragende Eigenschaften charakterisieren den Oktopus: sein hervorragendes Sehvermögen, das mit dem eines Wirbeltieres vergleichbar ist, und seine hohe „Intelligenz", die er vielleicht aufgrund seiner Lebensweise entwickeln mußte. Es ist erwiesen, daß der Oktopus nur wenig voneinander abweichende Formen oder gleiche Formen unterschiedlicher Größe gut unterscheiden kann, auch wenn sie in unterschiedlichem Abstand oder aus verschiedenen Gesichtswinkeln gezeigt werden. Dabei ist sein Orientierungsvermögen in der Horizontalen besser als in der Vertikalen, was für ihn als bodenbezogenes Tier wichtiger ist. Alle diese Ergebnisse konnten nur durch die „Intelligenz"-Leistung der Kraken in Dressurversuchen ermittelt werden, bei denen die Kraken „wissen", daß sie bei der richtigen Entscheidung mit einem Häppchen belohnt werden – und

das lernen Kraken sehr schnell. Sie scheinen auch bald ihren Pfleger zu erkennen und legen jede Angst vor ihm ab.

Mögliche Gefühlsäußerungen in Form von Farbwechseln wurden bereits angesprochen. Anschaulich werden die „Intelligenz"-Leistungen der Kraken im Schiller-Labyrinth-Versuch gezeigt: Ein Aquarium ist durch ein Netz in zwei Abteile aufgeteilt, die über einen lichtdichten Tunnel mit zwei Schleusen verbunden sind. In der einen Hälfte sitzt der Krake, in der anderen eine Krabbe, die gesehen, ertastet und gerochen werden kann. Der Krake hat nun die Alternative, die Krabbe sehen zu können oder sie durch die Schleuse zu erreichen, ohne sie zu sehen. Dieser Teil der Aufgabe wird von 85 Prozent der Versuchstiere sofort richtig gelöst.

Hält man die Türen der Schleuse für eine bestimmte Zeit geschlossen, während das Versuchstier darin sitzt, vergißt der Krake erst nach mehreren Minuten, welches die „richtige" Tür ist.

Solche Gedächtnisleistungen sind an eine gewisse „Intelligenz" geknüpft und zeigen, daß der Krake einer der possierlichsten Meeresbewohner ist.

Für die hohe Entwicklung des Nervensystems spricht auch die herausragende Fähigkeit der Kraken zur Farbanpassung. Die über den Körper verstreuten Pigmentzellen werden durch mehrere Muskelzellen ausgedehnt, wodurch der Gesamteindruck einer dunklen Farbe entsteht. Da jede dieser Muskelzellen von einem eigenen Nerv (Axon) versorgt wird, ist es dem Kraken sogar halbwegs möglich, sich dem Muster eines Schachbretts anzupassen.

Neben dem Gesichtssinn spielt auch die chemische Wahrnehmung für den Kraken eine bedeutende Rolle. Die Spitzen seiner Fangarme sind besonders reich mit Sinnesnervenzellen ausgestattet.

Zu den Menschenfressenden Ungeheuern, die Schiffe und ihre Besatzungen in die Tiefe ziehen, wurden die Kraken erst durch die fantastische Literatur von Jules Verne und Victor Hugo. In der Antike sah man in den Kraken Glücksboten und schrieb ihnen segenspendende Wirkung zu. Tatsächlich gibt es nur einen Tiefsee bewohnenden Kraken, der durch Schwimmhäute zwischen den Fangarmen schweben und sich mit pumpenden Bewegungen wie eine Meduse fortbewegen kann. Auch diese Art bleibt weit unter der Größe, die man den Kraken angedichtet hat.

Drücker- und Feilenfische

(Balistidae und Monacanthidae)

Ausländische Bezeichnungen:
Triggerfish (engl.),
Bourse (franz.),
Sharam (arab.)

Verbreitungsgebiete:
Indopazifik, Karibik,

Mittelmeer, Rotes Meer,

Text und Fotos:
Dr. Horst Moosleitner

Verletzungen und Vergiftungen

Drückerfische können in mehrfacher Hinsicht aktiv und passiv gefährlich werden:
1. Der Genuß zahlreicher Arten von Drückerfischen gilt als giftig. Obwohl sie mit den Kugelfischen verwandt sind, ist ihr Gift nicht identisch mit deren Tetrodotoxin, sondern dem Ciguatera-Toxin zuzuordnen, einem Gift, das durch die Aufnahme giftiger Nahrung oder deren Vorstufe im Tier gebildet und gespeichert wird. Zum Glück sammelt sich das Gift in erster Linie in Eingeweiden, Leber, Eiern und Samen und weniger im Fleisch, so daß dieses größtenteils eßbar bleibt.
2. Die Drückerfische verfügen über ein kräftiges, schnabelartiges Gebiß, das tiefe Wunden zu schlagen vermag und z. B. Finger bis auf den Knochen freizulegen imstande ist. Manche Arten legen ihre Eier in Sandmulden ab und bewachen diese Gelege. Kommt man ihnen zu nahe, so greifen sie an und beißen blindlings zu.
Bei der Fütterung von Fischen unter Wasser, wie dies an manchen von Tauchtouristen stark frequentierten Stellen üblich ist, sollte man Vorsicht walten lassen. Allzu leicht könnte eine Fingerspitze im Maul eines großen Drückerfisches verschwinden.
3. Die Haut der Drückerfische ist von beweglichen, dicht aneinander schließenden Knochenplatten bedeckt. Diese tragen bei einigen Arten am Schwanzstiel und in den hinteren Körperpartien Dornen und Leisten, die den Skalpellen der Doktorfische ähneln und wie diese zur Abwehr mit Schwanzschlägen gegen den Angreifer eingesetzt werden sollen. Sie können daher Schürf- und Schnittwunden hervorrufen, die unangenehm brennen.

Erste Hilfe

Bei Vergiftung durch den Genuß von Drückerfischen gibt es keine Heilbehandlung; man kann nur hoffen, daß sie nicht allzu stark ausfällt und die auftretenden Beschwerden direkt behandeln (symptomatisch). Die Einheimischen von Neu-Kaledonien verwenden den wässrigen Auszug der Duboisia-Pflanze erfolgreich als Heilmittel.
Bei Biß- und Schnittverletzungen durch Drückerfische reicht normalerweise die übliche Wundbehandlung aus. In schweren Fällen ist ein Arzt beizuziehen; eventuell muß die Wunde genäht werden. Die Verwendung von schmerzstillenden Mitteln ist anzuraten.
Drückerfische sind also äußerst wehrhafte Tiere, von denen sich auch der Mensch in acht nehmen sollte. Das beste Mittel ist daher vorbeugen; man sollte ihnen eher aus dem Wege gehen und sie vor allem nicht essen.

Erkennungsmerkmale

Die Form der Drückerfische ist derart abweichend von der anderer Fische, daß man sie auf den ersten Blick erkennen kann. Der Körper ist länglich-rhombisch, der Kopf groß (er nimmt etwa ein Drittel des Körpers ein), das Maul klein. Eine Farblinie in Verlängerung des Maules soll einen riesigen Mund vortäuschen. Die Kiemenöffnung ist klein. Der stark gepanzerte Körper ist wenig beweglich, die Tiere sind daher keine guten Schwimmer. Sie bewegen sich hauptsächlich mit Hilfe der 2. Rücken- und Afterflosse, die wellenförmig oder zur Gänze in die gleiche Richtung schlagend der Fortbewegung dienen. Die anderen Flossen steuern und der Schwanzantrieb wird nur in größter Not und dann nur für kurze Strecken verwendet. Das gleichförmige Schlagen der Rücken- und Afterflossen haben die Drückerfische mit den Kugelfischen gemeinsam.
Die meisten Drückerfische sind auffällig bunt gefärbt, was sie zu beliebten Objekten der Seewasseraquarianer gemacht hat; sie sind jedoch sehr streitsüchtig und unverträglich.
Die Augen der Drückerfische erinnern an die der Chamäleons. Sie sitzen erhaben und können unabhängig voneinander bewegt werden. Die Tiere können ohne weiteres mit dem einen Auge Nahrungssuche betreiben und mit dem anderen den störenden Taucher beobachten.
Bekannte große Arten, die einen halben Meter Länge erreichen können, sind der Grüne Drückerfisch (Balistoides conspicillum) der allgemein als sehr giftig bezeichnete Leoparden-Drückerfisch (Balistoides conspicillium) und der Königin-Drückerfisch (Balistes vetula).
Die Feilenfische sind länglicher gebaut; ihre Haut ist sandpapierartig (daher der Name) und sie sind durchweg kleiner und unauffälliger; bis auf eine Art, Alutera scripta, die 1 m Länge erreichen kann.

Lebensraum und Verbreitungsgebiete

Große Drückerfische halten sich an Korallenriffen oder an derem Fuße auf; kleinere Arten bevorzugen seichte Riffterrassen und Lagunen. Sie sind in allen tropischen, manchmal auch subtropischen Meeren zu finden, eine Art gibt es sogar im Mittelmeer. Aus der Karibik werden etwa 10 Arten gemeldet, der Großteil lebt im Indopazifik, wo ca. 40 Arten vorkommen.
Von den Balistiden sind aus dem Roten Meer, bes. aus Israel der seeigelfressende Blaue Drückerfisch (Pseudobalistes fuscus) bekannt und vor der Umbria im Sudan der Grüne Drückerfisch (Balistoides viridescens); er dürfte mit einer Körperlänge von bis zu 75 cm einer der größten Drückerfische sein. Der Leoparden-Drückerfisch (Balistoides conspicillum) bewohnt den gesamten Indopazifik, der Königin-Drückerfisch (Balistes vetula) den karibischen Raum und Balistes carolinensis das Mittelmeer – er ist kein Einwanderer aus dem Roten Meer, wie oft behauptet wird.
Die Feilenfische halten sich meist in Tang- und Seegraswiesen auf, wo sie, hervorragend getarnt, kopfstehend zwischen den Pflanzen Schutz suchen. Sie gleichen sich nicht nur in der Färbung den Pflanzen an, sondern machen auch die Bewegungen in der Dünung derart gleich mit, daß sie fast nicht zu erkennen sind. Sie sind in der Lage die Färbung sehr schnell zu wechseln und neuen Gegebenheiten sofort anzupassen.

Der Grüne Drückerfisch (Balistoides viridescens) kann mit seinem kräftigen Gebiß tiefe Wunden verursachen, und an seiner mit spitzen Knochenplatten bedeckten Oberfläche kann man sich die Haut aufschürfen (großes Foto). Der Orangestreifen-Drückerfisch (Balistapus undulatus) frißt mit Vorliebe langstachelige Seeigel. Er beißt ihre Stacheln der Reihe nach so lange ab, bis sie ihm nicht mehr gefährlich werden können. Dann zieht er den Seeigel aus dem Versteck, trägt ihn zur Wasseroberfläche, läßt ihn nach unten sinken und greift ihn von der ungeschützten Unterseite her an (kleines Foto).

Drücker- und Feilenfische

Lebensweise und Ernährung

Die meisten Drückerfische sind standortgebundene Revierbesitzer mit einem fixen Unterschlupf als Heim erster Ordnung.

Die kräftige Bezahnung ermöglicht ihnen Korallen, Schnecken, Muscheln, Krebse u.a. hartschalige Tiere zu zerbeißen; einige fallen sogar über Stachelhäuter, wie etwa langstachelige Diademseeigel, die sonst keine Feinde haben, her. Hierbei verwendet der Blaue Drückerfisch folgende, am Sandgrund zur Suche nach verborgenen Schnecken und Muscheln sehr erfolgreiche

Methode: Er bläst einen Wasserstrahl unter den Seeigel, damit dieser umfällt und er auf der Mundseite, die nur kurze, stumpfe Stacheln besitzt und dadurch weniger geschützt ist, zubeißen und den Seeigel töten kann. Von oben her kann er dem Seeigel nicht beikommen. Ein anderer Drückerfisch, der Orangestreifen-Drücker (Balistapus undulatus), hat eine andere, langwierigere Lösung gefunden: Er beißt dem Seeigel so lange Stacheln ab, bis sie ungefährlich und dick genug sind, daß er die Tiere daran aus dem Schlupfwinkel ziehen kann. Dann trägt er sie gegen die Oberfläche und läßt sie nach unten sinken. Er selbst schwimmt schnell voraus zum Boden und stößt dann von der Unterseite her zu und tötet den Seeigel.

Biologische Besonderheiten

Die Drückerfische besitzen eine eigenartig geformte erste Rückenflosse: Sie besteht aus 3 Stacheln, die durch eine „Flossenspannhaut" miteinander verbunden

sind. Der 1. Stachel ist viel größer und dicker als die anderen, vorne rauh wie eine Feile, hinten glatt, und besitzt an der Basis eine Grube. Wird dieser Stachel aufgestellt, so zieht die Spannhaut die beiden anderen, kleinen, glatten Stacheln mit und der 2. drückt sich mit einer Verdickung seiner Basis in die Grube des ersten Stachels. Der 1. wird dadurch fixiert und bleibt, ohne weitere Muskelkraft aufwenden zu müssen in dieser aufrechten Stellung stehen. Sinn und Zweck dieser Einrichtung ist, daß sich der Fisch damit in einem Versteck, in das er kopfüber geflüchtet ist, fest verspreizen kann und es einem Feind unmöglich ist, ihn am Schwanz hervorzuziehen. Der Fisch kann erst wieder herauskommen, wenn er den am 3. Stachel befestigten Beugemuskel betätigt. Dieser zieht den mit einem Band (Ligament) verbundenen 2. Stachel aus seiner Verankerung und der 1. Stachel kann umgelegt werden.

Da diese Einrichtung dem Drücker eines Gewehres mit Sicherung ähnelt, werden die Tiere Drückerfische genannt. Die eingeborenen

Fischer haben die Funktion des „Drückermechanismus" erkannt. Sie verfolgen die Tiere, greifen in das Versteck, betätigen durch Fingerdruck auf den Beugemuskel den Lösemechanismus und ziehen das Tier heraus.

Die Feilenfische haben einen ähnlichen Mechanismus, der jedoch nur aus 2 Stacheln besteht. Außerdem besitzen sie anstelle der Bauchflosse einen mit einer Hautfalte verbundenen Stachel, der ebenfalls aufgerichtet werden kann und so nicht nur zum Festkeilen sondern auch zur Vergrößerung der Körperoberfläche bei Rivalitätskämpfen und zum Schutz vor Freßfeinden dient.

Zahlreiche Drückerfische sind in der Lage, Töne von sich zu geben, die nicht im Maul entstehen. Die Fische erzeugen die Töne dadurch, daß sie mit Hilfe der an der Schwimmblase anliegenden Muskulatur einen langen Knochen bewegen, der auf das Schlüsselbein niederfällt. Der dabei entstehende knacksende Laut wird durch die Schwimmblase verstärkt und kann gut nach außen dringen, da an einer Stelle hinter der Kiemenöffnung die Körpermuskulatur ausgespart ist und die herzförmige Schwimmblase bis an die Oberfläche reicht. Hier liegt eine dünne Haut (Tympanum) unter einigen vergrößerten Schuppen, die sich bei der Lauterzeugung deutlich sichtbar heben und senken. Rhythmische Muskelkonzentrationen können so unter Wasser laut wahrnehmbare kurze Geräusche, Trommeln oder Grunzen genannt, hervorrufen. Man kann die Schallerzeugung durch leichten Fingerdruck auf das Tympanum unterbrechen.

Manche Drückerfische machen im Laufe ihrer Entwicklung große farbliche Veränderungen durch: Der Blaue Drückerfisch (Pseudobalistes fuscus) z.B. ist in seiner Jugend hellgelb gefärbt mit verstreuten schwarzen Punkten und Flecken. Später treten blaue Linien auf, die immer breiter werden und schließlich das Gelb ganz verdrängen. Der erwachsene Fisch ist dunkelblau mit gelben rückwärtigen Rändern der Flossen.

Die großen Farbunterschiede zwischen Jugend- und Alterskleid führten dazu, daß beide als verschiedene Arten beschrieben wurden. Rüppel bezeichnete z.B. 1835 junge Blaue Drückerfische als Balistes rivulatus und alte als Balistes caerulescens.

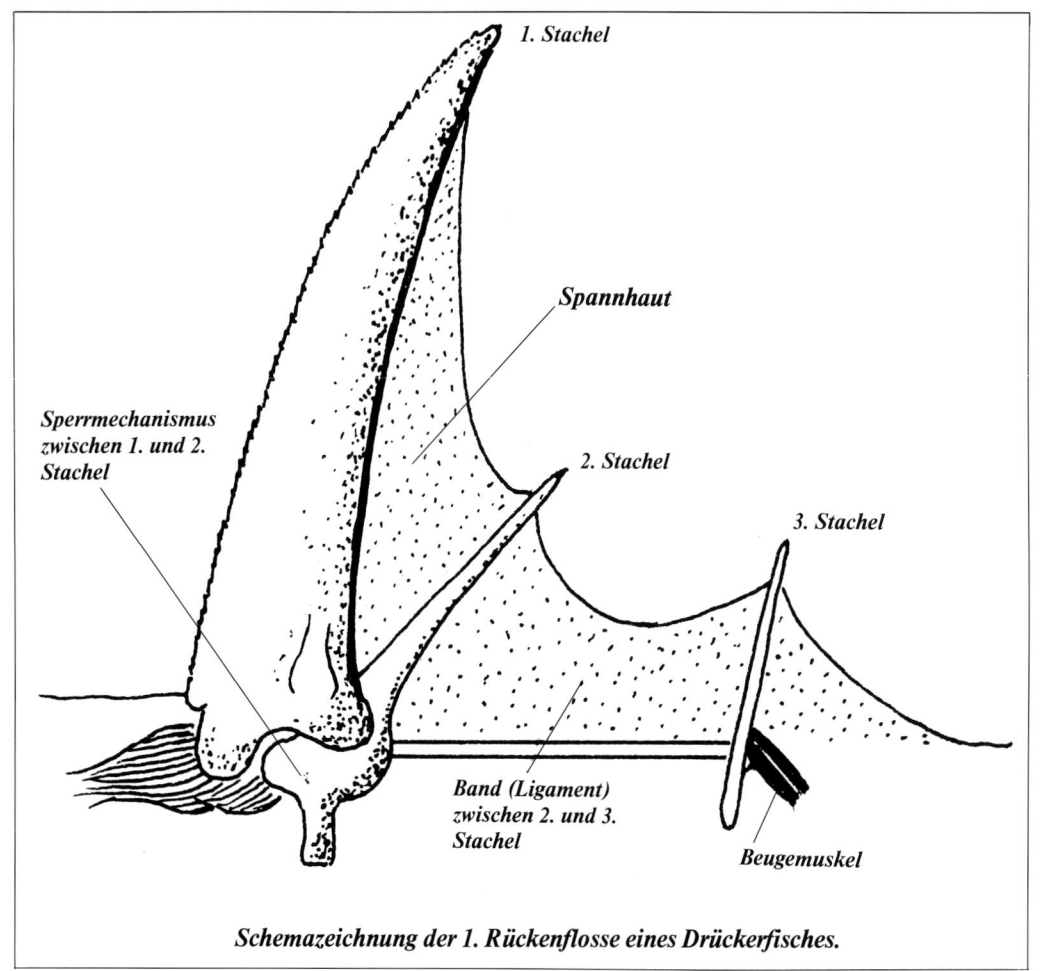

Schemazeichnung der 1. Rückenflosse eines Drückerfisches.

1. Stachel

Spannhaut

Sperrmechanismus zwischen 1. und 2. Stachel

2. Stachel

3. Stachel

Band (Ligament) zwischen 2. und 3. Stachel

Beugemuskel

Zehnfußkrebse *(Decapoda)*

Andere deutsche Bezeichnungen: Hummer, Krabbe, Einsiedlerkrebs, Seespinne
Ausländische Bezeichnungen: lobster, crab, hermit crab, crayfish (engl.); homard, crabe, crevette, crevisse (franz.); aragosta, gambero (ital.)

Verbreitungsgebiete: Nordsee, Ostatlantik, Mittelmeer, Indopazifik

Text und Fotos: Dr. Horst Moosleitner

Verletzungen und Vergiftungen

Durch Krebstiere sind zwar keine Vergiftungen zu erwarten; die großen Arten von Krabben und Hummern mit ihren oft riesigen Zangen und Scheren sind jedoch in der Lage, kräftige Wunden zu verursachen, so daß es der Vollständigkeit halber nötig ist, diese Tiere in die Liste der gefährlichen Meeresbewohner aufzunehmen.

Das erste Beinpaar dieser Krebstiere ist meist zu sehr großen Scheren ausgebildet, die nicht nur dem Ergreifen der Beute, sondern auch der Verteidigung dienen. Fühlt sich ein Krebs in die Enge getrieben, so nimmt er eine Abwehrposition ein, die weit geöffneten Scheren dem „Angreifer" entgegengestreckt, stets bereit, zuzuschlagen.

Viele Arten sind in der Lage, mit ihren Scheren Muscheln zu knacken. Man kann sich also vorstellen, daß die menschliche Haut diesen gewaltigen Kräften wenig Widerstand zu leisten vermag, also sehr schnell durchtrennt ist, und eine Schere den Finger leicht bis auf den Knochen durchschlagen kann. Erwischt ein großer Krebs einen Finger an den Gelenken zwischen den Fingerknochen, so ist es ohne weiteres möglich, daß ein Fingerglied abgetrennt wird.

Meist schlagen die Krebse nicht nur kräftig zu, sondern lassen auch nicht mehr los. Ein in den Finger verbissener Krebs bleibt auch daran hängen, wenn man das Wasser verläßt. Manchmal muß man sogar zu technischen Hilfsmittel greifen, um die Scheren zu öffnen.

Häufig sind die Scheren der ersten Beinpaare nicht gleich, sondern in Größe und Feinbau verschieden. So besitzt der Hummer eine größere Schere, die mit außerordentlich breiten, großen Kuppen besetzt ist und besonders zum Zerknacken von Muscheln geeignet ist, und eine etwas kleinere Schere mit vielen feinen Zähnen, die dem Zerkleinern der Beute dient. Ob die rechte oder linke Schere die größere ist, hängt vom Zufall ab; häufig wird aber von jeder Art eine bestimmte Seite vorgezogen.

Man muß sich daher hauptsächlich vor den größeren Fangscheren in acht nehmen, denn sie schlagen am ehesten zu. Manche Arten greifen auch mit beiden Scheren an.

Erste Hilfe

Von abwehrbereiten Krebsen läßt man am besten seine Finger, und großen Hummern geht man überhaupt aus dem Wege.

Will man die Tiere fangen, so sind dicke Handschuhe ein annehmbarer, aber nicht vollkommener Schutz. Man muß versuchen, die Tiere vom Rücken her zu fassen zu kriegen, was bei flinken Arten gar nicht so leicht ist.

Durch Krebsscheren verursachte Wunden schmerzen sehr, bluten selten stark, führen aber häufig zu Blutergüssen. Die Wunden sind sorgfältig zu desinfizieren und zu verbinden. Die übliche Wundbehandlung und ein Heftpflaster reichen meist aus.

Sollte man das Pech haben, daß einem ein Fingerglied abgetrennt wurde, so ist dieses nach Möglichkeit mitzunehmen und sofort – nach Abbinden des Fingerrestes – ein Krankenhaus aufzusuchen. Die moderne Unfallchirurgie ist ohne weiteres in der Lage, abgetrennte Fingerglieder wieder „anzunähen", sofern inzwischen nicht zu viel Zeit vergangen ist.

Erkennungsmerkmale

Alle „gefährlichen" Krebse zählen zu den Zehnfüßlern (Decapoda), die neben einem allen Krebsen eigenen Hautpanzer über zehn Beine (fünf Paare) verfügen. Sie kommen in zwei Erscheinungsformen vor: „langschwänzige" Krebse, zu denen Flußkrebs, Hummer, Languste, Einsiedlerkrebs u.a. zählen, und „kurzschwänzige" Krebse, die Krabben (Brachyura).

Die erwähnten fünf Beinpaare sind meist unterschiedlich gestaltet, und zumindest die ersten tragen oft gewaltige Scheren. Die Männchen werden größer als die Weibchen und tragen auch die größeren Scheren. Über die größten und kräftigsten Scheren verfügen der langschwänzige Hummer (Homarus gammarus = H. vulgaris), der zu den Krabben zählende Taschenkrebs (Cancer pagurus) und der „Palmendieb" genannte Einsiedlerkrebs Birgus latro. Der Palmendieb vermag mit seinen fast faustgroßen Scheren nicht nur daumendicke Äste mühelos abzuzwicken, sondern sogar drei Zentimeter dicke Bretter zu zermalmen und aus einem aus solchen Brettern gefertigten Käfig zu entkommen. Außerdem kann er damit das Gewicht einer mittelgroßen Ziege tragen.

Oft weisen auch das zweite und dritte Beinpaar Scheren auf, die aber meist viel kleiner sind. Die rückwärtigen Beine mancher Krabben sind zu flachen Rudern ausgebildet (Schwimmkrabben = Portunidae) oder auch zu kleinen, auf den Rücken gewanderten Greifbeinchen umgewandelt, die dort Krustenanemonen, Seescheiden u.a. zur Tarnung festhalten.

Während die langschwänzigen Krebse ihren Hinterleib gestreckt tragen, ist er bei den kurzschwänzigen zur Bauchseite hin umgeschlagen und stark zurückgebildet, also kaum zu sehen. Langschwänzige Krebse verwenden ihren Hinterleib durch ruckartiges Schlagen gegen den Bauch hin auch zur schnellen Fortbewegung. Krabben vermögen mit Hilfe ihrer zehn Beine sehr rasch in alle Richtungen – häufig seitwärts – zu flüchten.

Lebensraum und Verbreitungsgebiete

Krebse haben alle Lebensräume erobert: Flußkrebse und einige Krabben bewohnen das Süßwasser, manche Einsiedlerkrebse wie der Palmendieb das Land, ebenso eini-

Drohend hat die Seespinne (Loscorhynchus grandis) ihre Scheren hochgestellt. Wehe, wer ihr jetzt zu nahe kommt. Sie ist durchaus in der Lage, lebende Kraken und sehr große Seesterne zu zerreißen.

Zehnfußkrebse

ge Arten von Strandkrabben. Die meisten wohnen allerdings im Meer, wo sie ihren Ursprung haben.

Der europäische Flußkrebs oder „Edelkrebs" (Astacus astacus), einst begehrtes Fischereiobjekt, dessen Männchen bis zu 25 Zentimeter lang wurden, wurde durch die „Krebspest", eine Pilzerkrankung, im Laufe der letzten 100 Jahre in weiten Teilen Europas vernichtet und durch den gegen diese Krankheit immunen Amerikanischen Krebs (Oreonectes limosus), der allerdings viel kleiner bleibt und kaum mehr als zwölf Zentimeter mißt, ersetzt. Außerdem gibt es in Europa noch den Steinkrebs, den Sumpfkrebs und einige andere Arten.

Der Hummer (Homarus gammarus) ist der größte Krebs der europäischen Meere, erreicht eine Länge von mehr als einem halben Meter und kommt von Schottland bis Nordafrika und im Mittelmeer vor. Die deutschen Fanggründe liegen um Helgoland, wo das Tier im Sommer in ca. 35 Metern Tiefe in Felslöchern lebt. Nachts geht der Hummer auf Nahrungssuche; im Winter unternimmt er größere Wanderungen.

Der Taschenkrebs (Cancer pagurus), leicht zu erkennen an seinem flachen, rundlichen Panzer von bis zu 14 Zentimetern Länge, lebt auf Sand und zwischen Felsblöcken von der Nordsee bis zur westafrikanischen Küste des Atlantik und im Mittelmeer, wo er allerdings seltener anzutreffen ist.

Der Palmendieb (Birgus latro) wird bis zu 32 Zentimeter lang, ist wie alle Einsiedlerkrebse sehr hoch gebaut, versteckt seinen Hinterleib jedoch nicht in einer Schneckenschale, sondern schlägt ihn nach Krabbenart gegen den Bauch hin um. Er bewohnt die Küsten des Indopazifik und versteckt sich in Löchern im Korallenfels oder im Fuß von Baumstämmen, wo er sich mit dem Hinterleib so festhält, daß man ihn eher zerreißt, als daß man ihn ganz herauszuziehen vermag.

Er ist der am besten an das Landleben angepaßte Krebs und erklettert sogar Bäume bis zu 20 Metern Höhe.

Lebensweise und Ernährung

Krebse leben von der obersten Küstenzone bis in die größten Meerestiefen. Die meisten sind Bodenbewohner, manche kleine Arten hingegen im freien Wasser lebende Dauerschwimmer.

Viele Bewohner der obersten Küsten- und Gezeitenzone vertragen längere Trockenperioden; sie müssen sich jedoch gegen die Austrocknung schützen. Sie ziehen sich daher während der heißen Tageszeiten in feuchte Schlupfwinkel, oft selbst angefertigte Bodenlöcher, zurück und verlegen ihre Aktivitäten in die Dämmerungs- und Nachtstunden und bleiben nur an Regentagen draußen. Um ihre Kiemen stets naß zu halten, gehen sie regelmäßig ins Wasser und nehmen einen Vorrat an Wasser mit. Der Palmendieb kann sogar trinken.

Die Krebse sind nicht auf eine bestimmte Nahrung eingestellt. Sie fressen, obwohl die meisten Räuber sind, auch Aas und manchmal Pflanzen. Fast alle packen ihre Beute mit den Scheren und zerbrechen oder zerreißen sie. Während der Hummer mit seiner großen Brechschere Muscheln aber auch andere Krebstiere wie Strandkrabben knackt, zerreißt die Große Seespinne (Loscorhynchus grandis) sogar lebende Kraken und sehr große Seesterne.

Manche Arten langen nicht nur mit den Fangscheren und den weiteren Beinscheren, sondern auch mit ihren Kieferfüßen zu. Daneben gibt es Krebse, die davon leben, daß sie Fische nach Hautparasiten absuchen (Putzgarnelen) und solche, die Plankton filtern oder Sandböden nach Nährstoffen durchwühlen.

Biologische Besonderheiten

Die Fortpflanzung und Entwicklung der meisten Krebse ist äußerst kompliziert. Während bei den langschwänzigen Krebsen eine äußere Besamung vorkommt, bei der ein Samenpaket am Weibchen festgeklebt wird, erfolgt die Besamung bei den Krabben innerlich. Die Eier werden erst später befruchtet und von den Krebsweibchen an den Hinterleibsbeinen festgeklebt, bei den Krabben auf der Körperunterseite vom etwas breiter als beim Männchen ausgebildeten Hinterleib festgehalten.

Die Eier werden so lange „bebrütet", bis die Larven schlüpfen. Manche Arten betreiben eine sehr lange Brutpflege (das Flußkrebs-Weibchen trägt die Eier und Larven von November bis zum Frühjahr mit sich herum), bis fertige junge Krebse entstanden sind. Andere entlassen freischwimmende Larven (Nauplius, Zoea), die sich mehrfach umwandeln, bis sie die endgültige Gestalt annehmen und zum Bodenleben übergehen.

Während des Wachstums häuten sich die Tiere mehrmals im Jahr, später seltener. Der Taschenkrebs z.B. häutet sich im ersten Jahr achtmal, in den nächsten Jahren zweimal, ab dem vierten Jahr nur noch einmal im Herbst. Frisch gehäutete Krebse (Butterkrebse) besitzen einen weichen Panzer, der keinerlei Schutz vor Feinden bietet. Die Tiere verstecken sich daher so lange, bis der Panzer voll ausgehärtet ist. Krebse können viele Jahre alt werden; Flußkrebse zumindest 20 Jahre.

Viele Krebse sind in der Lage, Beine oder Scheren am zweiten Glied zu amputieren und abzuwerfen, was sie bei Verletzungen, Bissen, Quetschungen, oder wenn man sie am Bein oder an der Schere festhält, tun. Das Regenerationsvermögen ist sehr groß: Amputierte Beine werden bereits bei der näch-

Krabbe aus dem Roten Meer mit kräftigen Scheren.

sten Häutung voll ausgebildet; es bedarf jedoch einiger Häutungsperioden, bis das neue Glied wieder die volle Größe erreicht hat.

Die Krebstiere gehen mit sehr vielen Tieren und auch Pflanzen symbiontische Beziehungen ein. Auf ihrem Rücken, manchmal auch auf Scheren und Beinen, setzen sich Algen, Schwämme, Seescheiden, Hydrozoen, Seepocken, Röhrenwürmer u.v.a. fest, ohne mit den Krebsen nähere Bindungen einzugehen. Die Vorteile für die Krebse liegen in einer gewissen Tarnung, die als Sichtschutz vor Freßfeinden dient. Die Besiedler des Panzers genießen als Gegenleistung freien Transport zu stets neuen Weidegründen und laufen nicht Gefahr, von Sand verschüttet zu werden. Häufig besiedeln die Symbiose-Partner nicht den Krebspanzer selbst, sondern wie bei den Einsiedlerkrebsen das Schneckengehäuse, in welchem diese wohnen. Bekannt sind die Symbiosen von Einsiedlerkrebsen mit Seeanemonen auf den Gehäusen. Es gibt aber auch Arten, die kleine Anemonen auf den Scheren tragen und Angreifern abwehrend entgegenstrecken.

Äußerst interessant ist auch das Zusammenleben des „Muschelwächters", einer kugelrunden Krabbe, mit verschiedenen Muscheln aber auch anderen Tieren; am häufigsten ist er in der Großen Steckmuschel (Pinna nobilis) zu beobachten. Der blaßgelbe Krebs lebt frei im Mantelraum der Muschel und nascht an deren eingestrudeltem Plankton mit, bietet jedoch für Unterkunft und Verpflegung keinerlei Gegenleistung.

Früher glaubte man, er warne die Muschel vor Feinden und veranlasse sie, die Schalenklappen bei Gefahr zu schließen. Das ist jedoch nicht richtig. Muschelwächter machen verschiedene Krabbenstadien durch: Im ersten suchen sie einen geeigneten Wirt, meist eine Muschel, auf; im zweiten sind sie weichhäutig und wachsen in der Muschel geschützt heran; im dritten bekommen sie einen harten Panzer und lange Haare an den Beinen, die sie schwimmfähig machen und es den Männchen ermöglichen, die in anderen Muscheln sitzenden Weibchen aufzusuchen. Bei vielen Arten von Muschelwächtern sterben die Männchen nach der Begattung, und die Weibchen verwandeln sich wieder in weichhäutige, schwimmunfähige Stadien zurück, die schließlich bis zu 6 000 Eier legen und diese bis zum Schlüpfen der Larven an der Körperunterseite befestigen.

Giftalgen, Giftmuscheln

Verbreitungsgebiete:
Pazifik, Atlantik, Nordsee, Mittelmeer, Nördliche Meere

Text und Fotos:
Dr. Horst Moosleitner

Verletzungen und Vergiftungen

Algen und Muscheln scheinen auf den ersten Blick keine Gemeinsamkeiten aufzuweisen, aber so erstaunlich es auch klingen mag, das Gift beider ist dasselbe. Es gibt nämlich eine große Zahl giftiger, einzelliger, im freien Wasser schwimmender Algen, die sich zu bestimmten Jahreszeiten in Massen vermehren und hierbei durch Abgabe von Giften ins Wasser nicht nur Fische und Krebse töten, sondern auch die Muschelbestände vergiften. Die Muscheln fressen die Algen; ihnen macht das Gift nichts aus. Aber sie speichern es, und wenn wir diese Muscheln essen, kommt es zu gefährlichen Vergiftungserscheinungen.

Die durch den Genuß mancher tropischer Fische auftretende Ciguatera-Krankheit (siehe Doktorfische) entsteht auf ähnliche Weise: Die Fische fressen giftige Blaualgen, speichern deren Giftstoffe und werden so für den Menschen ungenießbar.

Neben den in den letzten Jahren verstärkt auftretenden Vergiftungen durch Muscheln, deren Ursache in der Anreicherung von Quecksilber, Arsen u. a. Stoffen aus Industrieabwässern liegt, gibt es drei Arten von Vergiftungen:

1. Lähmungsvergiftung: Diese Vergiftung wird durch einzellige Panzeralgen (Dinoflagellaten) hervorgerufen, die von den Muscheln als Nahrung aufgenommen werden. Die Symptome treten innerhalb von 30 Minuten nach dem Genuß der Muscheln auf und äußern sich anfangs in einem kribbelnden oder brennenden Gefühl im Gesicht, besonders an Zunge und Lippen, das sich später über den ganzen Körper, bis in die Füße, ausbreitet. Es folgen Taubheit und manchmal Gleichgewichtsstörungen, die mit einem Gefühl der Leichtigkeit verbunden sind; man fühlt sich, als ob man durch die Luft schwebe. Weiter können allgemeine Schwäche, Benommenheit, Kopfschmerzen, erhöhter Puls, starker Durst und Muskelschmerzen auftreten. In schweren Fällen kommt es zu Sehstörungen und eventuell zu zeitweiser Blindheit. Der Tod tritt innerhalb der ersten zwölf Stunden durch Atemlähmung ein (ca. 8 % der Fälle sind tödlich).

Das Muschel- bzw. Algengift wird Saxitoxin genannt, ist in seiner Struktur dem Tetrodotoxin der Kugelfische ähnlich und einer der giftigsten Naturstoffe überhaupt. Es verhindert die Impulsübertragungen von den Nervenendigungen auf die Muskulatur ähnlich dem indianischen Pfeilgift Curare; dies erklärt auch die Lähmungserscheinungen. Die tödliche Dosis für den Menschen beträgt ca. 1 Milligramm.

2. Hautausschlagsvergiftung: Vergiftungserscheinungen dieser Art treten meist nach zwei bis drei Stunden auf. Sie äußern sich in allergischen Reaktionen wie Hautausschlag, Schwellungen, Hautjucken an Gesicht und Hals, die auf den ganzen Körper übergreifen können. Hierzu können Kopfschmerzen, Hitzegefühl, Entzündung der Augenbindehaut, Trockenheit der Kehle, Schwellungen der Zunge und Atembeschwerden kommen.

3. Vergiftung des Magen-Darmtraktes: Diese Art der Vergiftung tritt erst nach zehn bis zwölf Stunden Inkubationszeit auf. Sie äußert sich in Übelkeit, Erbrechen, Durchfall und Unterleibsschmerzen.

Erste Hilfe

Da es gegen alle drei Arten von Muschelvergiftungen kein Gegengift gibt, muß sich die erste Hilfe auf die Behandlung der auftretenden Symptome beschränken. Saxitoxin und die anderen Muschelgifte lassen sich jedoch leicht an Aktivkohle binden, und es empfiehlt sich daher deren Anwendung.

Die unter 2. und 3. genannten Vergiftungen sind nur äußerst selten tödlich. Meist tritt rasche Erholung ein, und der Patient ist nach wenigen Tagen wieder völlig gesund; es gibt keine bleibenden Folgen.

Die Lähmungsvergiftung (1.) macht Medikamente nötig, deren Anwendung jedoch umstritten ist. Künstliche Beatmung ist in schweren Fällen nötig. Auf keinen Fall sollte Alkohol getrunken werden. Hat der Patient die ersten zwölf Stunden überstanden, so sind die Überlebenschancen sehr gut.

Erkennungsmerkmale

Erkennungsmerkmale für giftige Algen und Muscheln gibt es praktisch keine. Die winzigen Algen können nur nach dem Fang mit einem Planktonnetz unter dem Mikroskop bestimmt werden. Lediglich ein Massenauftreten kann durch eine Verfärbung des Wassers (meist in rot-braun) erkannt werden.

Vergiftete Muscheln sind von ungiftigen ohne komplizierte Untersuchungsmethoden nicht zu unterscheiden. Besondere Kennzeichen der Panzeralgen ist ein kugeliger, aus löchrigen Zelluloseplatten zusammengesetzter Panzer. Zur Fortbewegung dienen zwei Geißeln, die nahe beieinander entspringen und in Rinnen oder Furchen dem Körper anliegen. Eine Geißel verläuft in einer Querfurche rund um den „Äquator" des Tieres, die andere ist nach hinten gerichtet, besitzt ein freies Ende und erzeugt einen Schub. Beide Geißeln zusammen führen durch ihren wellenförmigen Schlag zu einer eigenartig kreiselnden Fortbewegung.

Die Ernährung der Panzeralgen kann pflanzlich oder tierisch oder beides zugleich sein, so daß eine genaue Zuordnung zu Pflanze oder Tier nicht möglich ist. Der Besitz eines bräunlichen Farbstoffes ermöglicht ihnen jedenfalls den Aufbau von Assimilaten (meist in Form von Ölen) mit Hilfe des Sonnenlichtes.

Die Fortpflanzung der Panzeralgen erfolgt geschlechtlich oder ungeschlechtlich. Meist entstehen aus einem Muttertier durch ein- oder mehrfache Teilung Tochtertiere. Bei besonders günstigen Umweltbedingungen (z. B. sommerlicher Wärme, Nährstoffüberangebot)

Zwischen den Miesmuscheln (Mytilus edulis) setzen sich häufig auch Wachsrosen (Anemonica sulcata) fest. Muscheln ernähren sich zum Teil von giftigen Algen. Ihnen macht das Gift jedoch nichts aus. Erst wenn wir diese Muscheln essen, kommt es zu gefährlichen Vergiftungen.

Giftalgen, Giftmuscheln

kommt es zu Massenvermehrungen.

Von den Muscheln kommen fast alle größeren, eßbaren Arten für Vergiftungen in Frage.

Lebensraum und Verbreitungsgebiete

Giftige Algen gibt es in den verschiedensten Klassen. Die giftigsten allerdings gehören zur Ordnung der Panzeralgen (Panzergeißler, Dinoflagellata), von denen zumindest 7 Gonyaulax-Arten aus pazifischen und atlantischen Gewässern (zu denen auch Nordsee und Mittelmeer gehören) für Vergiftungen in Frage kommen.

Folgende Muscheln, die häufig gegessen und in den obersten Meeresschichten sowie in der Gezeitenzone gefunden werden, sind für Vergiftungen verantwortlich: Miesmuscheln (Mytilus edulis, M. galloprovincialis, M. minimus und M. californicus), die an europäischen und amerikanischen Küsten vorkommen.

Venusmuscheln (Saxidomus nuttalli, S. giganteus), auch Butter- oder Herzmuscheln genannt; Bewohner der pazifischen Küste Nordamerikas,

Bartmuscheln (Modiolus barbata und M. modiolus), letztere auch große Miesmuschel genannt, aus europäischen und amerikanischen Küstengebieten,

Austern (Ostrea edulis u. a.) werden an europäischen Küsten auch gezüchtet,

Sand-Klaffmuscheln (Mya arenaria) aus allen nördlichen Meeren.

Lebensweise und Ernährung

Muscheln sind Filtrierer und ernähren sich von eingestrudeltem Plankton. Die Normaldichte von Algen beträgt 10 bis 100 Tiere oder Pflanzen pro Milliliter Wasser; die Muscheln sind also immer ein wenig giftig, aber für den Menschen nicht weiter gefährlich. Bei einer Massenentfaltung in den Sommermonaten wächst die Algendichte innerhalb weniger Tage auf über 100.000 Pflanzen/ml Seewasser an, und die Muscheln fressen praktisch nur noch giftige Algen.

Die Muscheln werden für den menschlichen Genuß unbrauchbar, wenn mehr als 200 Giftalgen/ml Wasser registriert werden. Aber eine Verfärbung des Wassers kann man erst ab 2000 Zellen/ml erkennen.

Es ist zwar eine weit verbreitete Meinung, daß es möglich ist, giftige Muscheln von eßbaren durch Geruch oder Verfärbung von Silberlöffeln zu unterscheiden, aber es stimmt nicht! Auch die übliche Zubereitung – meist kurzes Aufkochen – zerstört das Gift nicht. Setzt man jedoch vergiftete Muscheln zwei bis drei Wochen in frisches Meerwasser, so sind sie wieder genießbar. Ob die Muscheln bei dieser Wäsche das Gift wieder abgeben oder inaktivieren, ist noch nicht bekannt. Eine gewisse

Entgiftung läßt sich auch durch halbstündiges Kochen in Wasser, dem man einen Eßlöffel Natron pro Liter zugesetzt hat, erreichen. Leider geht hierbei ein Teil des typischen Muschelgeschmacks verloren. Die Konservenfabriken arbeiten nach diesem Verfahren, zusätzlich zu Untersuchungen auf die Giftigkeit, aus Sicherheitsgründen. Muschelkonserven kann man daher bedenkenlos essen.

Biologische Besonderheiten

Eine ungewöhnlich anmutenden Art der Vergiftung durch Mikroalgen ist die Aufnahme mit der Atemluft. Es gibt winzige, leichte Algen, die durch die Luftströmungen verfrachtet werden. Atmen wir sie ein, so kann es leicht zu Vergiftungserscheinungen kommen. Auch beim Schwimmen in algenverseuchten Gewässern kann es durch unbeabsichtigtes Schlucken zu Vergiftungen des Magen-Darmtraktes kommen, die jedoch meist glimpflich verlaufen (sie äußern sich ähnlich wie die Muschelvergiftungen 1 und 2). Ähnliches kann bei Algenblüten in Trinkwasserreservoirs, besonders in warmen Ländern passieren.

Man muß die Algen aber gar nicht in sich aufnehmen, allein das Baden und Schwimmen in veraltem Wasser kann zu starken Hautreizungen, Entzündungen der Augenbindehaut und Schleimhäute in Nasen- und Rachenbereich und anderen Allergiefällen führen.

Nicht nur die Eßbarkeit von Muscheln, sondern auch die von Algen wird derzeit als künftige Nahrungsquelle diskutiert. Voraussetzung hierfür ist die Ungiftigkeit. Es werden daher genaue Untersuchungen über die Algengifte durchgeführt, und es gibt bereits erste konkrete Ergebnisse. Von den festsitzenden größeren Algen scheinen keine giftig zu sein; einige werden bereits kultiviert. Unter den mikroskopischen Algen gibt es jedoch eine Anzahl von Arten, die, wie dieser Beitrag zeigt, in der Lage sind, sehr potente Gifte zu erzeugen. Sie kommen sowohl im Meer, als auch im Süßwasser vor. Eine Kultivierung der Mikroalgen stößt also noch auf Schwierigkeiten, solange man keine einfache Methode der Entgiftung findet.

Eine positive Erkenntnis hat die Erforschung giftiger Algen bereits erbracht: Man fand heraus, daß einige Arten antibiotische Wirkungen besitzen, doch es ist noch ein weiter Weg bis zu einer Gewinnung in großem Stil und einer praktischen Anwendung.

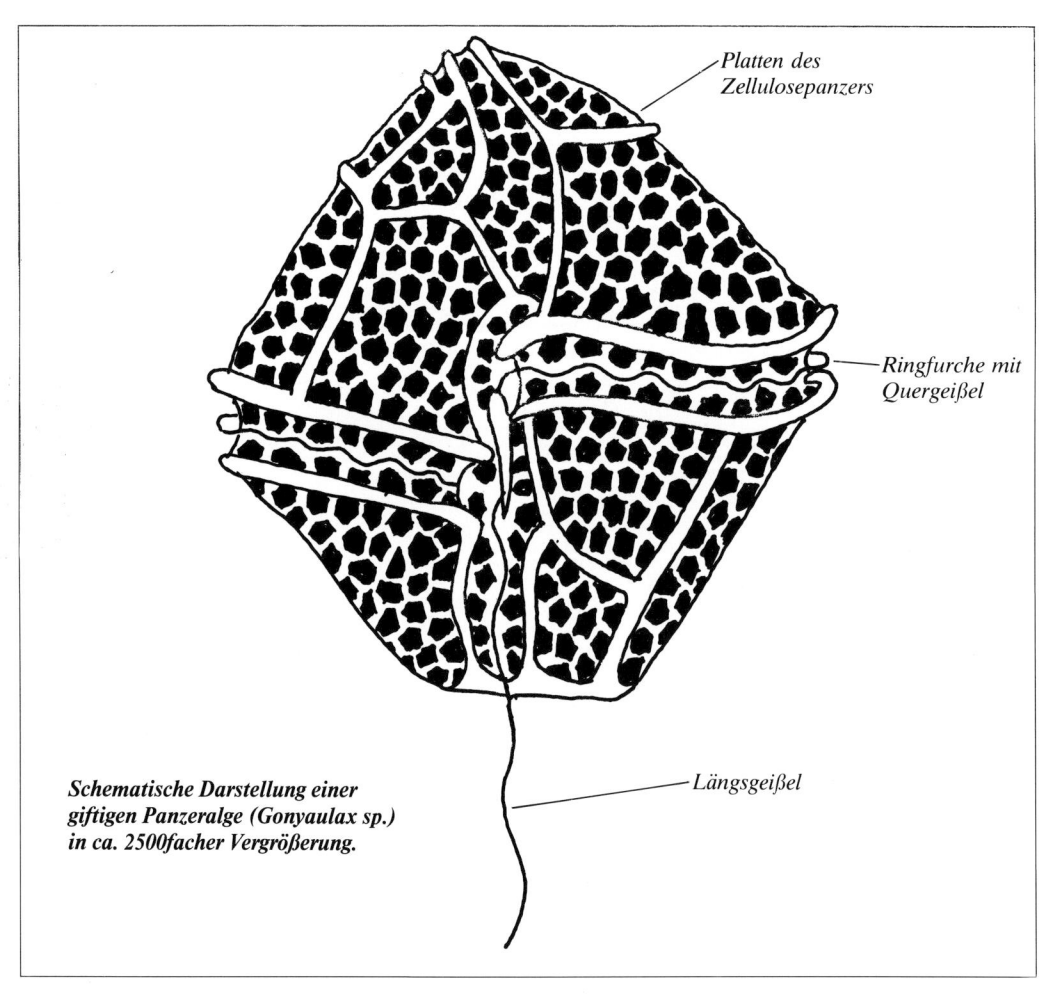

Schematische Darstellung einer giftigen Panzeralge (Gonyaulax sp.) in ca. 2500facher Vergrößerung.

Platten des Zellulosepanzers

Ringfurche mit Quergeißel

Längsgeißel

Seewalzen oder Seegurken *(Holothuribidae)*

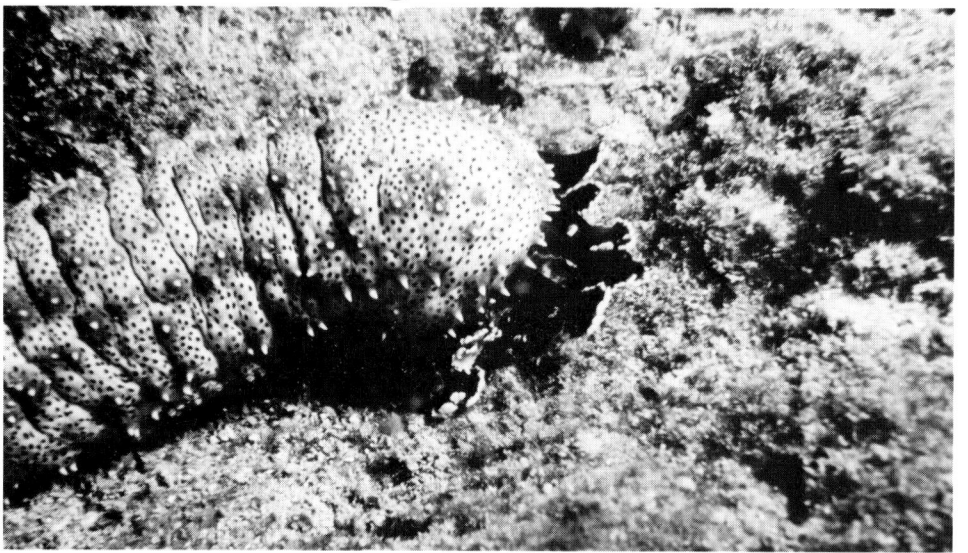

Ausländische Bezeichnungen:
trepang (malaiisch); concombre de mer, holothurie (franz.); sea cucumber (engl.); cucumera de mar, lingua di mare (ital.)

Wissenschaftliche Bezeichnungen:
Unterklassen: Dendrochirotacea, Apodacea, Aspidochirotacea

Gattungen: Holothuria, Stichopus, Cucumaria

Verbreitungsgebiete:
Weltweit in allen Tiefen- und Temperaturzonen

Text und Fotos:
Dr. Heinz Gert de Couet

Verletzungen und Vergiftungen

Vergiftungen durch Stachelhäuter – Seewalzen oder Seegurken – können auf zweierlei Weise erfolgen: einmal durch den Genuß von unfachmännisch zubereitetem „Trepang" – oder „Beche-de-mer" – Gerichten, die vor allem im ostasiatischen Raum als Spezialität gelten, oder durch Kontakt mit dem giftigen Hautschleim und den Innereien dieser Tiere.

Die Stachelhäuter stoßen bei chemischer oder mechanischer Reizung nämlich ihre Organe durch den After nach außen, indem sie sich heftig zusammenziehen. Darüber hinaus verfügen eine Reihe von Seegurken über sogenannte „Cuvier'sche Schläuche", Anhänge des Enddarms, die neben ihrer Giftigkeit auch noch die Eigenschaft haben, wie Leim an allem zu kleben, mit dem sie in Berührung kommen.

Ein oberflächlicher Kontakt mit dem Giftstoff bleibt meist ohne Folgen; gerät der Hautschleim aber in Wunden, führt er zu brennenden Schmerzen und Hautentzündungen.

Die Aufnahme von Holothurien-Giften in den Körper durch „Trepang"-Gerichte führt in leichten Fällen zu Verdauungsstörungen (Übelkeit, Erbrechen), in schweren Fällen zu Lähmungen und Tod. Das Gift der Holothurien besteht aus mehreren, chemisch naheste-henden Komponenten, die von Art zu Art verschieden, aber biologisch nicht weniger aktiv sind. In allen untersuchten Fällen wurden sapo-ninähnliche Glykoside für die To-xizität verantwortlich gemacht.

Wie bereits bei den Seesternen besprochen, handelt es sich bei den Saponinen um oberflächenaktive Substanzen, welche biologische Membranen verändern oder zerstören. Als Maß für diese Eigenschaft gilt die Fähigkeit, die roten Blutkörperchen zu zersetzen, die bei den Holothurien-Giften außerordentlich hoch ist. Die Dosis, bei der 50 Prozent der Versuchstiere sterben, beträgt 7,5 mg pro Kilogramm Körpergewicht. Neben den Blutzellen werden auch die Zellen des peripheren Nervensystems irreparabel geschädigt, so daß es auch zu Symptomen kommen kann, die darauf zurückzuführen sind, daß Nerven zerstört wurden. Weiterhin führen die Holothurine und Holothurinogenine zur Hämo-poese (Zerstörung blutbildender Zellen; Red.) im Knochenmark.

In der Biologie und der Medizin gilt das Interesse an Seegurken-Giften noch einem anderen Phänomen: Holothurine hemmen die Entwicklung von einzelligen Lebewesen, beeinflussen nachhaltig die Entwicklung von Seeigel-Keimen, auch bei sehr geringen Dosen, und hemmen das Wachstum von menschlichen Tumorzellen. Impft man Mäuse gleichzeitig mit Tumorzellen und geringen Dosen von Holothurin, so steigt ihre Überlebensrate deutlich über die von Kontrolltieren.

Wie bei den Seeigeln und Seesternen, so ist auch im Falle der Holo-thurien-Toxine eine antibiotische Eigenschaft zu vermuten, die so etwas wie ein chemisches Immunsystem gegenüber Mikroorganismen darstellt.

Erste Hilfe

Die Behandlung von Seegurken- und Seewalzen-Vergiftungen soll symptomatisch erfolgen; auch unbehandelt verlaufen Vergiftungen meist harmlos. Bei stärkeren Beschwerden wie Übelkeit, Kreislaufversagen usw. sollte sofort ein Arzt aufgesucht werden.

Die Holothurien-Gifte sind gut löslich in Wasser und verdünntem Alkohol, unlöslich dagegen in unpolaren Lösungsmitteln. Darin liegt einer der Gründe, warum der Genuß von „Trepang" relativ harmlos ist, denn nach dem Ausweiden werden die Seegurken zunächst gekocht und der Sud weggekippt. Als besondere Spezialität gelten Seegurken in Südchina und im Malaiischen Archipel, wo sie zum Teil auch Verwendung in Liebesträken finden (deren Wirkung allerdings sehr zweifelhaft ist). Auf keinem chinesischen Markt fehlen getrocknete Seegurken, die nicht nur unappetitlich aussehen, sondern auch fernab von europäischen Geschmack liegen. Wer sich vor einer möglichen Magen-Darm-Verstimmung schützen will, sollte sein Bedürfnis nach exotischen Spezialitäten in andere Bahnen lenken.

Auf verschiedenen Inseln Polynesiens werden Seegurken übrigens auch roh verzehrt, nachdem sie ausgenommen wurden.

Taucher sollten auf jeden Fall die Finger von Seegurken lassen, denn die klebrigen Cuvier'schen Schläuche haften überall fest, und die schleimigen Rückstände können leicht in die Augen oder an den Mund gelangen und zu Irritationen führen.

Erkennungsmerkmale

Seegurken und Seewalzen haben eine wurst- bis wurmförmige, länglich gestreckte Körperform ohne besondere Gliedmaßen oder Anhänge. Lediglich am Vorderende besitzen die Holothurien mehr oder weniger stark entwickelte Tentakelanhänge, die bei einigen Arten als kurze, klebrige Fortsätze zur Fortbewegung, bei anderen Arten als reich verzweigte Bäumchen der Ernährung mit Plankton aus dem freien Wasser dienen. Holothurien sind überwiegend unauffällig grau-braun bis schwärzlich gezeichnet, einige wenige tropische Arten sind blau-gelb.

Seewalzen, wie hier
im Bild, können sich
recht effektiv ihrer
Haut wehren, indem sie
Angreifern ihre
klebrigen Eingeweide
entgegenschleudern.

Seewalzen oder Seegurken

Die Hautoberfläche ist lederartig und meistens warzig skulpturiert. Eine Gruppe von Holothurien besitzt noch fünf Doppelreihen von Saugfüßchen, wie sie bei Seeigeln und Seesternen vorkommen, die anderen Ordnungen verfügen allenfalls noch über Warzen.

Die Größe liegt, je nach Art, zwischen wenigen Zentimetern bis zwei Meter (Synapta maculata).

In „Trepang"-Gerichten finden Arten der Gattungen Holothuria und Stichopus Verwendung, die der Unterklasse Aspidochirotacea zugerechnet werden. Die Oberseite dieser Holothurien ist auffällig warzig skulpturiert, an der Bauchseite besitzen sie echte Saugfüße.

Lebensraum und Verbreitungsgebiete

Holothurien kommen in allen Teilen der Weltmeere und in allen Breitenzonen der Erde vor. Ihr Lebensraum sind sowohl die Korallenriffe der tropischen Zonen, als auch die lichtlosen Bereiche der Tiefsee.

Lebensweise und Ernährung

Bis auf wenige Nahrungsspezialisten ernähren sich die Seewalzen und Seegurken überwiegend vom organischen Anteil in Schlamm – und Sandböden, den man allgemein als Detritus bezeichnet.

Dabei fressen sich manche Arten regelrecht durch den Boden, auf dem sie leben, und nehmen dabei eine ökologisch bedeutsame Aufgabe wahr, die mit der eines Regenwurms in der Gartenerde vergleichbar ist.

Gerade auf Weichböden ist der Anteil der Holothurien an der Gesamtbiomasse nicht unerheblich. In der Nordsee leben beispielsweise vier bis fünf Individuen auf einem Quadratmeter Meeresboden.

Untersuchungen in der Bucht einer Bermuda-Insel ergaben, daß allein dort mehr als tausend Tonnen Boden im Jahr von der Holothurien gefressen und nach Verdauung des organischen Anteils wieder

ausgeschieden werden. Dadurch werden mikrobielle Faulungsprozesse weitgehend verhindert, die das Milieu für übrige Bewohner regelrecht „vergiften" könnten. Andere Arten ernähren sich, indem sie ihre klebrigen Tentakeln an der Mundseite über den Boden ziehen und anschließend daran haftende Nahrungsteilchen aufnehmen. Dabei kriechen die Tiere in einem relativ kleinen Radius über den Grund. Einige festsitzende Seegurken filtrieren Kleinstlebewesen aus dem vorbeiströmenden Wasser. Sie besitzen entsprechend fein gefiederte Tentakelkronen an der Mundseite, an denen Planktonteilchen kleben bleiben.

Zu den „Spezialisten" gehört die Gattung Anthyonidium, die sich vor der südamerikanischen Pazifikküste von der Kelp-Alge Macrocystis ernährt.

Nehmen die Holothurien in Küstennähe durch ihre hohe Besiedlungsdichte die Funktion von „Staubsaugern" ein, so ist ihr Anteil an der Biomasse in der Tiefsee noch größer. In etwa 4000 Metern Tiefe machen sie bereits 50 Prozent der Biomasse aus; in 8500 Metern Tiefe sind es 90 Prozent.

In der Tiefsee, in der es außer Tier- und Pflanzenleichen nicht viel Freßbares gibt, existieren auch die einzigen freischwimmenden Holothurien. Ihr glasiger Körper enthält sehr viel Wasser, so daß die Tiere ohne große Anstrengung schweben können. Die übrigen Seewalzen und Seegurken bewegen sich kriechend bzw. durch die unterseits vorhandenen Saugfüßchen.

Sowohl bezüglich der Bewegung, als auch des Fressens wegen scheint es gewisse Jahres- und Tagesrhythmen zu geben, denen die Holothurien unterliegen. In einigen Meeresgebieten wurde beobachtet, daß Holothurien zu bestimmten Jahreszeiten ihre Verdauungsorgane spontan ausstoßen – eine Reaktion, die man lange Zeit als reine Verteidigungsmaßnahme interpretiert hatte. Der Sinn dieses Verhaltens ist noch nicht ganz klar; vielleicht setzen die Holothurien damit ihren Energiehaushalt oder Sauerstoffverbrauch herab.

Nicht alle Holothurien besitzen die „Cuvier'schen Schläuche", blind endende Anhänge an der Basis der Wasserlungen, von denen im Kapitel „Vergiftungen" die Rede war. Die ausgestoßenen Organe können innerhalb von drei Monaten wieder regeneriert werden. Auch sonst besitzen die Seegurken ein hohes Regenerationsvermögen. Das Abschnüren von ganzen Körperseg-

menten (Autotomie) scheint bei vielen Arten als nichtsexuelle Form der Vermehrung üblich zu sein; bei anderen Species ist nur das Vorderende zur kompletten Regeneration fähig.

Die Vermehrung der überwiegend getrenntgeschlechtlichen Holothurien folgt ebenfalls einem gewissen Jahresrhythmus. Während der Eireifung zeigen die unpaaren Geschlechtsdrüsen eine 12- bis 35fache Volumenzunahme. Bei den Arten in tropischen und gemäßigten Breiten findet die Befruchtung im späten Frühjahr bis Sommer statt. Die Geschlechtsprodukte werden in das freie Wasser abgegeben. Während dieser Zeit kann man Seegurken und Seewalzen oft am späten Nachmittag beobachten, die das Vorderende ihres Körpers erhoben haben und eine milchige Flüssigkeit abgeben.

Die Auslöser für das Reproduktionsverhalten sind noch nicht ganz klar. Einmal scheint die Temperatur ein wichtiger Faktor zu sein. Eine Erwärmung des Wassers auf 20 bis 22° C veranlaßt die Holothurien zur Abgabe der Geschlechtsprodukte. Ebenfalls spielt das Licht eine wichtige Rolle bei der Auslösung, da das Verhalten überwiegend am Spätnachmittag beobachtet wird. Vermutlich enthält die Samen- bzw. die Laichflüssigkeit auch Duftstoffe, die andere Holothurien zum Ablaichen veranlassen (Pheromone), und somit die Befruchtungswahrscheinlichkeit erhöhen. Dieselbe Species kann übrigens unter veränderten Umweltbedingungen ein ganz anderes Reproduktionsverhalten zeigen, was die Abhängigkeit von äußeren Einflüssen deutlich dokumentiert.

Schon nach drei Tagen entwickelt sich der Embryo zu einer 15 Millimeter langen Schwimmlarve, der Auricularia, die nach kurzer Zeit eine Umgestaltung zur Doliolaria erfährt, die ähnlich einer Haarstern-Larve entwickelt ist. Aus dieser entsteht nach einiger Zeit die Pentactula, die durch den Besitz von zwei Saugfüßchen und fünf Primärtentakeln einer erwachsenen Holothurie ähnlich ist. Nach ca. fünf Jahren ist das Wachstum der Holothurie abgeschlossen.

Zahlreiche Fälle von Brutpflege sind bekannt geworden, in denen die Embryonen zwischen den Saugfüßchen bis zur vollständigen Entwicklung herumgetragen werden.

Entsprechend der Lebensweise als sessile Filtrierer oder als bodenlebende Detritusfressser ist das Sinnesleben der Holothurien nicht besonders ausgeprägt. Zahlreiche

warzig-drüsige Erhebungen auf der Haut enthalten Sinneszellen, die von Drüsengewebe umgeben sind. Mechanische Sinnesorgane befinden sich an der Innenseite der Tentakeln, einfache Lichtsinneszellen an deren Ursprung.

Alle Holothurien besitzen Schweresinnesorgane (Statocysten), die mit dem den Schlund umgebenden Ringnerv verbunden sind, der so etwas wie das Gehirn der Seegurke darstellt.

Die einzigen Feinde der Holothurien sind Seevögel und einige Schnapperarten, die gelegentlich Seegurken fressen, aber nicht als bevorzugte Nahrungsquelle nutzen. Auch große Schnecken (Tritonshorn, Tonnenschnecken) fallen manchmal über Holothurien her.

Biologische Besonderheiten

Eine besonders spektakuläre Art des Zusammenlebens verschiedener Tiere läßt sich bei Holothurien beobachten: Der Nadelfisch (Fierasfer acus) lebt in den Wasserlungen und den Eingeweide-Hohlräumen von Holothuria und Stichopus, wo er sich von den Geschlechtsorganen des ungleichen Wirtstiers ernährt.

Junge Nadelfische schlüpfen mit dem Kopf voran durch die Kloakenöffnung der Seewalze in deren Wasserlungen und beißen sich schließlich durch, um in die Leibeshöhle und zu den Geschlechtsdrüsen der Seewalze zu gelangen, die sie benötigen, um selbst zur Geschlechtsreife zu gelangen.

Ältere Tiere schlüpfen mit dem Schwanz voran in die Seewalze. Die Erkennung des Wirtes erfolgt wahrscheinlich auf chemischem Wege und auch optisch.

Fühlt sich die Seegurke zu sehr von dem Untermieter belästigt, stößt sie ihn samt ihrer Organe einfach aus. Der Nadelfisch kann zwar ohne Seegurke überleben, findet aber meist schon nach kurzer Zeit eine neue Unterkunft. Um in der Leibeshöhle der Holothurie für ständige Frischwasserzufuhr zu sorgen, vollführt er rhythmische Bewegungen.

Auch andere Arten des Zusammenlebens, der Symbiose und des Parasitismus sind von Seegurken bekannt. So findet man oft die kleine Garnele Periclimenes imperator auf Seegurken in tropischen Regionen, die man regelmäßig mit der roten Nacktschnecke Hexabranchus vergesellschaftet findet.

Koffer-, Kugel- und Igelfische

(Ostracionidae, Tetraodontidae, Diodontidae)

Andere deutsche Namen:
nicht bekannt

Ausländische Bezeichnungen:
Puffer (engl.), poissonglobe, poisson-soleil, tètrodon (Kugelfisch) poisson cube (Kofferfisch), (alle franz.), Huehue (Kugelfisch), Momoa (Kofferfisch) (beides polynes.) fugu (japan.)

Verbreitungsgebiete:
Alle tropischen Meere rund um die Korallenriffe. Kugel-, Igel- und Kofferfische verdienen daher die Bezeichnung Korallenfische.

Text: Dr. Heinz Gert de Couet
Fotos: Heinz Eder

Verletzungen und Vergiftungen

Koffer-, Kugel- und Igelfische zählen zu einer systematisch uneinheitlichen Gruppe von Fischen, die nicht durch ein Arsenal von Zähnen und Giftstacheln gefährlich werden können, sondern durch den Genuß ihres Fleisches. Man stellt sie deshalb als „passiv giftige" Fische den „aktiv giftigen" gegenüber. Da wohl kaum einer in Versuchung kommen wird, einen Kugelfisch zu angeln und anschließend zu verzehren, würde sich ein Kapitel über die Vergiftungserscheinungen eigentlich erübrigen. Allerdings zählen diese äußerst giftigen Tiere zu den begehrtesten und teuersten Speisefischen in Japan, und jeder Besucher der japanischen Inseln wird früher oder später auf spezielle „fugu"-Restaurants stoßen, wo diese Spezialität angeboten wird. Das Gift ist in einigen Organen konzentriert; ihr Gehalt ist jahreszeitlichen Schwankungen unterworfen. Besonders hohe Konzentrationen finden sich in den Eingeweiden, der Leber und den Geschlechtsdrüsen, während die Haut und die Muskelpartien des Rückens kein Gift enthalten sollen. In Japan darf Fugu mittlerweile nur durch lizensierte Köche zubereitet werden.
Die Symptome der Vergiftung stellen sich relativ schnell ein. Innerhalb von 5 bis 30 Minuten tritt zunächst ein Prickeln der Lippen und der Zunge auf, das sich später auch auf andere Köperteile

ausdehnen kann; meistens sind Zehen und Fingerspitzen davon betroffen. Die einsetzende Gefühllosigkeit kann den ganzen Körper ergreifen, und der Betroffene hat das Gefühl zu schweben. Weitere Symptome sind extreme Schwächeanfälle, Schweißausbrüche und Übelkeit, die selten mit Erbrechen verbunden ist. Im Verlauf der Vergiftung treten Blutdruckabfall, Muskelzucken und Muskelschmerzen, Sprachverlust und manchmal Krämpfe auf. Im letzten Stadium der Vergiftung werden Lähmungen beobachtet, die durch Aussetzen der Atmung zum Tode führen.
In seiner Wirkung ist das Gift der Kugelfische dem Cocain und Procain sehr ähnlich (beide Verbindungen werden zur örtlichen Betäubung in der Medizin verwandt), die direkt auf die Nervenzellen einwirken. Mittlerweile ist jedoch bekannt, daß Kugelfisch-Gift auch auf das Herz wirkt. Die chemische Natur des Giftes wird schon seit dem Ende des letzten Jahrhunderts untersucht und wurde durch japanische Wissenschaftler aufgeklärt. Im Gegensatz zu den Giftstoffen der meisten aktiv giftigen Fische handelt es sich nicht um einen Eiweißkörper, sondern um eine komplizierte Verbindung aus mehreren Ringsystemen, die man Tetrodotoxin genannt hat (in Anlehnung an den Namen der Familie Tetraodontidae). Die Dosis, bei der die Hälfte der Versuchstiere sterben, beträgt 8 Mikrogramm pro kg Körpergewicht eines Kleinsäugetiers (8/1000 mg.) Das Tetrodo-

toxin zählt zu den stärksten Giften überhaupt. Bereits ein halbes bis ein Milligramm kann den Tod eines Menschen herbeiführen.

Erste Hilfe

Bisher sind weder Gegengifte noch spezielle Maßnahmen bei Kugelfisch-Vergiftungen beschrieben worden. Ungefähr 60 Prozent aller Tetrodotoxin-Vergiftungen verlaufen tödlich. Bei Auftreten von Vergiftungssymptomen sollte man sofort versuchen, den Inhalt des Magens zu erbrechen. Das Aufsuchen eines Arztes ist dringend geboten. Injektion einer zehnprozentigen Calciumgluconat-Lösung soll die Störungen des nervösen Systems mildern. Nikotinamid hat sich als Unterstützung der Atmung bewährt, ebenso reiner Sauerstoff.
Als einzige vorbeugende Maßnahme ist nur zu empfehlen, die Kugelfische in Ruhe zu lassen und auf den zweifelhaften Genuß von Fugu zu verzichten. Die Kugelfische besitzen nämlich auch ein außerordentlich kräftiges Gebiß, mit dem sie mühelos einen Finger durchbeißen können.

Erkennungsmerkmale

Das auffälligste, gemeinsame Merkmal der Tetraodontidae (Kugelfische), Diodontidae (Igelfische) und Ostracionidae (Kofferfische) ist ihre gedrungene, rundliche Körperform, die reduzierte Schwanzflosse und ein schnauzenförmig gestaltetes Maul, das ihnen mitunter das Aussehen eines Säugetiers verleiht (zum Beispiel der „Seehundskugelfisch"). Rücken- und Analflossen stehen sich fast gegenüber und sind sehr weit an die Schwanzflosse gerückt. Die Zahl der Flossenstrahlen beträgt in der Regel 12, für beide Flossentypen. Die Augen sind sehr groß an die Oberseite des Körpers gerückt, die Schnauze liegt an der Unterseite und ist nach vorn zugespitzt. Fast alle Arten liegen in der Größenordnung von zwanzig Zentimetern oder kleiner; nur wenige überschreiten diese Größe. Ein typisches Merkmal für Kugel- und Igelfische ist ihre Fähigkeit, sich bei Gefahr mit Wasser „aufzublasen". Das Gebiß der Tiere besteht aus einer einheitlichen Zahnplatte, die aus der Verschmelzung von zwei oder vier einzelnen Zähnen entsteht.

Lebensraum und Verbreitungsgebiete

Die Kugelfische, Kofferfische und Igelfische sind an wärmere Gefilde gebunden und daher im Norden nicht vertreten. Die Verbreitungsgrenzen der einzelnen Arten variieren, decken sich jedoch weitgehend mit der Verbreitung von Korallenriffen. Das Vorkommen der Ordnung Tetrodontidae erstreckt sich etwas weiter nach Norden und Süden; so kommt zum Beispiel eine Drückerfischart im Mittelmeer vor. Wenige Arten sind auf kleine Areale beschränkt. Aphaeroides annulatus (Jenyns), der Gold-Kugelfisch, wird im Gebiet von Kalifornien bis zu den Galapagos-Inseln angetroffen.

Lebensweise und Ernährung

Kugel-, Koffer- und Igelfische sind tagaktive Tiere, die nachts häufig schlafend zwischen Korallenästen angetroffen werden. Die meisten Arten sind Bewohner der Küsten und Korallenriffe, jedoch dringen einige auch in das offene Meer und sogar in das Süßwasser vor (Chonerhinus modestus, Sumatra). Mit ihrem hornigen und kräftigen Gebiß sind sie hervorragend an die Ernährung von hartschaligen Krebsen und Mollusken angepaßt, die sie spielend knacken und verzehren können. Es wurde schon berichtet, daß sie ihr Gebiß auch zur Verteidigung gegenüber Tauchern einsetzen. In der Regel bleiben Kugel- und Igelfische von großen Raubfischen unbehelligt, da sie sich durch ihren Aufblähmechanismus und Stacheln (Igelfische) recht wirkungsvoll verteidigen und als geschickte Schwimmer schnell zwischen Korallen verstecken können. Zahlreiche Barsche und Haie wurden aber schon verendet aufgefunden, weil sie Kugelfische verschluckt hatten, die sich im Rachen aufblähten und den Angreifer töteten.
Kugel- und Igelfische sind getrenntgeschlechtlich. Bei Kofferfischen sind die Geschlechter sogar äußerlich unterscheidbar, was zu großer Verwirrung in der zoologischen Systematik geführt hat. Die Eier werden in der Regel am Boden abgelegt. Es sind einige Hundert und werden bei einigen Arten von Männchen bewacht. Ebenso wie die Geschlechtsorgane enthält wahrscheinlich auch

Die Kofferfische gehören wie die Kugel- und Igelfische zu der Gattung der Knochenfische. Dieser blaugefleckte Kofferfisch wurde auf den Bahamas fotografiert.

Beim Schwimmen legen Kugelfische ihre Stacheln an den Körper an. Berührt man sie, blasen sie sich zu einer Kugel auf. Leider haben diese Tiere heute einen hohen Marktwert als Souvenirartikel. Doch wirkt ein aufgeblasener Kugelfisch mit Innenbeleuchtung eher geschmacklos und makaber als dekorativ.

Koffer-, Kugel- und Igelfische

die Brut das Gift Tetrodotoxin, womit sich die Frage nach dem Sinn dieser Substanz ergibt. Offensichtlich wirkt sie nicht abschreckend auf irgendwelche Angreifer. Vermutet wird eine antibiotische und antimikrobielle Wirksamkeit, so daß man in ihm eine Schutzsubstanz für das Gelege sehen könnte. Mit Sicherheit ist dies noch nicht nachgewiesen. Für viele andere tierische Gifte ist dies aber schon mehrfach gezeigt worden.

Beobachtungen über das Paarungsverhalten der Kugelfische sind rar und wurden meist in Aquarien gemacht. Bei Tetraodon schoutedeni wurde beobachtet, daß sich das Männchen an der Bauchseite des Weibchens festbeißt, welches darauf zur Oberfläche schwimmt, um dort abzulaichen. In einigen Punkten ähnelt dieser Vorgang dem Paarungsverhalten einiger Tiefseefische.

Biologische Besonderheiten

Zusammen mit den Drückerfischen, den Kofferfischen, den Igelfischen und den Mondfischen werden die Kugelfische (Tetraodontidae) unter die Ordnung der Tetraodontiformes gestellt, deren systematischer Wert nach wie vor umstritten ist. Zahlreiche gemeinsame anatomische Merkmale weisen zwar auf eine Verwandtschaft der genannten Familien hin, einige Wissenschaftler wollen die Drückerfische aber eher in der stammesgeschichtlichen Nähe der Doktorfische sehen und leiten die übrigen Familien von primitiven Knochenfischen ab. Charakteristisch ist in dieser Ordnung das Verschmelzen von einzelnen Knochenelementen im Kiefer- und Schädelbereich. Stets sind nur zwei (Diodontidae) oder vier (Tetraodontidae) stark vergrößerte Zähne in dem recht kleinen Maul vorhanden. Die übrigen Zahnanlagen gehen in der

Bildung schnauzen- und schnabelähnlicher Formen auf. Merkwürdig ist, daß die Ordnung der Tetraodontiformes unter allen Fischen die geringste Anzahl von Wirbeln im Rückgrat besitzt (vierzehn oder mehr). Mit dieser Tatsache einher geht das Merkmal einer sehr gedrungenen Körperform, die kugelförmig bei Kugel- und Igelfischen ist, kastenförmig bei den Kofferfischen und seitlich abgeplattet-rautenförmig bei den Drückern und Mondfischen. Die wichtigsten Fortbewegungsorgane der Tetraodontiformes sind die Rückenflosse und die gegenüberliegende Analflosse, die beide weit an das Hinterende des Körpers gedrückt sind. Die Schwanzflosse ist bei Kugelfischen klein und quastenförmig. Bei Mondfischen ist die Schwanzflosse praktisch mit Rücken- und Analflosse verschmolzen. Die Fortbewegung erfolgt bei allen Formen durch das synchrone Schlagen mit Rücken- und Analflosse. Die Drückerfische nehmen dabei eine merkwürdige Schräglage ein. Bauchflossen fehlen fast immer und damit auch die sie tragenden Elemente des Beckengürtels. (Bei den Drückern sind sie vorhanden und besitzen einen verlängerten, aufrichtbaren Stachel.) Die Brustflossen sind ebenfalls recht klein und dienen zum Manövrieren im Korallendickicht. Alle Vertreter der Ordnung sind denkbar schlechte und nicht ausdauernde Schwimmer im Sinne von Geschwindigkeit, dafür bewegen sie

sich mit großer Geschicklichkeit in Höhlen und Löchern. Die große Ausnahme innerhalb der Ordnung stellen die zwei Arten von Mondfischen dar, die in keiner Phase ihres Lebens an den Boden gebunden sind. Die bis eine Tonne schweren Tiere sind miserable Schwimmer, die nicht in der Lage sind, aktiv gegen eine Strömung zu schwimmen. Sie werden daher definitionsgemäß zum Plankton gezählt! Die Mondfische kommen in allen Ozeanen vor (Kosmopoliten). Im Gegensatz dazu sind die übrigen Familien fast ausschließlich auf Korallenriffe oder wenigstens warme Meere beschränkt. Im Mittelmeer gibt es nur eine einzige Drückerfisch-Art. Kugel-, Igel- und Kofferfische sind dort überhaupt nicht vertreten. Zwar sind diese Familien in keiner Beziehung auf Korallen angewiesen, was zum Beispiel Nahrung angeht. Man kann sie aber aufgrund ihrer engen Bindung an den Lebensraum „Riff" durchaus als Korallenfische bezeichnen.

Bei der Diskussion der verwandtschaftlichen Beziehungen der Familien untereinander ist es auch recht interessant, daß zahlreiche Drückerfische ebenfalls ungenießbar und sogar giftig sind. In einigen Fällen wurde das sogenannte Ciguatera – Toxin für Vergiftungen verantwortlich gemacht, das aber auch bei anderen Fischen vorkommt, zum Beispiel bei Barrakudas, Schnappern und Papageienfischen. Das Ciguatera-Gift wird nicht von den Fischen

selbst produziert, sondern wahrscheinlich von Algen übernommen, welche die Fische auf dem Weg der Nahrungskette zu sich nehmen. In anderen Fällen kommt aber auch das Tetrodotoxin als Gift der Drückerfische in Frage. Eine endgültige Klärung durch die Wissenschaft bleibt abzuwarten, unter Umständen wird dadurch ein neues Licht auf systematische Aspekte geworfen werden.

Eine weitere Besonderheit speziell der Igel- und Kugelfische hätte eigentlich am Anfang dieses Kapitels stehen sollen: Die Fähigkeit, sich bei Gefahr und Beunruhigung „aufzublasen". Der Magen der Kugelfische kann sich bauchseitig enorm erweitern und große Mengen geschlucktes Wasser aufnehmen. Ein spezieller Schließmuskel an beiden Ausgängen verhindert ein Zurückströmen des Wassers. Der Schluckvorgang selbst wird durch eine starke Muskulatur bewerkstelligt, die am ersten Strahl der Kiemenhaut angreift und die Mundhöhle erweitert. Durch Anheben des Mundhöhlen-Bodens wird das Wasser in den Magen gepreßt. Immerhin kann ein Kugelfisch das dreifache seines Körpergewichtes an Wasser aufnehmen. Dieses Verhalten – ursprünglich als wirksamer Schutz vor Feinden gedacht – kostet aber auch das Leben vieler Igel- und Kugelfische. Die Einwohner vieler tropischen Länder fangen die Tiere dadurch, daß man sie in flachen Gezeitentümpeln aufspürt und mit einem Stock auf's Trockene befördert. Die erregten Fische schlucken große Mengen Luft und gehen elend zugrunde. Ein Kugelfisch, der einmal Luft geschluckt hat, treibt mit dem Bauch nach oben und kann seine Kiemen nicht ausreichend mit Sauerstoff versorgen. Da er außerdem Probleme hat, die Luft in seinem Magen wieder los zu werden, ist sein Leben in diesem Moment gefährdet. Man sollte dies auch beachten, wenn man zum Fotografieren die Tiere reizt und zum Aufblasen veranlaßt. In diesem Zusammenhang interessant ist es, daß die Eingeborenen der Marshall- und der Gilbert-Inseln im Zentralpazifik ausgenommene Igelfische als Kriegshelme verwendet haben. Zum Schluß soll noch erwähnt werden, daß das Gift der Kugelfische, das Tetrodotoxin, auch bei drei kalifornischen Molchen vorkommt.

Es gibt 40 bis 100 verschiedene Kugelfischarten, die fast ausschließlich in den tropischen Meeren vorkommen.

Muränen *(Muraenidae)*

Ausländische Bezeichnungen:
moray, moray-eel (engl.); anguille
morel, congre mousquee (franz.);
mrina (serbokr.); murena (ital.);
schaqa (arab.); puhi (polynes.)

Verbreitungsgebiete:
weltweit, tropische und
subtropische Gewässer

Text:
Dr. Horst Moosleitner
Fotos:
Dr. Heinz Gert de Couet

Verletzungen und Vergiftungen

Muränen sind in zweierlei Hinsicht gefährlich: Einerseits kann ihr Biß unangenehme Verletzungen und Entzündungen zur Folge haben, andererseits ist ihr Blut wie das der meisten Aalartigen äußerst giftig. Zunächst zum Biß: Man hört zwar häufig, Muränen hätten Giftzähne, aber das stimmt nicht. Sie besitzen lediglich einen leicht giftigen oder zumindest entzündlich wirkenden Mundschleim, der bei einem Biß in die Verwundung eindringt und dort Entzündungen, die unter Umständen in Blutvergiftungen ausarten können, hervorruft. Gefährlicher aber ist der Muränenbiß selbst, der tiefe Fleischwunden, die stark bluten, verursacht.

In älterer Literatur kann man von Drüsen in der Gaumenschleimhaut der Muränen lesen, die zum Teil ein sehr starkes Gift erzeugen sollen; neuere Untersuchungen lassen dies bezweifeln.

Im Blutserum vieler Muränen ist ein Protein enthalten, das auf die roten Blutkörperchen von warmblütigen Tieren und damit auch auf die des Menschen zersetzend wirkt. Wird Blut dieser Tiere genossen oder in eine offene Wunde gebracht, so treten bald Übelkeit, Erbrechen, Darmbeschwerden, Ausschlag und allgemeine Schwäche auf. In schweren Fällen kann es zu Atembeschwerden und Lähmungen kommen; sogar einzelne Todesfälle sind bekannt.

Manchmal kann der Genuß von Muränenfleisch noch eine dritte Art von Vergiftung hervorrufen, die Ciguatera-Krankheit (siehe „Doktorfische").

Erste Hilfe

Vorbeugen ist besser als heilen! Jeder Taucher sollte wissen, daß sich Muränen in Löchern und Spalten aufhalten, die sie als Reviere beanspruchen und gegen Eindringlinge verteidigen. Wer unachtsam in Fels- und Korallenhöhlen greift, ist selbst schuld an einem etwaigen Muränenbiß.

Grundsätzlich gilt, daß tropische Muränen meist gefährlicher sind als die Mittelmeerarten. Der Muränenbiß ist schmerzhaft, stark blutend und neigt zu Entzündungen. Die wichtigste Sofortmaßnahme ist, die Wunde in Salzwasser gut auszuwaschen und eventuell auszusaugen. Die weitere Behandlung sollte ein Arzt vornehmen. Wenn keiner erreichbar ist, sollte eine sorgfältige Desinfektion der Wunde vorgenommen und die Blutung gestillt werden. Klaffende Wunden müssen genäht werden. Eine zusätzliche Gabe von Antibiotika wird geraten, ebenso die Verabreichung eines Schmerzlinderungsmittels.

Fischer sollten im Umgang mit Aalen und Muränen äußerst vorsichtig sein und stets darauf achten, daß sie mit dem Blut dieser Tiere nicht in Berührung kommen; es könnte leicht in offene Wunden an den Fingern, die man vielleicht gar nicht bemerkt, geraten und dort die beschriebenen Vergiftungserscheinungen hervorrufen.

Rohes Muränenfleisch darf nicht gegessen werden! Beim Kochen, Braten oder Räuchern verliert das Gift seine Wirkung, und so können Muränengerichte ohne Gefahr genossen werden.

Das Muränengift selbst kann im menschlichen Körper nicht mit Medikamenten bekämpft werden, lediglich die auftretenden Vergiftungserscheinungen können (symptomatisch) behandelt werden.

Erkennungsmerkmale

Der schlangenartige, langgestreckte Körper der Muränen zeigt schon, daß diese Fische zur Ordnung der Aalartigen (Anguilliformes) gehören, genauso wie der bekannte Flußaal (Anguilla anguilla), die Meeraale (Congridae), die Schlangenaale (Ophichthydae), Röhrenaale (Heterocongridae) und einige andere Familien.

Charakteristisch für alle Aalartigen sind neben dem langen Körper lange Rücken- und Afterflossen, die mit der Schwanzflosse verbunden sind und so einen einzigen, langen Flossensaum bilden. Allen Aalen fehlen die Bauchflossen; die Muränen besitzen außerdem keine Brustflossen und sind deshalb gut von den anderen Familien zu unterscheiden.

Die Kiemenöffnung befindet sich weit rückwärts am Kopf. Der Kiemenapparat ist lang und schmal und wirkt wie eine Pumpe, die durch das Maul aufgenommes Atemwasser aus der kleinen Kiemenöffnung preßt.

Der Körper der Muränen besitzt kein Schuppenkleid, sondern eine

135

*Einst lockte die schöne
Helena Odysseus und
seine Mannen nach Troja
– heute lockt Muraena
helena die Taucher in die
Tiefen des Mittelmeeres
und des angrenzenden Atlantiks.*

Muränen

nackte, dicke, feste Haut. Der schlangenähnliche Körper ist außerordentlich kräftig und geschmeidig; die Mundöffnung stets groß und mit mächtigen Zähnen besetzt, die je nach Art verschieden angeordnet sind und daher zur Bestimmung herangezogen werden.

Das Farbkleid der Muränen ist zum Teil unscheinbar und dunkel, manchmal aber auch auffallend und farbenprächtig.

Lebensraum und Verbreitungsgebiete

Muränen sind durchweg Warmwasserfische; die meisten Arten kommen daher im tropischen Flachwasser vor, und ihr Verbreitungsgebiet entspricht etwa dem der riffbildenden Korallen. Als nördliche und südliche Grenze wird die 28 Grad-Isotherme angesehen. Nur wenige Arten kommen in subtropischen und gemäßigten Gewässern vor.

Das Mittelmeer beherbergt zwei Arten, die häufigere Gefleckte Muräne (muraena helena) und die eher seltene, fast einfarbig graue lycodontis unicolor. Beide werden selten länger als eineinhalb Meter. Muraena helena kommt auch im warmen Atlantik vor und erreicht als nördlichstes Verbreitungsgebiet den Golf von Biskaja. Von lycodontis ist wenig bekannt; sie scheint jedoch nur in den warmen, südlichen Teilen des Mittelmeeres vorzukommen.

In den tropischen Korallenmeeren gibt es Muränen aller Größen, von kleinen, kaum fingerdicken Arten, die höchstens 20 cm lang werden, bis zu drei Meter und mehr messenden Riesen von Oberschenkeldicke.

Die kleinen Arten der Gattung echidna besitzen abgeplattete Mahlzähne und sind daher völlig ungefährlich. Viele davon sind farbenprächtig und werden bei uns auch in Aquarien gehalten. Eine von diesen ist die Körnchen-Muräne (echidna garisea = e. geometrica = sidera grisea). Sie ist einheitlich beige bis weißlich-fahlgelb gefärbt und besitzt lediglich am Kopf dunkle Punkte, die in Linien angeordnet sind und ihr den Namen „geometrica" eingetragen haben. Die höchstens einen halben Meter messenden jüngeren Tiere leben auf der Riffterrasse; ältere Exemplare gehen in tieferes Wasser und lassen sich selten sehen.

Die Sternchenmuräne (echidna nebulosa) erkennt man an der beigen Grundfärbung, auf welcher undeutliche braune, stark verzweigte Flecken liegen, die zum Teil undeutliche Querbinden vortäuschen. Diese dunklen Flecken sind jeweils rund um helle, runde, häufig orange Zentren angeordnet, daher der Name „Sternchenmuräne".

Diese Muräne ist besonders häufig in den Tümpeln auf der Riffterrasse anzutreffen, und manchmal stecken gleich mehrere Exemplare in einem Loch beisammen.

Die Sternchenmuräne erreicht Längen von 75 cm, bleibt aber auf der Riffterrasse nur als Jungtier von 20 bis 30 cm. Sie kommt im gesamten Indopazifik vom Roten Meer bis nach Indonesien vor.

Die bedeutendste Erscheinung des Roten Meeres, Indischen Ozeans und des angrenzenden Pazifik ist die Java-Muräne (lycodontis javanicus = gymnothorax javanicus).

Diese Muräne fällt schon alleine durch ihre Größe (bis zweieinhalb Meter – manche Taucher sprechen von drei und vier Meter, was ich für übertrieben halte) auf. Ihre Grundfarbe ist meist hellbraun, bedeckt von unzähligen kaffeebraunen bis schwarzen Flecken, die am Kopf meist klein und rund sind, nach rückwärts aber an Größe zunehmen, sich zu Kreisen zusammenordnen und Querstreifen andeuten. Ein großer, länglicher, dunkler Fleck liegt am Hals an der Kiemenöffnung und dient als besonderes Kennzeichen.

Die Netzmuräne (lycodontis favagineus = gymnothorax favagineus) bleibt zwar kleiner, ist aber sehr gut an der cremefarbenen bis gelben Gitterzeichnung auf dunkelbraunem Grund zu erkennen. Sie ist besonders in Ostafrika häufig und wird dort von Tauchern gefüttert. Sie soll laut Literatur höchstens einen Meter Länge erreichen, ich sah aber schon wesentlich größere Exemplare. Ihr Verbreitungsgebiet reicht über den gesamten Indopazifik.

Lebensweise und Ernährung

Muränen leben zumindest tagsüber versteckt in Spalten, Löchern und Höhlen von Felswänden, Blockgrund oder Korallenriffen. Diese Höhlen haben sie ihrer Körpergröße entsprechend ausgewählt und bewohnen sie oft jahrelang. Sie betrachten diese als Heim und verteidigen sie gegen Eindringlinge aller Art, so auch gegen Artgenossen und manchmal gegen den Menschen.

Mit dem Wachstum wechseln sie in größere Höhlen über. Muränen sind Raubfische. Sie verlassen gegen Abend und in den frühen Morgenstunden ihr Versteck und unternehmen Raubzüge in die Umgebung oder recken zumindest ihren Vorderkörper aus dem Loch und lauern auf vorbeikommende Beute – vorwiegend Fische und Krabben.

Die indopazifische Tüpfelmuräne (siderea grisea) verläßt sogar kurzfristig bei Ebbe das Wasser und ergreift die auf den Steinen sitzenden Felsenkrabben (grapsus).

Freischwimmende Muränen wird man daher nur in den Morgen- und Abendstunden antreffen. Nähert man sich ihnen, so versuchen sie sich sofort dem Boden anzuschmiegen und in Löchern oder Spalten zu verstecken. Ist kein Versteck vorhanden, so nehmen sie eine Drohstellung ein. Sie legen hierbei ähnlich einer Schlange etwa zwei Drittel des Körpers auf den Boden und recken dem Taucher das Kopfdrittel entgegen, das Maul weit aufgerissen; auch das ist eine Drohgebärde. Fühlt sich das Tier in die Enge getrieben, und man nähert sich weiterhin, so ist ein Biß nicht auszuschließen.

Manchmal trifft man eine Muräne, die wie tot am Boden liegt und, wenn man sie anstupst, höchstens den Kopf ein wenig hebt. Nach einigen Stunden kehrt jedoch die Beweglichkeit zurück, und die Muräne kann ihr Versteck wieder aufsuchen.

Nach dem Körperumfang ist anzunehmen, daß sich diese Tiere überfressen hatten. Geschwächt vom Fang, und von Gewicht und Umfang der Beute fast unbeweglich gemacht, dauert es einige Zeit, bis die Muräne sich wieder erholt hat. Tagsüber ruhen die Muränen in ihren Verstecken und blicken dem Taucher aus einem der Eingangslöcher neugierig entgegen. Während dieser Ruhezeit lassen sie sich von Putzerfischen oder Putzgarnelen, die zum Teil mit ihnen eine Höhle bewohnen, von Parasiten und losen Hautstücken reinigen.

Biologische Besonderheiten

Die bis zu sechs Kilogramm schwere Mittelmeer-Muräne (muraena helena) wurde von den alten Römern als besonderer Leckerbissen geschätzt. Um diese Fische stets frisch zur Hand zu haben, wurden Meerwasserbecken zu deren Haltung gebaut. Von manchen Römern wird berichtet, daß sie Sklaven töten und an die Muränen verfüttern ließen, was letzteren einen ungeahnten Wohlgeschmack verliehen haben soll. Doch ob diese Berichte auf Wahrheit beruhen, bleibt dahingestellt. Jedenfalls waren die Römer mit ihren Muränenbecken die Erfinder der Aquarien, zumindest in Europa.

Die Jagd auf Muränen, in den Anfängen der Taucherei etwas besonders Heldenhaftes und der Vernichtung des Bösen gleichgestellt, hat in den letzten Jahren eine bedeutende Wende erfahren: Aus der Jagd mit der Harpune wurde eine mit der Kamera. Fast überall, wo es Tauchbasen gibt, haben unentwegte Fotografen mit der Fütterung von Muränen begonnen, um nahe genug an ihre Aufnahmeobjekte heranzukommen, und mancherorts fressen einem die Muränen bereits aus der Hand und lassen sich streicheln und „küssen". Angesichts dieser zahmen Tiere vergißt mancher, daß es sich nach wie vor um Raubfische handelt, die etwas kurzsichtig sind und ihre Beute mehr mit der Nase als mit den Augen finden. Es ist daher nicht verwunderlich, daß es immer häufiger vorkommt, daß Taucher von Muränen in die Finger gebissen werden, wenn auch nicht mit Absicht, sondern in dem Glauben, hier etwas Freßbares angeboten zu bekommen.

Besonders Fotografen sind gefährdet, da sie meist, ohne Nahrung anzubieten, knapp vor dem Muränengesicht umherfummeln, um eine besonders gelungene Einstellung für die Aufnahme zu finden. In den sich bewegenden Fingern kann die Muräne nur allzu leicht eine angebotene Nahrung vermuten – und schon beißt sie hinein! Wenn auch diese Bisse nicht lebensgefährlich sind, so können sie trotzdem sehr unangenehm sein und ein vorzeitiges Ende der Tauchabstiege bedeuten.

Doktorfische *(Acanthuridae)*

Andere deutsche Namen:
Chirurgenfische, Seebader, Segelbader

Ausländische Bezeichnungen:
Tangs, Surgeonfishes, Doctorfishes, Ocean surgeans, Lance-Fishes (engl.); Chirurgien (franz.); Kaham, Sahala (arab.)

Verbreitungsgebiete:
Tropischer Indopazifik, tropischer Atlantik

Text und Fotos:
Dr. Horst Moosleitner

Verletzungen und Vergiftungen

Doktorfische können in zweierlei Hinsicht gefährlich werden:
1. Sie besitzen seitlich an der Schwanzwurzel je einen beweglichen Dorn, der aus Schuppen hervorgegangen ist und so spitz und scharf wie das Skalpell eines Chirurgen ist und daher auch Doktormesser genannt wird. Der Name der Fische leitet sich ebenfalls davon ab. Dieses „Messer" ist wie ein Taschenmesser gebaut: hinten eingelenkt und vorne ausklappbar. Normalerweise ruht es in einer scheidenartigen Grube am Körper. Bei Gefahr wird die vordere Spitze nach außen gespreizt und ist so eine vorzügliche Verteidigungswaffe. Wird ein Doktorfisch angegriffen, so stellt er seine beiden „Messer" auf und versucht, seinen Gegner zu verletzen, indem er ihm einen kräftigen Schwanzhieb erteilt. Trifft er, so hat der Angreifer eine tiefe, lange Schnittwunde. Dies gilt auch für den Menschen. Die Verletzungen sind äußerst schmerzhaft, bluten stark und heilen nur langsam; es besteht auch große Infektionsgefahr. Bei einigen Arten der Gattung Ctenochaetus soll das „Messer" sogar mit Giftdrüsen in Verbindung stehen.
Daß die Doktorfische anderen Fischen den Bauch aufschlitzen, um deren Eingeweide zu fressen, gehört wohl ins Reich der Fabel; sie

sind nämlich Pflanzenfresser.
2. Das Fleisch der Doktorfische gilt im allgemeinen als sehr schmackhaft, und sie werden in weiten Teilen der Welt gegessen. In manchen Gegenden allerdings oder zu bestimmten Jahreszeiten kann der Genuß der Fische sehr schwere Vergiftungserscheinungen hervorrufen – die gefürchtete „Ciguatera-Krankheit". Diese äußert sich neben anderen Symptomen in einer Sinnesumkehr von heiß und kalt, d. h., dieses Nervengift bewirkt, daß einem heißer Tee kalt erscheint und Eis heiß.
Meist beginnen die Symptome eine bis dreißig Stunden nach dem Essen mit einem kribbelnden Gefühl im Mund und an den Lippen, gefolgt von Schwäche, Muskel- und Kopfschmerzen. Später treten Krämpfe, Übelkeit, Durchfall und Lähmungserscheinungen auf. Es können auch Hautausschläge, Nägel- und Haarausfall sowie Sehstörungen folgen. Manchmal tritt auch der Tod ein.

Erste Hilfe

Durch Doktorfische verursachte Schnittwunden sind nicht lebensgefährlich, außer sie erwischen eine Schlagader oder ein lebenswichtiges Organ. Starker Blutverlust kann jedoch unter Wasser weitere Gefahren heraufbeschwören, denn hier kann eine kleine Übelkeit schon schwere Folgen haben. In tropische Gewässern kommt noch

die Gefahr durch Haie, die das Blut riechen, dazu.
Da die Schnittwunden meist auseinanderklaffen, ist sofort ein Arzt aufzusuchen, der sie näht bzw. Klammern anbringt. Für gute Wunddesinfektion ist zu sorgen. Wenn nötig, sind Antibiotika und Schmerzlinderungsmittel anzuwenden.
Bei Vergiftungen durch den Genuß von Doktorfischen muß als erstes der Magen ausgepumpt werden, falls man es noch rechtzeitig bemerkt. Ansonsten ist die Genesung trotz ärztlicher Behandlung sehr langwierig und braucht Monate, wenn nicht Jahre. Sonderbarerweise ruft jeder Fisch, den man während der Rekonvaleszenz ißt, wiederum dieselben Giftwirkungen hervor.

Erkennungsmerkmale

Gemeinsames Kennzeichen aller Doktorfische ist der skalpellartige Schwanzdorn, der auch ausgeklappt werden kann. Der Körper ist abgeflacht, hoch, eiförmig und mit lederartiger Haut bedeckt. Rücken- und Afterflosse sind lang, bei den Segelbadern (Zebrasoma) sehr hoch gezogen. Die Augen liegen hoch am Kopf, der Mund ist klein und meist mit zahlreichen kleinen Zähnen ausgestattet, die ein Abweiden der Algen ermöglichen. Die formenreichste Gattung ist Acanthurus, von der es 32 Arten gibt.
Die Färbung der Doktorfische ist meist auffallend und bunt, kann jedoch stark variieren, je nach Stimmung, Tageszeit und Gegend. Es gibt eine eigene Drohfärbung und ein eigenes „Nachthemd". Häufig wird das „Doktormesser" durch einen grellen Farbfleck hervorgehoben. Nur wenige Doktorfische sind einfarbig grau, schwarz oder grünbraun.
Auffällige Arten sind der Weißkehl-Doktorfisch (A. leucosternon), der an seiner weißen Kehle erkennbar ist; der Rot-Meer-Streifenseebader (A. Sohal), der dunkel ist mit lichtblauen Längsstreifen und orangem Messer, sowie der Rot-Meer-Segelbader (Zebrasoma xanthurum), der blau mit gelbem Schwanz ist.

Lebensraum und Verbreitungsgebiete

Die Doktorfische leben gesellig, vorzugsweise in kleineren, manchmal in sehr großen Schwärmen. Einige, wie z. B. Acanthurus sohal, halten sich besonders gerne an der Riffkante auf, wo sie geschickt durch die sich überschlagenden Wellen gleiten und vom Ufer aus

wie in einem Aquarium hinter der aufsteigenden Wellenwand beobachtet werden können. Andere wiederum bevorzugen tieferes Wasser, wo sie am Fuß der Riffwände entlangschwimmen.
Einige Arten sind ortstreu und verteidigen ihr Revier gegen Eindringlinge, andere streifen umher und besuchen diese oder jene Stelle des Riffs. Das Hauptverbreitungsgebiet der Doktorfische ist der tropische Indopazifik, wo fast alle der auf ca. 100 geschätzten Arten vorkommen. Im tropischen Atlantik gibt es nur fünf Arten; im Mittelmeer fehlen sie.

Lebensweise und Ernährung

Doktorfische sind durchweg Pflanzenfresser, die sich von Algen ernähren. Natürlich gehen niedere Tiere wie Moostierchen, kleine Würmer und Krebsartige, die auf Algen festsitzen, mit. Ihre Zähne sind hervorragend zum Knabbern, Weiden und Grasen im Algenrasen geeignet. Einige Arten haben einen dickwandigen Muskelmagen. Diese fressen hauptsächlich kurzwüchsige Algen auf kompakten Sandböden und nehmen mit den Algen ziemlich viel Sand auf. Andere besitzen einen dünnwandigen Magen und grasen auf algenbewachsenen Felsen, wobei sie nur sehr wenig Kalkmaterial mit der Nahrung aufnehmen.
Jungtiere (im Acronurus-Stadium) fressen zunächst kleine Krebschen und stellen der Brut anderer Fische nach. Nach der Umwandlung zum Doktorfisch gehen sie von Fleisch- zu Pflanzenkost über. Die Darmlänge nimmt daher, da pflanzliche Nahrung wesentlich schwerer zu verdauen ist, nach der Umwandlung stark zu. Hat sie bei einem 3 cm langen Tier etwa 3fache Körperlänge, so steigt die relative Darmlänge bei einem 15 cm langen Doktorfisch bereits auf die 6fache Länge an.
Wie die Papagei- und Lippfische schwimmen die Doktorfische meist nur mit Hilfe der Brustflossen, die sehr groß und beweglich sind. Sie können sich damit sogar am Kopf kratzen. Diese Art zu schwimmen ist zwar nicht sehr schnell, macht aber sehr manövrierfähig und ist für die rasche Bewegung im „Dickicht" des Riffs sehr vorteilhaft.
Nur eine Art scheint auch im Alter reiner Fleischfresser zu bleiben. Sie schließt sich gerne Schwärmen von Raubfischen, wie Barrakudas, an, verläßt in ihrem Schutz die bergende Nähe des Riffs und versucht, an deren Nahrung teilzuhaben. Sie wird hierdurch allerdings abhängig

*Der Rot-Meer-Streifenseebader
(Acanthurus sohal) ist an seiner
auffallenden Färbung gut zu erkennen.
Der leuchtend orange Fleck am
Schwanz kennzeichnet das „Doktormesser",
einen scharfkantigen Stachel,
der bei Gefahr aufgerichtet werden
kann und eine gefährliche Abwehrwaffe ist.*

Doktorfische

von den Freßgewohnheiten der Raubfische.

Biologische Besonderheiten

Warum das Fleisch der Doktorfische nur örtlich oder zeitlich begrenzt giftig ist, hat Randall wie folgt erklärt: Den Giftstoff erzeugt wahrscheinlich eine Blaualge, die sich an toten Riffteilen besonders ausbreitet und vermehrt. Sie wird von den pflanzenfressenden Fischen abgeweidet, und die Giftstoffe werden in den Muskeln abgelagert und gespeichert. Zu diesen Fischen gehören auch die Doktorfische. Werden die Pflanzenfresser von Raubfischen (Brassen, Zackenbarschen, Schnappern, Makrelen, Barrakudas) gefressen, so überträgt sich das Gift auf diese und wird sogar noch verstärkt durch die mehrfache Aufnahme giftiger Tiere. Das Gift kann meist nicht mehr abgebaut werden und bleibt im Körper erhalten, auch wenn man die Tiere in andere Ge-

wässer bringt, in denen keine giftigen Algen vorkommen. Sogar nach dem Tode der Fische bleiben die Giftstoffe erhalten, sinken nach dem Zerfall der Tiere zu Boden und dienen den Schlamm- und Detritusfressern als Nahrung und vergiften so auch noch diese.

Da die Blaualgen besonders an toten Riffen vorkommen, ist mit dem Auftreten giftiger Fische nach Unwetterkatastrophen, bei denen weite Riffteile vernichtet wurden, an stark benutzten Ankerplätzen und an ab- und süßwassergeschädigten Riffen zu rechnen.

Die Fortpflanzung der Doktorfische ist unterschiedlich. Am spektakulärsten ist sie bei der im polynesischen Gebiet vorkommenden Art „Manini" (A. triostegus): Bei Vollmond versammeln sich die geschlechtsreifen Tiere in großen Schwärmen, aus denen sich immer wieder kleine Gruppen von Männchen und Weibchen lösen, einige Meter nach oben schießen und am höchsten Punkt Eier und Samen

ausstoßen. Es können 40 000 und mehr Eier pro Weibchen sein. Die befruchteten Eier schweben mit Hilfe einer Ölkugel im freien Wasser und werden von Strömungen weitergetragen. Nach etwa 24 Stunden schlüpfen die Larven, die nach fünf Tagen mit der Nahrungsaufnahme beginnen. Diese Larven fallen durch wenige, sehr lange Rücken- und Afterflossenstacheln auf. Sie wandeln sich bald in die sogenannte Acronurus-Stufe oder Acronurus-Stadium um. In diesem Alter besitzen sie einen kreisförmigen, schuppenlosen, silbrig glänzenden, durchsichtigen Körper und sind so verschieden von ihren Eltern, daß dieses Stadium früher als eine eigene Art beschrieben wurde.

Das Acronurus-Stadium ist bei einer Größe von 2 bis 3 cm beendet. Es folgt eine Umwandlung (Metamorphose) zur elterlichen Form und Färbung, und so sind sie auch erst jetzt genau den Arten zuzuordnen.

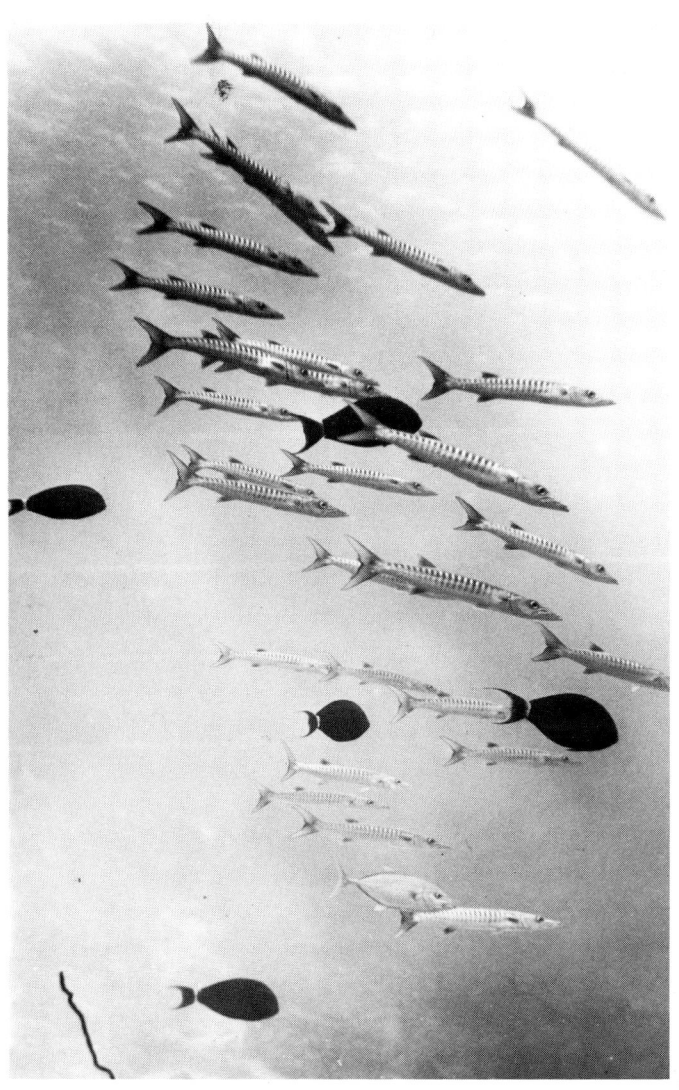

Links: *Nur eine Art der Doktorfische, Acanthurus gahm, bleibt auch im Alter Fleischfresser. Er schließt sich gerne Raubfischschwärmen, wie hier diesen Barrakudas, an und versucht, an deren Nahrung teilzuhaben.*

Oben: *Acanthurus coeruleus kommt bei den Bermudas und an der amerikanischen Ostküste bis nach Brasilien vor. Als Jungtier ist er leuchtend gelb, später wird er dann einfarbig blau. Er erreicht eine Größe bis zu 30 cm.*

Nashornfische *(Nasidae)*

Andere deutsche Namen:
Einhornfische

Ausländische Bezeichnungen:
Unicorn Fishes (engl.); Licorne, Corne (franz.); Puju (ostafrikan.); Abu Qorn, Baquara (arab.); Umaumalei (hawaii)

Verbreitungsgebiete:
Indopazifik, Rotes Meer, Mittelpazifik

Text und Fotos:
Dr. Horst Moosleitner

Verletzungen und Vergiftungen

Die Nashornfische haben beiderseits der Schwanzwurzel meist zwei rasiermesserscharfe Knochenkiele, die wie kleine Dolche vorspringen und bei vielen Arten nach vorne gekrümmt sind. Jungfischen fehlen diese Kiele gewöhnlich noch; sie entwickeln sich erst mit dem Erreichen der sexuellen Reife und sind häufig bei männlichen Tieren stärker entwickelt als bei weiblichen.

Diese Schwanzdorne sind gefährliche Verteidigungswaffen, die ähnlich den Skalpellen der verwandten Doktorfische eingesetzt werden können, aber nicht beweglich sind. Mit kräftigen Schwanzschlägen wird nach dem Angreifer geschlagen, und wenn ein Nashornfisch trifft, so hinterläßt er tiefe, klaffende Wunden. Es ist den Fischen ohne weiteres möglich, auch menschliche Arme und Beine bis auf die Knochen freizulegen.

Die Nashornfische sind daher bei den einheimischen Fischern sehr gefürchtet und werden, wenn gefangen, aus sicherer Entfernung mit dem Speer getötet.

Die Stacheln der Nashornfische stehen nicht mit Giftdrüsen in Verbindung; sie sind also nicht giftig. Wegen der kräftigen Wunden, die sie zu schlagen vermögen, können sie aber als nicht ungefährlich betrachtet werden. Die Gefahr von Sekundärinfektionen ist, wie überall in den Tropen, sehr groß.

Erste Hilfe

Wie bei den Doktorfischen sind die durch Nashornfische hervorgerufenen Schnittwunden nicht gerade lebensgefährlich; der Taucher gerät jedoch in weitere Gefahren durch hohen Blutverlust, Panik, Übelkeit und eventuell Großfische.

Die Behandlung kann sich bei kleineren Schnittwunden auf sorgfältige Desinfektion und Wundversorgung beschränken. Bei größeren Verwundungen ist ein Arzt heranzuziehen, der häufig eine Naht anbringen muß. Es können auch Schmerzlinderungsmittel und bei Infektionsgefahr Antibiotika gegeben werden.

Erkennungsmerkmale

Der Körper der Nashornfische ist länglich-oval und wird mit zunehmendem Alter immer langgestreckter. Die Haut ist dick, fast lederartig und dicht bedeckt von knapp nebeneinanderliegenden, aber nicht dachziegelartig übereinander geordneten bewimperten Schuppen. Die lange Rückenflosse beginnt bereits über dem Kiemendeckel und läuft den ganzen Rücken entlang; die lange Afterflosse führt ebenfalls von weit vorne, unterhalb der Brustflossen beginnend, bis zum Schwanz. Sie hat, ebenso wie die Rückenflosse einige Hartstrahlen (2–3) und zahlreiche Weichstrahlen (23–31). Dies ist bei allen Arten etwa gleich, so daß eine Einteilung nach den Flossenstrahlen nicht möglich ist.

Die Schwanzflosse ist nur bei Jungtieren und sehr wenigen Erwachsenen am Hinterende senkrecht abgestutzt. Viele Arten besitzen im Alter lange, fadenförmig ausgezogene obere und untere Schwanzspitzen, die auch als Erkennungsmerkmal dienen können.

Die Seiten des Schwanzstieles sind meist mit zwei knöchernen Platten bewaffnet, die in frühen Jugendstadien nicht oder kaum sichtbar sind. Sie entwickeln sich im Alter, speziell bei männlichen Tieren, werden beachtlich groß, gekielt, scharfkantig und manchmal pflugscharartig ausgebildet und formen so eine gewaltige Abwehrwaffe.

Mit dem Alter entwickeln viele Nashornfische Fortsätze vorne am Kopf, meist Hörner vor den Augen, was ihnen den Namen Einhorn- oder Nashornfische eingebracht hat. Bei manchen von ihnen wird nur die Schnauze oben vergrößert, ja sogar geschwollen. Einige Arten entwickeln im Alter einen großen Höcker auf der Stirn. Die erwachsenen Nashornfische sind an der Ausbildung des Hornes gut zu unterscheiden:

Der Langschnauzen-Einhornfisch (Naso unicornis) hat eine „fliehende Stirn", der Ansatz des Hornes ist dadurch so weit hinten, daß es den Körper nicht überragt. Der Kurznasen-Einhornfisch (Naso brevirostris) hingegen hat ein derart steiles Kopfprofil, daß das Horn die Schnauzenspitze weit überragt. Einige Arten von Nashornfischen besitzen auch im Alter keine Stirnfortsätze, das sind der Hornlose Einhornfisch (Kuhkopffisch = Naso lituratus), der bunteste aller Einhornfische und der in tiefem Wasser in großen Herden auftretende Naso hexacanthus (= N. vomer).

Einige Arten, wie der Ramsnasen-Einhornfisch (Naso tuberosus) bekommen anstelle eines Hornes eine große Beule auf der Stirn.

Die hier nicht näher beschriebenen Fische der Gattungen Prionurus und Xesurus liegen in der Form den Doktorfischen nahe, besitzen aber an der Schwanzwurzel und den davorliegenden Flanken 3 bis 10 gekielte Knochenplatten.

Die Gattung Axinurus, mit zwei sehr selten vorkommenden Arten, besitzt nur ein feststehendes Messer an der Schwanzwurzel.

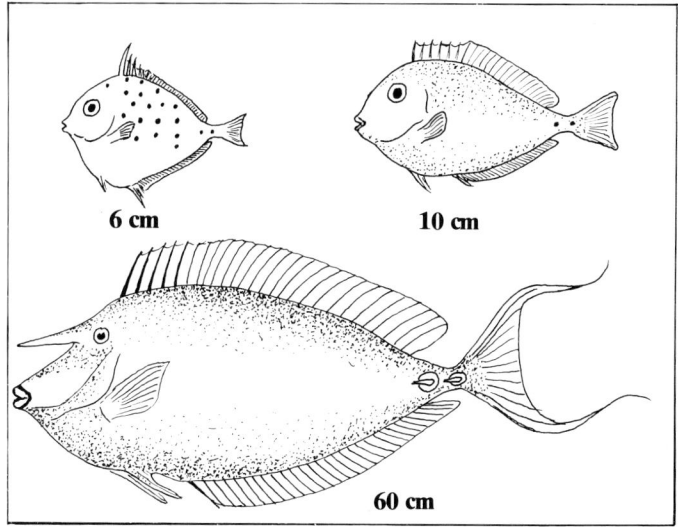

Nashornfische machen im Laufe ihres Wachstums einige Formatänderungen durch. In den frühen Stadien ist der Körper beinahe rund, während er mit zunehmendem Alter immer langgestreckter wird.

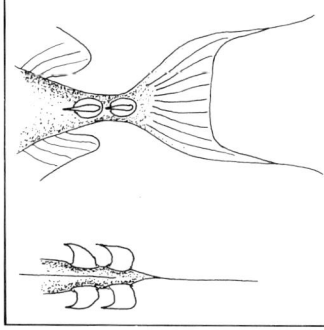

Auf beiden Seiten der Schwanzwurzel haben die Nashornfische Stacheln, die wie kleine Dolche vorspringen. Auf der Zeichnung sieht man diese Stacheln einmal von der Seite und einmal von oben.

143

Dieser Kurznasen-Einhornfisch (Naso brevirostris) ist gut an seinem langen Horn zu erkennen. Nashorn- und Einhornfische haben häufig als besonderes Merkmal dieses Stirnhorn.

Nashornfische

Lebensraum und Verbreitungsgebiete

Die Nashornfische leben hauptsächlich am Korallenriff; die meisten in relativ seichten Regionen und durchstreifen vorzugsweise Schluchten und Rinnen im Riff; nur wenige gehen auch in tieferes Wasser.

Sie durchschwimmen große Gebiete, so daß man vielfach annimmt, sie wären an keine Standorte gebunden. Viele scheinen aber über bestimmte Punkte nicht hinauszuschwimmen und sind somit eher als Standfische zu bezeichnen, wenn auch ihre Reviere viele hundert Meter umfassen können.

Die Nashornfische kommen im Indopazifik vor, wo mindestens 16 Arten beschrieben wurden. Einige davon sind weit verbreitet und werden vom Roten Meer bis zum Mittelpazifik, manche bis nach Hawaii und zur Westküste Amerikas gefunden. Zu diesen weit verbreiteten Arten gehören auch die vorhin genannten N. unicornis, N. brevirostris und N. lituratus.

Lebensweise und Ernährung

Die Nashornfische sind durchweg tagaktive Pflanzenfresser, die blättrige Algenfelder abgrasen; nur eine räuberische Art (Axinurus) ist bekannt, die Krebstiere wie Leucht- und Geißelgarnelen frißt.

Nashornfische leben gesellig. Nur wenige ziehen kleinere Gruppen vor oder leben paarweise (N. lituratus). Häufig bilden sie aber große Herden, die Hunderte, manchmal Tausende offensichtlich gleichaltriger Tiere umfassen können (N. brevirostris).

Nashornfische ziehen den ganzen Tag langsam und grasend, fast ständig fressend und nahrungssuchend dahin. Nachts stellen oder legen sie sich einfach in eine Ecke des Riffs oder auf den Boden, fär-

ben sich etwas blasser als am Tage und überdauern so die Ruheperiode. Interessanterweise schlafen sie einzeln und vereinigen sich erst am Morgen wieder zu Schwärmen.

Biologische Besonderheiten

Die Nashornfische werden von den meisten Autoren den Doktorfischen zugerechnet und nur als Gattung dieser Familie geführt. Neuere Untersucher neigen dazu, den Nashornfischen den Status einer eigenständigen Familie zu geben (Klausewitz), da sie genügend eigene Körpermerkmale aufweisen.

Viele Nashornfische sind zu schnellen Farbveränderungen fähig; besonders eine große Fläche hinter und oberhalb der Brustflosse kann bei einigen Arten (N. brevirostris, N. hexacanthus) plötzlich aufgehellt, manchmal leuchtend blauweiß werden. Diese Erre-

gungsfärbung wird in der Paarungszeit häufig eingesetzt, tritt aber auch in anderen Situationen (Schreck- oder Abwehr) auf. Die Farbzellen dieses Bereiches sind hierzu von Nerven gesteuert, während langsame Farbveränderungen und Anpassungen hormonal gesteuert werden.

Die Nashornfische machen im Laufe ihrer Entwicklung eine Serie von Formveränderungen durch. In den frühen Stadien, die nur von einigen Arten bekannt sind, ist der Körper nahezu rund und durchsichtig, bedeckt mit vertikal verlängerten, kammartig gesägten, gestielten Schuppen, die in senkrechten Reihen angeordnet sind und so vertikale Streifen vortäuschen.

Die verwandten Doktorfische haben ähnliche frühe Stadien, aber die Messer am Schwanz sind bei diesen schon in den ersten Entwicklungsphasen sichtbar. Bei den Nashornfischen ist in vergleichba-

ren Stadien noch nicht das geringste Zeichen einer Schwanzbewaffnung zu erkennen; diese erscheint erst nach dem Wechsel von der runden zur ovalen Form, das ist mit einer Länge von 3 bis 5 cm. Die Veränderungen der nasalen Region treten erst mit der sexuellen Reife ein.

Bei den runden Jungen ist der 1. Strahl der Rückenflosse der weitaus längste und kräftigste, die dahinterliegenden sind wesentlich kürzer; die Weichstrahlen noch kürzer. Mit dem Wachstum gleichen sich die Flossenstrahlen einander an, indem sich die vorderen verkürzen und die hinteren verlängern, so daß die Flosse im Alter überall ungefähr gleich hoch ist.

Die Afterflosse entwickelt sich ähnlich. Einige Arten entwickeln kein Stirnhorn und das Erreichen der sexuellen Reife ist bei diesen nur an der Entwicklung des Messers erkennbar.

Nashornfische sind sehr gesellig. Häufig bilden sie Schwärme, die mehrere hundert Tiere umfassen können.

Riesenmuscheln *(Tridacna)*

Andere deutsche Namen:
Mördermuscheln

Ausländische Bezeichnungen:
Giant clam (engl.); bénitier (franz.)

Wissenschaftliche Bezeichnungen:
Gattung Tridacna, mehrere Arten, von denen zwei sehr groß werden. Nah verwandt sind die Pferdehufmuscheln (Hippobus), die aber nur faustgroß werden.

Verbreitungsgebiete:
Ausschließlich Indopazifik von Ostafrika, Rotes Meer, Philippinen, Mikronesien, Malenesien, Australien bis Tonga, nicht bei Hawaii

Fotos:
Winfried Schott, Herwarth Voigtmann,
Dr. Heinz Gert de Couet

Text:
Dr. Heinz Gert de Couet

Verletzungen und Vergiftungen

Spätestens seit Hans Hass spektakulären Filmaufnahmen einer Mördermuschel, die ein in ihre Öffnung gehaltenes Gipsbein mit unvorstellbarer Kraft festhält, werden diese größten aller Meeresmollusken landläufig unter der Rubrik „Meeresungeheuer" geführt. Selbst Taucher, die es besser wissen sollten, verbreiten gerne solche Geschichten, die dem unkundigen Zuhörer kalte Schauer über den Rücken jagen.

Obwohl der Tauchsport in den vergangenen Jahren' enorme Zuwachsraten erfahren hat, und immer mehr Menschen ihren Urlaub an tropischen Meeresstränden verbringen, sind mir Unfälle mit Riesenmuscheln nicht bekannt, und ihre Einstufung als gefährliche Meerestiere ist nur mit äußerster Zurückhaltung erfolgt.

Daß diese Muschel Eingang in unsere Gifttier-Serie gefunden hat, liegt vielmehr an zahlreichen biologischen Besonderheiten dieser Tiere, die eine monografische Beschreibung rechtfertigen.

Der Schließreflex der Muscheln im allgemeinen ist ein reiner Schutzreflex vor Feinden wie Seesternen, Fischen, Kraken und Seevögeln. Niemals ist er als Fangmechanismus ausgeprägt — auch nicht bei den Mördermuscheln und Pferdehufmuscheln, von denen hier die Rede ist.

Die Gefährlichkeit der zentnerschweren Weichtiere liegt hauptsächlich in ihrer Lebensweise begründet: Sie lieben nämlich die Sonne und bevorzugen aus diesem Grunde die flacheren Regionen der Korallenriffe als Standort. Selbst bei Niedrigwasser liegen die Mördermuscheln mit geöffneten Klappen tief zwischen Korallengestein eingebacken auf der Riffkrone.

Gefährdet ist derjenige, der ohne festes Schuhwerk die Riffplatte betritt, um zum Beispiel nach Schneckenschalen zu suchen, die von der letzten Flut auf das Riffdach geworfen wurden.

Es liegen zwei authentische Meldungen aus unserem Jahrhundert vor, nach denen Riffwanderer versehentlich in eine Mördermuschel traten und sich nicht mehr befreien konnten. Beim Auflaufen der Flut mußten die Unglücklichen ertrinken, weil Hilfe nicht rechtzeitig eintraf.

Das Tückische an den Mördermuscheln ist, daß sie trotz ihrer auffallenden Farben in dem optisch verwirrenden Bild der Korallenäste und Fische doch recht gut getarnt sind. Ihre Schalenränder, bewachsen von allerlei Meeresorganismen wie Schwämmen und Weichkorallen, ragen meist nur um wenige Zentimeter über die Umgebung hinaus.

Erste Hilfe

Einziges Hilfsmittel für den Fall eines Unglücks ist ein Brecheisen oder ein Tauchermesser, mit dem der einzige Schließmuskel der Mördermuscheln durchtrennt werden kann. Der Muskel, der die beiden Schalenhälften zusammenhält, liegt direkt unterhalb der Einströmöffnung, einer schmalen, häutigen Öffnung im Siphonalgewebe am vorderen Rand der Muschel. Die Hoffnung, die beiden Schalenhälften mit Muskelkraft auseinanderzubringen, ist nur bei tagelanger Ausdauer berechtigt. Durch einen speziellen Haltemechanismus können Muscheln ohne großen Energieaufwand ihren Haltemuskel „sperren".

Andererseits sind die wirklichen Riesen unter den Mördermuscheln recht selten und auf den westlichen Pazifik um die Philippinen und das Great Barrier Reef beschränkt, so daß die Unfallgefahr allein von daher sehr gering ist.

Vorbeugend gilt das, was auch für die meisten anderen Gifttiere der Gezeitenzone ratsam ist: Auf der Riffplatte nur mit guten Schuhen gehen, möglichst nicht allein und sehr umsichtig bewegen, denn auch Zerstörungen des Riffs sollen vermieden werden.

Das riesige Weichtier, die Mördermuschel, klappt nur bei großer Sonneneinstrahlung ihr „Fleisch" über die Schale, um ihre symbiontischen Algen zu züchten.

Der Lichtschatten-Reflex wird durch die Augen, die sich am Rand des Mantelsaumes befinden, hervorgerufen. Schon bei geringer Änderung der Helligkeit schließt sich die Schale.

Jede Mördermuschel hat symbiontische Algen, die für die intensive, verschiedenartige Färbung der Mördermuschel verantwortlich sind.

Riesen- muscheln

Erkennungsmerkmale

Mördermuscheln der Gattung Tridacna sind nur mit der nahe verwandten Gattung Hippobus (Pferdehufmuscheln) verwechselbar, insbesondere bei älteren Exemplaren. Ausgewachsene Mördermuscheln lassen sich allein aufgrund ihrer Größe von allen anderen Weichtieren unterscheiden: Bei über vier Zentnern Gewicht erreichen die Schalenklappen eine Länge bis zu eineinhalb Metern. Der Schalenrand ist gleichmäßig gewellt und ragt nur wenig über die Umgebung hinaus.

Im geöffneten Zustand ragt das auffallend gefärbte Mantelgewebe weit über den Schalenrand hinaus. Die Farbe des Mantel- und Siphonalgewebes ist von Exemplar zu Exemplar unterschiedlich, überwiegend grün-braun bis blau und violett. Im Zentrum der klaffenden Schalen findet sich eine Ein- und Ausströmöffnung für das Atemwasser, das an den Kiemen vorbeigeführt wird (Egestions- und Ingestionsöffnung). Erstere ist spaltförmig, letztere wie ein richtiges Atemrohr ausgebildet.

Die Schalen weisen eine schuppige bis lamellige Struktur auf, die bei bestimmten Arten und bei jungen Individuen mit langen Querrippen besetzt sind. Die Farbe der Schale ist grauweiß, bei jungen Exemplaren von Tridacna squamosa auch gelb, grün oder rötlich. Nahe dem Schalenschloß, das der Unterseite zugewandt ist, befindet sich eine große Öffnung für die sog. Byssusfäden, mit denen die Muschel auf dem Grunde verankert ist. Im Gegensatz dazu besitzt die Pferdehufmuschel (Hippobus hippobus) keine Byssusfäden.

Eine kleine anatomische Besonderheit zeichnet die Riesenmuschel gegenüber anderen Vertretern der Klasse aus: Normalerweise ist der „Bauch" der Muschel mit dem abgewandelten Fuß (der von den verwandten Schnecken abgeleitet ist) nach oben, das heißt zur Schalenöffnung gerichtet. Bei den Mördermuscheln haben sich diese Verhältnisse grundlegend geändert; die Eingeweide haben sich um 180 Grad gedreht, während der Mantel an der gleichen Stelle geblieben ist. Als Folge dieser Drehung ist der vordere Schalenschließmuskel reduziert worden; die tridacnidae besitzen nur noch einen Schließmuskel.

Durch die unter den Muscheln einmaligen anatomischen Verhältnisse werden die Mantel-Blutgefäße zur Lichtseite hin gekehrt. Es handelt sich also offensichtlich um eine Anpassung an die Symbiose mit Algen, auf die später noch eingegangen wird.

Lebensraum und Verbreitungsgebiete

Mördermuscheln der Gattung Tridacna kommen in den tropischen Regionen des Indopazifik vor. Ihr Verbreitungsgebiet ist etwa das der Korallenriffe, allerdings beschränkt auf den Westpazifik von Ostafrika bis zum Zentralpazifik (Philippinen, Australien, Fidji, Tonga, Melanesien, Mikronesien, nicht in Hawaii). Die nahe verwandte Pferdehufmuschel dringt im Westen bis zu den Andamanen und Nikobaren vor, Hauptverbreitungsgebiet sind Australien und die Philippinen.

Lebensweise und Ernährung

Wie alle Muscheln, sind die Riesenmuscheln Strudler, die sich von einzelligen Algen ernähren, die Teil des „Planktons" sind. Wasser gelangt durch die Einströmöffnung in den Innenraum der Muschel, wird dort an den Kiemen vorbeigeführt und gelangt zur Ausströmöffnung. Die Kiemen dienen gleichzeitig als „Reusen", die alle Partikel unter einer Größe von 12/1000 Millimetern sammeln und über eine Wimpernrinne dem Mund zuführen. Wenigstens genauso wichtig, wie die Ernährung durch Plankton aber scheint die Symbiose der Riesenmuscheln mit Algen zu sein, die sie in ihrem Blut speichern und kultivieren. Der Lichtbedarf der symbiontischen Algen ist der Grund, warum die bevorzugte Lebensraum der Mördermuscheln die flachen Regionen der Korallenriffe sind. Auf dem Riffdach nehmen sie in der Brutto-Bioproduktion einen wichtigen Stellenwert ein. In pazifischen Riffen können pro Quadratmeter fünf Mördermuscheln vorkommen.

Die jungen Riesenmuscheln können sich auf sandigem Untergrund zwischen Korallenblöcken mit ihren Byssusfäden festheften; die größeren Exemplare bleiben aufgrund ihres Gewichtes liegen.

Eine Art (Tridacna crocea) gräbt sich durch Klappenbewegungen zwischen Korallen ein und besitzt scheinbar auch eine Art von Bohrvermögen durch dieses Verhalten. Zum Teil werden die Mördermuscheln durch das Korallenwachstum übertroffen und fest in das Riffgefüge einzementiert.

Neben der erwähnten Symbiose mit Algen existieren eine Reihe von nicht näher untersuchten Lebensgemeinschaften mit Krebschen und Fischen, die im Inneren der Muschel oder auf der Muschel leben. Wahrscheinlich profitieren nur die Untermieter von dem riesigen Weichtier.

Die Sinnesorgane sind bei festsitzenden Tieren üblicherweise nicht besonders ausgebildet oder spezialisiert. Wenigstens der Lichtsinn ist bei den Mördermuscheln recht empfindlich, denn sie reagieren schon bei geringen Änderungen der Helligkeit durch plötzliches Zuklappen der Schale. Augen, bzw. lichtempfindliche Organe befinden sich bei tridacna am Außenrand des Mantels.

Eine Besonderheit aller Muscheln ist das Vorkommen eines festen Stiels im Magen, der zersetzende Fermente frei gibt. Dieser „Magenstiel" wird bei den Mördermuscheln 30 Zentimeter lang bei einem Durchmesser von 0,5 Zentimetern.

Biologische Besonderheiten

Mördermuscheln der Familie Tridacnidae besitzen wie die riffbildenden Korallen symbiontische Algen in ihrem Körper, sogenannte Zooxanthellen. Es handelt sich dabei um einzellige Pflanzen, die auch im freien Wasser angetroffen werden und normalerweise Flagellen zur Fortbewegung tragen. Im Gewebe von Muscheln und Korallen allerdings verlieren diese Algen zahlreiche, sie kennzeichnende Merkmale in Anpassung an einen ganz anderen Lebensraum. Anders aber als die riffbildenden Korallen werden die symbiontischen Algen bei den Riesenmuscheln nicht in den einzelnen Zellen eines speziellen Gewebes gehortet, sondern im Blut, genauer gesagt in der Hämolymphe, denn die Muscheln besitzen keinen roten Blutfarbstoff zum Transport von Atemgasen, sondern das bläuliche Hämocyanin. Hier werden die Algen in großen Freßzellen in riesigen Mengen gespeichert und „gezüchtet". In der Umgebung des vergrößerten Siphonalgewebes befinden sich Lakunen und Ausbuchtungen des Blutgefäßsystems, in denen sich große Mengen von Blutzellen befinden. Durch die lichtexponierte Stellung können sich die Algen schnell vermehren. Im Gegensatz zu den Zooxanthellen der Korallen, die nach unserem heutigen Wissen nur eine Helferfunktion beim Aufbau des Kalkskeletts und als Lieferanten von Hormonen und Vitamien haben, werden die Algen in der Hämolymphe der Mördermuscheln direkt Nahrungszwecken zugeführt;

Obwohl das Zusammenleben dieser zwei so wesensverschiedenen Lebewesen augenscheinlich nur für den einen Partner profitabel erscheint, liegt auch der Vorteil für die Algen bei genauerer Betrachtung auf der Hand: Ihre Populationsdichte bleibt konstant, und sie werden von der Muschel mit allerlei Nährstoffen versorgt, die im offenen Meer außerordentlich rar sind, nämlich Phosphate und Nitratsalze. Diese Substanzen sind für den tierischen Organismus praktisch wertlos. Als Folge der ständigen Verdauung von Algen im Blut treten natürlich große Mengen von Exkrementen auf, die von der Mördermuschel durch überdimensionierte Nieren wieder ausgeschieden werden. Die Zooxanthellen nehmen einen wichtigen Stellenwert in der Ernährung der Tridacnidae ein, sind aber nicht die einzige Nahrungsquelle. Vielleicht liegt aber gerade in dieser einzigartigen Symbiose der Grund dafür, daß die Mördermuscheln die größten lebenden Weichtiere sind.

Wieweit die Anpassung der Muschel an diese Art von Symbiose geht, zeigt am besten die Existenz eines sogenannten „hyalinen Organs". Dabei handelt es sich um ein glasig-knorpeliges Gewebestück direkt unter dem Siphonalgewebe, dem die Eigenschaft zugeschrieben wird, das Sonnenlicht zu bündeln und damit das Algenwachstum zu fördern.

Erwähnenswert ist noch die kultische Bedeutung der Mördermuscheln, die schon im Mittelalter mit der fortschreitenden Entwicklung der Seefahrt nach Europa kamen. In zahlreichen gotischen Kirchen findet man noch Schalen, die als Weihwasser- oder Taufbecken verwendet werden. Eine der größten befindet sich in der Sakristei Saint-Sulpice in Paris. Sie ist über einen Meter groß und wiegt 270 Kilogramm. Es handelt sich um ein Geschenk Venedigs an den damaligen König aus dem 16. Jahrhundert.

Anhang

Stichwortverzeichnis

A

Aalartige 135
Aas 14
Aasfresser 26
Abel, Prof. 70
Ablaichen 74
Abbinden 95, 107
Abwehr 63, 146
Abwehrwaffen 43, 82
Acanthasteridae 19 ff.
Acanthuridae 82, 139 ff.
Acanthuroidei 82
Acanthurus gahm 98
Acanthurus sohal 139
Acanthurus triostegus 142
Acontiaria 94
Acontien 94
Acronurus-Stadium 139,142
Actinaria 94
Actinia equina 94
Adamsia palliata 95
Adlerrochen 87 ff.
Adrenalin 51
Ägypten 71
Aeolidier 47
Ärmelkanal 62
Aetobatidae 87
Afterflosse 58, 79, 115, 143, 146
Aglaophenia 31 ff.
Aipysurus 107, 110
Aktivkohle 123
Alarmzeichen 55
Algen 51, 79, 123 ff., 139
Algenblüte 126
Algendichte 126
Algen, festsitzende 126
Algengifte 123 ff.
Algen, symbiontische 46
Alkohol 15, 35, 43, 68 ff., 94, 123
Allergie 11, 34, 42
Allergieanfälle 126
Allgemeinbefinden 43
Alopias vulpinus 103
Alutera scripta 115
Amazonas 83
Ambulakralfüßchen 18
Ambulakralgefäßsystem 22
Amerika, Westküste 146
Amine, biogene 39, 51, 83
Aminosäuren 42
Ammenhaie 102, 103, 105
Ammoniakgeruch 83
Amoere 91
Amphacanthi 79
Amphiprion 95
Analgetika 55
Analflossen 86, 131, 134
Analstachel 63, 70
Anaphylaxie 35
Andamanen 150
Anemonen 47
Anemona sulcata 94
Anemonenfische 95

Angler 55, 95
Angstzustände 83, 107
Anguilliformes 135
Ankerplätze 142
Annelida 23
Antennenfeuerfisch 63
Antibiotika 71, 83, 135, 139, 143
Antidote 51
Antihistaminika 43, 55
Antikörper 39, 70, 107
Antiopella cristata 47
Antiserum, Haltbarkeit 70
Antitoxin 55, 67
Antivenin 107
Anthyonidium 130
Antwort, immunologische 43
Aphaeroides annulatus 131
Aphrodita 23
Apogon chrysotaenia 18
Appetitlosigkeit 35
Aquarianer 71
Aquarium 74
Arbacia lixula 14
A. pustulata, s. A. lixula 14
Arbaciidae 11
Archamia lineolata 18
Archipel, malayisches 110, 127
Ariidae 74
Ariscopus iburius 75
Arius proops 74
Arsen 123
Arten, eßbare 126
Aspirochirotacea 130
Assimilate 123
Astacus astacus 122
Asthenosoma 15, 18
Astrotia 107
Atembeschwerden 11, 39, 42, 63, 111, 135
Atemlähmung 15, 67, 107, 123
Atemluft 126
Atemnot 94
Atemsipho 51
Altantik 14, 42, 86, 91, 94, 123
Atmung, Aussetzung der 131
Atmungspigmente 107
Atroscopus guttatus 75
Aufblähmechanismus 131
Auftrieb 42
Augenbindehautentzündung 123, 126
Augenfleckzitterrochen 91
Auricularia 130
Ausbrennen 107
Aussaugen 59, 87, 107
Austern 126
Australien 22, 70, 111, 150
Autonomie 130
Axinurus 143, 146

B

Badeschuhe 55, 66
Badeunfälle 11
Bahamas 23, 95

Baja California 107
Balistapus undulatus 118
Balistes caerulescens, s. B. rivulatus 118
Balistes rivulatus 118
Balistes vetula 115
Balistidae 115 ff.
Balistoides conspicillum 115
Balistoides viridescens 115
Barrakuda 95 ff., 139
Barriere-Riff 111, 114, 147
Barteln 71
Bartmuscheln 126
Bauchflosse 70, 79, 134
Beatmung, künstliche 59, 123
Bêche-de-mer 127
Beckengürtel 134
Beckenstacheln 63
Behandlung 143
Behandlungsmethoden 63
Beinpaare 119
Belebungsmittel 59
Benommenheit 123
Beschwerden 115
Betäubungsmittel 59
Beugemuskel 118
Beunruhigung 134
Beutefang 54
Beutetiere 38
Bewegungsfreiheit, Einschränkung d. 59
Bewußtlosigkeit 59
Bindegewebshülle 63
Biomasse 130
Bioproduktion 150
Birgus latro 119 ff.
Bismarck-Archipel 114
Biskaya 86
Bittersalz 71
Blasenbildung 43
Blastula 14
Blaualgen, giftige 123 ff., 142
Blauhai 100 ff.,
Blaumaul 62
Blenniidae 38
Blindheit, zeitweise 123
Blutdruckabfall 83, 87, 131
Blutergüsse 107, 119
Blutgifte 55
Blutkörperchen 107
Blutserum 70, 135
Blutungen 107
Blutvergiftung 135
Blutverlust 95, 99, 143
Blutzellen 127, 150
Bodenbewohner 83
Bodenfische 55
Bodenleben 90
Borsalbe 43
Borstenwürmer 26
Brachyura 119
Brackwasser 79, 86, 110
Brandblasen 31
Brandwunden 35

Brasilien 83
Brassen 79, 142
Braunfleck-Doktorfisch 98
Brechdurchfall 87
Brecheisen 147
Brechreiz 43
Brennreiz 43
Brucko 86
Brustflossen 71, 75, 83, 143, 146
Butterkrebs 122
Buttermuschel, s. Venusmuschel 126
Byssusfäden 150

C

Calciumgluconat 31, 55, 131
Calciumsalbe 95
Calliactis parasitica 95
Cancer pagurus 119 ff.
Caracanthus 70
Caranx 98
Carcharias taurus 103
Carcharinidae 99 ff.
Carcharhinus melanopterus 99, 103
Carcharhinus menisorrah 103
Carcharodon carcharias 99, 102, 103, 105
Cassis cornuta 22
Cebu 110
Centrostephanus longispinus 11, 14
Cephalopoden 111 ff.
Cetorhinidae 103
Cetorhinus maximus 103
Ceylon 71
Chimären 106
Chironex fleckeri 31
Chirurgenfische 139 ff.
Chlamydoselachoidei 102
Chonerhinus modestus 131
Choridactylodes 70
Ciguatera-Toxin 115 ff.
Ciguatera-Vergiftung 95, 99, 123, 134, 135, 139
Cilien 15
Cleptocniden 50
Clownfische 95
Cnidaria 43 ff.
Cnidocil 25
Cocain 51, 131
Coffein 51
Congridae 135
Conus aulicus 54
Conus gloriamaris 54
Conus magus 54
Conus marmoreus 54
Conus mediterraneus 54
Conus striatus 54
Conus textile 54
Conus tulipa 54
Cormidien 42
Coryne 31
Cottidae 62
Cottoidei 59 ff.

Cotylorhiza tuberculata 25
Creeks 86
Crustaceen 18
Ctenochaetus 139
Cubomedusae 35
Curare 51, 111, 123
Cuvier'sche Schläuche 127, 130

D

Dactyloscopidae 75
Darmbeschwerden 135
Dasyatis 83
Dasyatis centroura 86
Dasyatis pastinaca 86
Dasyatis violacea 86
Decapoda 119
Dendrochirus 66
Dendrochirus brachypterus 66
Dendrochirus zebra 66
Depression 55
Desinfektion 59, 75, 79, 135, 143
Detritus 130
Detritusfresser 142
Diadema setosum 18, 15
Diadematidae 11, 15 ff.
Diademseeigel 14, 15 ff., 118
Dinoflagellaten 123, 126
Diodontidae 131
Dipleurula 18
Doktorfische 82, 115, 123, 139 ff., 143, 146
Doliolaria 130
Dorididae 47
Dorn 58
Dornen 59
Dornenkronenseestern 19
Dorphramus excisus 18
Dosis 51, 123, 131
Drachenfisch 55 ff.
Drachenköpfe 59 ff., 63, 66, 67
Drescherhai 103
Drohfärbung 139
Drohstellung 135
Drückerfisch 115 ff., 134
Drückerfisch, blauer 115
Drückermechanismus 115
Drüsen, giftproduzierende 83
Drummondis Fadenschnecke 47 ff.
Duboisia-Pflanze 115
Durchfall 11, 83
Durchschlagzellen 34
Durst 107

E

Echidna nebulosa 135
Echineis 106
Echinidae 11 ff.
Echinothuridae 15 ff.
Edelkrebs 122
Egestionsöffnung 150
Eier 38, 62, 74, 115

Eierstöcke 38
Eileiter 86
Eingeweide 115
Einhornfisch, hornloser 143
Einsiedlerkrebse 95, 119
Einstich 71
Einstiche 55, 59
Einströmöffnung 147
Eiweiße 55, 59, 67, 83, 87
Eiweiß-Gifte 39 ff.
Ektoderm 46
Elapidae 107
Elektrozyt 78
Ellbogen 71
Embryonen 38
Embryonalentwicklung, d. Rochen 86
Emetin Hydrochlorid 62
Emydocephalus 107
Enddarm 127
Endosymbiose 46
Energiehaushalt 130
Engelshaie 106
Enhydrina 107
Enhydrina schistosa 107, 110
Entgiftung 126
Entwicklungsgeschichte 83
Entwicklungsphasen 146
Entzündungen 51, 135
Erbrechen 11, 31, 35, 83, 107, 111, 123, 131, 135
Erkennungsduftstoff 22
Errantia 23 ff.
Erregungsfärbung 146
Ertrinken 35, 99
Eunice fucata 23
Eunice garisea 135
Eunice gigantea 23
Eunice harassi 23
Eunice viridis 23
Eupagurus 31
Euphorie 107
Everglade-Sümpfe 86
Exkremente 150
Extremitäten 51, 59, 107

F

Facellina drummondi 47 ff.
Fadenschnecken 42 ff., 47 ff.
Fadenschnecke, violette 47
Färbung, d. Drachenköpfe 62
Fahnenquallen 35, 38
Fangarme 94
Fangzähne 107
Farbstoff 123
Farbvarianten 79
Farbzellen 146
Faulungsprozesse, mikrobielle 130
Feilenfische 115 ff.
Feinde, d. Seeschlangen 110
Felsenkrabbe 135
Feuerfische 63 ff.
Feuerkorallen 31, 39, 43 ff.
Feuerquallen 35

Feuerwurm 23, 26
Fieber 39 ff., 43, 55, 63, 94
Fieberanfälle 71
Fierasfer acus 130
Filtrierer 130, 126
Fische, tropische 123
Fischer 55, 59, 71, 87, 143
Fischfang 102
Fischgifte 71
Fischlarven 34
Fischsuppe 59
Flabellina affinis 47 ff.
Florida 86
Flossenspannhaut 118
Flossenstacheln 79
Flossenstrahlen 66, 131, 146
Fluchttendenz, d. Rochen 83
Flughähne 59
Flußkrebs 119
Flußmündungen 96
Formaldehyd, s. Formalin 43
Formalin 43
Formol, s. Formalin 43
Formveränderungen 146
Fortbewegung 115
Fortbewegung, kreiselnde 123
Fortpflanzung, d. Algen 123
Fortsätze 143
Fraser-Brunner 11
Freßbewegungen 51
Freßgemeinschaft 42
Freßgewohnheiten, d. Doktorfische 142
Freßgewohnheiten, d. Kaninchenfische 82
Freßpolypen 42
Fricke, H. W. Dr. 18, 118
Fugu 131

G

Galapagos-Inseln 131
Galeocordo cuvieri 103
Garnelen 74
Garnelenfischer 58
Gasblase 39 ff.
Gasdrüse 42
Gastrula 14
Gascogne 62
Gaumenbein 58
Gato 110
Gebiß 107
Gefäße 107
Gefühl, brennendes 123
Gefühllosigkeit 11, 15, 55, 131
Gefühl, kribbelndes 139
Gegengift 55
Gegenmittel 111
Gehörknochen 107
Geigenrochen 90
Geißeln 123
Geißelgarnelen 146
Gelbflossen-Barrakuda 98
Gelblippen-Seeschlange 107, 110

Gelege 134
Gelenkschmerzen 55
Genitalplatte 14, 18
Geröllboden 58
Geruchssinnesorgan, d. Kegelschnecken 51
Geschlechtsorgane 31
Geschlechtsorgane, d. Dornenkrone 19
Geschlechtsmeduse 42
Geschlechtspolypen 31
Gesichtsmuskulatur 51
Gespensterfische 66
Gespensterkrabben 95
Gewässer, algenverseuchte 126
Gewebe 55
Gewebegift 55
Gewebeschaft 67
Gewebezerfall 67
Gezeitentümpel 67, 134
Gezeitenzone 95, 126
Ghana 54
Gilbert-Inseln 134
Gift 134
Giftalgen 123 ff.
Giftapparat 87
Giftapparat, Morphologie 70
Giftausführkanal 63
Giftdrüsen 14, 51, 55, 58, 59, 63, 67, 71, 75, 79, 82, 87, 139
Giftkanäle 107
Giftleitungsgang 67
Giftmenge 59, 107
Giftmuscheln 123 ff.
Giftstacheln 59, 63, 83
Giftstoffe 123, 127, 142
Giftwirkung 51, 55, 63
Giftzahn 107
Giftzangen 11
Giftzüngler 51 ff.
Glatthai 103
Glaucus marginatus 42
Gleichgewichtsorgane 35
Gleichgewichtsstörungen 126
Glutinanten 31
Glycoside 19, 127
Gobiidae 18
Gobius bucchichii 95
Goldbarsch 59
Goldkugelfisch 131
Goldstriemen 82, 79
Golf von Biskaya 62
Golf v. Oman 107
Golf v. Panama 107, 110
Golf v. Persien 107, 110
Golf v. Suez 71
Gonozoide 31
Gonyaulax 126
Grauhai 103
Griechenland 79
Grönland-Hai 106
Groppen 59
Grotten 66
Großfische 143
Grünalgen 14

Gründungspolyp 42
Grundfische 59
Grunzen 118
Grzimek 82
Guam 22
Gymnothorax favagineus, G. javanicus 138

H

Haarqualle 25, 38
Habermehl, Prof. 94
Hämocyanin 150
Hämolymphe 150
Hämopoese 127
Haie 83, 86, 94, 95, 99 ff., 110
Haifischflossensuppe 99
Haifischleber 99
Haistock 102
Hammerhai 103, 104
Handschuhe 19, 43, 119
Hapalochaena maculosa 111 ff.
Harlekinsgarnele 22
Harpunenjäger 87
Hartstrahlen 63, 143
Hass, Hans, Dr. 147
Hauptstrahlen 70
Hausmittel 66
Haut 143
Hautausschlag 39 ff., 123, 139
Haut, der Drückerfische 115
Hautentzündungen 127
Hautfransen 59, 62, 66, 70
Hautjucken 123
Hautparasiten 119
Hautreizung 126
Hautschleim 127
Hawaii 18, 22, 46, 66, 146
Hebriden 42
Hectocotylus 114
Heilung 66
Heißwassermethode 55, 63, 70, 75, 83. 87
Helgoland 119
Hell-Dunkel-Kontrast 107
Helmschnecke 22
Helmtaucher 87
Herden 79, 143
Hermodica carunculata 23
Herzklopfen 59, 83
Herz-Kreislaufsystem 39 ff.
Herzmassagen 35, 51, 91
Herzmuschel, s. Venusmuschel 126
Herzschlag 55
Herzschlag, erhöhter 87
Herzversagen 67
Heterocongridae 135
Heterodontidae 103
Hexabranchus 130
Hexanchus griseus 102
Hilfe, ärztliche 70
Himmelsgucker 55, 58, 75 ff.
Hippobus 147 ff.
Hitze-Behandlung 59, 71

Hitzegefühl 123
Hochsee 38
Hochseebewohner 39 ff., 87, 90, 110
Hochseehaie 90
Höhlen 138
Hörner 87, 90, 143
Hohltiere 39 ff., 43 ff.
Holothurien 127 ff.
Holothuriengifte 127 ff.
Holothurine 127
Holothurogenine 127
Homarus gammarus = vulgaris 119
Hornhai 103
Humboldtstrom 46, 110
Hummer 111, 119
Hundshai 103
Husten 35
Hyaluronidase 111
Hydra 43
Hydroidpolypen 42, 47
Hydrophiinae 107 ff.
Hydrophis 107
Hydrophis semperi 110
Hydrozoa 43 ff.
Hydrozoen 31 ff., 39 ff., 47, 119

I

Igelfische 131 ff.
Impulsübertragung 131
Immunisierung 39
Immunität 107
Immunsystem 127
Indopazifik 146
Industrieabwässer 123
Indonesien 138
Infektion 11, 43
Infektionsgefahr 143
Infektionsherd 87
Injektionsstachel 51
Inkubationszeit 123
Intelligenzleistungen, v. Kraken 114
Iris 86
Irritationen 127
Israel 79
Isuridae 103
Isurus oxyrhynchus 103

J

Jagdbiß 107
Jagdgebaren, d. Feuerfische 66
Japan 18, 42
Java-Muräne 135
Jodtinktur 15
Juckreiz 39 ff.
Jugendkleid 118
Jugendstadien 143
Jungfische 62, 143

K

Kästner 38
Kalifornien 131

Kaliumpermanganat 55
Kalkgerüst 46
Kalkskelett 43
Kalkstacheln 11, 83
Kammerflimmern 91
Kammzähnerhai 102
Kampfer 51
Kanalsystem 46
Kanaren 54
Kanarische Inseln 62
Kaninchenfische 79 ff.
Kapverden 54
Kardinalfische 18
Karibik 18, 46, 91, 115
Katzenhaie 86, 103
Kegelschnecken 51 ff.
Keimdrüsen 18
Keimstöcke 14
Keimzellen 38
Kieferwurm 23
Kiemendeckel 58, 66, 83, 143
Kiemendeckeldornen 55
Kiemenhaut 134
Kiemenmuskel 91
Kiemenöffnung 118, 135
Kiemen-Reusenkorb 90
Kiemenspalten 83
Klaffmuschel 126
Klammern 139
Klausewitz 146
Klebzellen 34, 39, 42
Kloakenöffnung 130
Klunzinger 71, 82
Knochenfische, primitve 134
Knochenkiele 143
Knochenplatten 143
Knochenstrahlen 71
Knorpelfische 83, 94
Knurrhähne 59
Kobra 107
Königin-Drückerfisch 115
Körnchen-Muräne 138
Körperform, abgeplattete 83
Körpertemperatur 63
Kofferfische 131 ff.
Kohlendioxid 46
Kohlenmonoxid 42
Koliken 35
Kollaps 35, 83
Kolonien 34, 39, 42, 74
Kolumbien 44, 45
Koma 51
Kommensalismus 18
Kompaßqualle 38
Komplikationen 79
Komponente, myotoxische 107
Komponente, neurotoxische 107
Kompressen 59, 66, 71, 87
Konservenfabrik 126
Konstitution 55, 59
Kontrastbänder 66
Konvergenzen 43, 86
Kopffüßer 111 ff.
Kopfschmerzen 11, 35, 39, 55, 94, 123

Kopulation 86
Korallenfische 134
Korallenpolypen 118
Korallenriffe 66, 79, 146
Korallenstöcke 51
Korallentiere 95
Korallenwelse 71 ff.
Kosmopoliten 134
Kosseir 71
Krabben 119
Krämpfe 55, 83, 107, 131
Kragenhai 102
Krake, blaugefleckter 111 ff.
Kraken 111 ff.
Krampfmittel 51
Krebs, amerikanischer 119
Krebsartige 139
Krebse 131
Krebspest 119
Krebstiere 119 ff., 146
Kreislauf 55, 63
Kreislaufbeschwerden 15, 19
Kreislaufkollaps 31
Kreislaufmittel 71
Kreislaufversagen 67, 127
Kreislaufzusammenbruch 43
Kreuzotter 107
Kreuzwels 74
Kriegshelme 134
Krustenanemonen 119
Küste, amerikanische 126
Küstengebiete 87
Küstenindianer 126
Küstenregionen 110
Küstenzone 23, 51, 71
Kugelfische 115, 126, 131 ff.
Kuhkopffische 143
Kultivierung, v. Muscheln 126
Kurznasen-Einhornfische 46, 143
Kykladen 79

L

Lähmungen 51, 83, 111, 127, 131
Lähmungserscheinungen 15, 94, 139
Lähmungsvergiftung 123
Lagune 71
Laichbänder 50
Laichflüssigkeit 130
Laichzeit 14
Lakunen 150
Lamna nasus 103
Langschnauzen-Einhornfisch 143
Laomedea 31
Lapemis 107
Larven 47, 54, 58
Laterne des Aristoteles 18
Laticauda 107
Laticaudinae 107 ff.
Lecithinase 111
Leoparden-Drückerfisch 115
Lepidonotus squamatus 23
Leuchtgarnelen 146
Leuchtqualle 35 ff.

Lichtbedarf, d. Korallen 46
Ligament 118
Linné, Carl von 63
Lippfische 139
Litoral 23
Lösungsmittel 127
Loscorhynchus grandis 119
Lorenzini-Ampullen 102
Luzon 107, 110
Lycodontis javanicus 138
Lycodontis unicolor 138
Lymphknoten 67
Lythocarpus 34

M

Macrocystis 130
Madagaskar 22
Magen 35
Magen-Darmtrakt 126
Magenstiel 150
Magnesiumsulfat 23, 82
Makrelen 142
Makrelenhai 103
Malediven 91
Mangelsituation 46
Mangrovensümpfe 86
Manta 87 ff.
Manta birostris 90
Mantelrose 95
Manteltiere 34
Marderhai 103
Marmorrochen 91
Marokko 58
Marschall-Inseln 134
Massenansammlungen 38, 39, 42
Massenauftreten, v. Algen 123
Massenvermehrung 126
Mattigkeit 35, 94
Medikamente 87, 123
Medusen, echte 42
Medusen 34, 46
Meeraale 135
Meerengel 90
Meeresschichten, oberste 126
Meerpfaff 75
Meersau 59
Mehl 43
Melanesien 18, 147
Merkmale, anatomische 134
Mesenterien 95
Messer 146
Metamorphose 18, 50, 142
Metridium senile 30
Miesmuschel 126
Mikroalgen 126
Mikroskop 123
Millepora complanata 46
Millepora dichotoma 43 ff., 46
Millepora-Toxine 43
Milleporidae 34, 43 ff.
Mimese 70, 114
Minous 70
M. monodactylus 70

Mittelamerika 110
Mitteldarmdrüse 50
Mittelmeer 14, 34, 42, 62, 79, 82, 86, 90, 91, 98, 115, 126, 132, 134
Mittelmeerpetermännchen 58
Mittelpazifik 146
Mobula 87
Mobula mobular 90
Mobulidae 87 ff.
Modiolus barbata 126
Modiolus modiolus 126
Mördermuscheln 147 ff.
Molche 134
Molluska 114
Mollusken 131
Molukken 18, 111
Mondfische 134
Mondphasenwechsel 26
Moschuskrake 114
Moostierchen 139
Mundöffnung 75
Mundschleimhaut 110
Muraena helena 138
Muränen 135 ff.
Muränenbiß 135
Muränen-Schwimmweise 110
Muschelbestände 123, 132
Muschelkonserven 126
Muscheln 14, 90, 119, 123, 133 ff.
Muscheln, Eßbarkeit von 126
Muscheln, Genuß von 123, 132
Muschelwächter 119
Muschelzuchten 86
Muskelfasern 91
Muskelkontraktion, rhythmische 118
Muskelkrämpfe 31
Muskellähmung 51
Muskelmagen 139
Muskelschmerzen 107, 123, 131
Muskelzucken 107, 131
Muskulatur 123
Musterung, quergestreifte 66
Muttertier 123
Mya arenata 126
Myliobatis 87 ff.
Myliobatis aquila 90
Myliobatis bovina 90
Myliobatidae, s. Aetobatidae 87
Mytilus californicus 126
Mytilus edulis 126
Mytilus galloprovincialis 126

N

Nacktschnecken 47
Nadelfische 130
Nährstoffangebot 123
Nagelrochen 83, 87
Nahrungsquelle 126
Nahrungssuche 74
Narben 94
Narcine brasiliensis 91
Narcine brunnea 91
Nasenhaie 103

Nashornfische 143 ff.
Naso brevirostris 143
Naso hexacanthus 143
Naso lituratus 143
Naso tuberosus 143
Naso unicornis 143
Natron 126
Natriumbicarbonat 43
Naturstoff 123
Naucrates 106
Nauplius-Larve 119
Nekrose 63, 66,67
Neoprene-Anzug 35
Nephtys 23
Nereis diversicolor 91
Nereidae 23
Nerven 146
Nervenendigungen 123
Nervengift 111, 139
Nervennetz 19
Nervensystem 39, 127
Nervenzellen 131
Nerv-Muskelsynapse 111
Nesselbatterien 35
Nesselfäden 43
Nesselgifte 39, 42, 43, 94
Nesselkapseln 35, 38, 43, 46, 47,94
Nesselpolypen 39
Nesseltiere 31 ff., 35, 43
Nesselzellen 35, 50
Netzhaut 103, 106
Netzmuräne 138
Neugier 110
Neu-Guinea 110, 111
Neu Kaledonien 115
Neurotoxin 51
Nikobaren 150
Nikotinamid 131
Nitratsalze 150
Nitratverbindungen 46
Nomeus gronovei 42
Noradrenalin 51
Nordafrika 119
Nordostatlantik 58
Nordsee 34, 94, 126,130
Normaldichte 126
Norwegen 58, 86
Notidanoidei 102
Novocain 71
Nudibranchia 42, 47 ff.

O

Oberfläche 110
Oberkörper 107
Octopus macropus 114
Octopus vulgaris 114
Ölkugel 142
Ohrenquallen 38
Oktopus 111 ff.
Olivenöl 31
Opalwurm 23
Operculum 106
Ophichthydae 135

Orangestreifen-Drücker 118
Orconectes limosus 119
Orectolobidae 103
Organe, elektrische 75, 94
Organ, hyalines 150
Organ, segelförmiges 72 ff.
Ostafrika 18, 22, 110, 150
Ostatlantik 90
Ostracionidae 131
Ostrea edulis 126
Ostsee 86
Ozoena moschata 114

P

Paarungsverhalten, d. Kugelfische 134
Paarungszeit 19
Paarungszeit, d. Seeschlangen 110
Paarungszeit, d. Nashornfische 146
Pagurus 95
Palmendieb 119
Palolowurm 23, 26
Panzer 123
Panzeralgen 123, 126
Panzergeißler 126
Panzerwangen 59, 63, 66
Panik 123
Papageifische 79, 139
Paracentrotus lividus 11
Paraguay 83
Parasiten 18
Parmia bipunctata 18
Partnerschaft 18
Passiv giftige Fische 131
Pazifik 42, 123
Pedicellarien 11, 15, 19,22
Pelagia noctiluca 36, 37
Pelamis 107
Pelamis platurus 107, 110
Penetranten 31, 35
Pennatularia 34
Pentacula 127
Periclimenes imperator 127
Petermännchen 55, 75
Pfeilgift 123
Pfeilhechte 95, 98
Pferdeaktine 94, 95
Pferdehufmuscheln 147 ff.
Pflanzenfresser 139, 146
Pflasterzähne 90
Pflugscharbein 58
Pharmaka 55
Pheromone 127
Philippinen 70, 110,114, 147, 150
Phosphate 150
Phosphatverbindungen 46
Physalia 39, 42
Physalia physalis 39 ff.
Pinna nobilis 122
Placoidschuppe 83, 102
Plankton 14, 18, 22, 34, 50, 58, 74, 90, 95, 126,127, 150
Planktonnetz 123
Planula 31

Plattenskelett 23
Plotosus anguillaris 71
Plotosus lineatus 71
Pluteus-Larve 18, 22
Polychaeta 23 ff.
Polypen 38, 46, 95
Polynesien 18, 127
Portugal 54
Portugiesische Galeere 39 ff.
Portunidae 119
Potamotrygon 86
Potamotrygon motoro 83
Premnas 95
Prickeln 55
Primärtentakeln 127
Prionace glauca 100, 103
Prionurus 143
Procain 131
Proteine 51
Pseudobalistes fuscus 115, 118
Pseudotriacus microdon 103
Pterois 63 ff.
Pterois antennata 66
Pterois lunulatus 66
Pterois macrusus 66
Pterois radiata 66
Pterois radiata russellini 66
Pterois radiata sphex 66
Pterois radiata volitans 66
Pteromylaeus 87
Puffer 131
Puls 11, 63, 107
Puls, erhöhter 123
Pupillen 107
Putzergarnelen 119, 138
Putzerfische 138

Q

Quaddeln 47, 94, 95
Quallen 35 ff., 47
Quallenfische 38
Quecksilber 123
Queensland 66
Queise 55
Querstreifen 79

R

Radulasack 51
Radulatasche 54
Rajidae 83
Rammnasen-Einhornfisch 143
Randall, Jack 142
Raspelzunge 50, 51
Raubfische 138
Red Tide 126
Regenerationsvermögen 14, 119
Region, nasale 146
Regionen, seichte 146
Reviere 146
Reife, sexuelle 143, 146
Rekonvaleszenz 139

Reptilien 107 ff.
Rhinodon typus 103, 104
Rhizostomae 35
Riechgruben 106
Riechorgane 35
Riesenhaie 103
Riffe 71
Riffhai 103
Riffspalten 110
Riffterrasse 138
Riffwanderer 51, 147
Rivalitätskämpfe 118
Rochen 67, 90 ff.
Rochen, elektrische 91 ff.
Rochenstacheln 87
Röhrenaale 135
Rotbarsch 59
Rotes Meer 22, 43, 46, 71, 110, 138, 146
Rotfeuerfische 59, 67, 70
Rotmeer-Segelbader 139
Rückenanhänge 47
Rückenflosse 55, 58, 67, 71, 115
Rückenflossen 79, 131, 134, 143
Rückenpapillen 47
Rückenstacheln 63, 70
Rüppel 118
Rüssel 51
Ruheperiode 146
Ruheplätze 110

S

Sägehai 106
Sägefische 90
Salmiakgeist 23, 31, 39, 43, 55, 94
Salomonen 107, 110, 111, 114
Salz 43
Salzdrüsen 110
Salzgehalt 74
Samenbehälter 50
Sammetzähne 58
Samoa 23
Sanganeb-Riff 79
Sand 43
Sandgrund 98
Sandmulden 115
Saponine 19, 127
Sandhaie 103
Saron marmoratus 18
Sauerstoff 51, 131
Sauerstoffversorgung 107
Saugfüßchen 14, 18, 22, 130
Saxidomus giganteus 126
Saxidonus mutalli 126
Saxitoxin 123
Scaphanorhynchidae 103
Scarus cretensis 79
Schalenschließmuskel 150
Scheren 119
Schiffshalter 106
Schildkröten 110
Schiller-Labyrinth-Versuch 114
Schirmquallen 35 ff.

Schizophrys aspersa 18
Schlagader 139
Schlammböden 58, 90
Schlangenaale 135
Schlangenbisse 67
Schlangengifte 63, 107 ff.
Schleim 50, 71
Schleimfilm 43
Schleimfische 58
Schleimhäute 126
Schleppnetz 38, 62
Schließreflex 147
Schluckbeschwerden 111
Schlüsselbein 118
Schlund 62
Schmarotzerrose 95
Schmerzen 39, 59, 63, 67, 71, 79, 87
Schmerzlinderungsmittel 43, 139, 143
Schmetterlingsrochen 83
Schnapper 142
Schnecken 14, 90
Schnittwunden 115, 139, 143
Schnorchler 51
Schock 39, 42, 43, 87, 95, 102
Schottland 58, 87, 119
Schüttelfrost 35, 39, 59, 94, 95
Schulp 111
Schulter 71
Schuppen 79, 143
Schuppen, gestielte 146
Schuppenwurm 23
Schutzanzug 42, 43
Schwammkrankheiten 94, 95
Schwächeanfälle 123, 131, 139
Schwämme 98
Schwärme 79, 98, 139, 146
Schwanz 143
Schwanzbewaffnung 146
Schwanzdorne 143
Schwanzflosse 79, 134
Schwanzhieb 139
Schwanzstacheln 87
Schwanzwurzel 87
Schwarzes Meer 75, 86
Schwarzspitzen-Sandhai 103
Schweißausbrüche 55, 59, 71, 83, 87, 131
Schwellungen 55, 63, 67, 107, 123
Schweresinnesorgane 130
Schwimmblase 58, 106, 118
Schwimmer 39
Schwimmkrabben 119
Schwimmlarve 34
Schwindel 31
Scorpaena notata 62
Scorpaena porcus 62
Scorpaena scrofa 59, 62
Scorpaena ustulata 62
Scorpaenidae 59 ff., 63 ff.
Scorpaeniopsis 66
Scorpaenoidei 59, 63 ff.
Scylorhynchus caniculus 103
Scylorhynchus stellaris 103
Scylorhinidae 103

Sebastes dactylopterus 62
Sebastes viviparus 59
Sedentaria 23
Seeanemonen 47, 94
Seebader, s. Doktorfische 139
Seedahlien 94
Seefeder 31
Seegras 58, 59, 115
Seegrasblätter 14
Seegurken 127 ff.
Seehundskugelfisch 131
Seeigel 11 ff., 15 ff.
Seeigel-Keim 127
Seeigelstachel 11
Seemaus 23
Seemoos 31
Seenadel 18
Seenelken 94
Seepocken 14
Seeringelwurm 23
Seerosen 94
Seescheide 119
Seeschlangen 107 ff.
Seespinne 18, 95, 119
Seesterne 19
Seevögel 110
Seewalzen 127 ff.
Segelbader 139
Segelqualle 42
Sehstörungen 123, 139
Seichtwasser 98
Seitenlinie 102, 106
Sekret 71
Sekundärinfektionen 15, 19, 55, 83, 143
Semaeostomae 35 ff.
Senegal 58, 62, 75, 87
Sepia gibba 18
Seren, Bezug von 107
Serin 42
Sertularia 31 ff.
Serum 107
Sexualzellen 46
Siganidae 79 ff.
Siganus luridus 79, 82
Siganus rivulatus 79
Siganus sigan 79
Siganus stellatus 79
Siganus vermiculatus 79
Siganus virgatus 79
Silberlöffel 126
Sinnesorgane, chemische 106
Sinnesumkehr 139
Siphonalgewebe 147
Skalpell 139
Skorpionsfisch 59 ff.
Skorpionsfische 63 ff., 70
Smith 67, 82
Sofortmaßnahmen 71
Sommer 110
Somniosus microcephalus 106
Souvenirjäger 23
Spanien 75
Speer 143

Speicheldrüsen 111
Speihkobra 107
Speisefische 55, 131
Spermatophore 114
Sphaerechinus 11
Sphyraena barracuda 98
Sphyraena flavicauda 98
Sphyraena sphyraena 98
Sphyrna mokkaren 103
Sphyrna zygaena 103
Spindelmuskel 54
Spinulosida 19
Sprachverlust 15, 131
Spritzloch 91
Spülsaum 11
Squaloidei 103
Staatsqualle 31
Stachelhäuter 11 ff., 15 ff., 19 ff., 127 ff.
Stachelhai 103
Stachelmakrelen 98
Stacheln 62
Stachelrochen 83 ff., 87
Stachelstrahlen 75
Standfische 146
Statocyste 130
Staubinde 107
Stechrochen, s. Stachelrochen 83 ff., 87
Stechrochen, gewöhnlicher 86
Stegosoma fasciatum 103
Steinkorallen 43
Steinkrebs 119
Steinseeigel 14
Sternchenmuräne 138
Sterngucker 75
Sternschnecken 47
Steroidglycoside 15
Stich 63
Stichopus 130
Stielquallen, s. Schirmquallen 35 ff.
Stierkopfhai 103
Stirnhöcker 143, 146
Stoasodon 87
Stolonen 46
Strahlenpetermännchen 58
Strandkrabben 119
Strandwanderer 83
Streifen-Kaninchenfisch 79
Strömung 110
Stromschlag 91
Strongylocentrus lividus 14
Strudler 150
Stylasteridae 31
Suchbewegungen 51
Südafrika 71, 102, 103
Südamerika 74
Südchina 127
Süßwasser 43, 74, 79, 86, 110, 119
Suez-Kanal 74, 79
Sulu-Archipel 110
Sumatra 131
Symbiose 18, 95, 150

Symptome 107, 123
Synancea verrucosa 70
Synapta maculata 130
Systematik 131

Taal-See 110
Taenisanotus 66
Tapetum lucidum 106
Tarnung 50, 119
Taschenkrebs 119
Taubheit 123
Tauchanzug 66
Taucher 51
Tauchermesser 147
Temperatur, hohe 71
Temperaturschwankungen 74
Tentakelanhänge 127
Tentakeln 35
Tetanus 55, 83
Tetraodon schoutendi 134
Tetraodontiformes 134
Tetraodontidae 131 ff.
Tetrodotoxin 123, 131, 134
Teufelsfische 67
Teufelsrochen s. Mantas 87
Teuthis s. Siganus 79
Tiefsee 34, 86
Tiefseefische 134
Tiefseequallen 35
Tiernomenklatur 63
Tigerhai 103
Timsah-See 74
Tochterindividuen 34
Tochterpolypen 38
Tochtertier 123
Tod 127
Todesfälle 43
Töne 118
Tonnenschnecke 130
Torpedinidae 91 ff.
Torpedo 91
Torpedo fuscomaculata 91
Torpedo marmorata 91
Torpedo nobiliana 91
Torpedo occidentalis 91
Torpedo torpedo 91
Torres-Straße 110
Toxine 15, 19, 55, 83, 107
Toxinvorrat 110
Toxopneustes pileus 14
Toxopneustes gratilla 14
Toxopneustidae 11 ff.
Trachinidae 55
Trachinoidei 55
Trachinus araneus 55 ff.
Trachinus draco 55 ff.
Trachinus radiatus 55 ff.
Trachinus vipera 55 ff.
Trepang 127
Triaenodon obesus 103
Triakidae 103
Tridacna 147 ff.

Trinkwasserreservoir 126
Tritonshorn 130
Tritonschnecke 22
Trochophora-Larve 26
Trockenperiode 119
Trommeln 118
Tropen 143
Tuamotu-Archipel 67
Tubularia 31, 34
Tüpfel-Kaninchenfisch 79
Türkei 79
Tumorzellen 127
Tympanum 118

Übelkeit 11, 19, 31, 55, 59, 71, 107, 111, 123, 131, 135, 143
Übergangsfransen 66
Überempfindlichkeit 43, 59, 79, 95
Überlebenschancen 123
Umweltbedingungen 123
Umweltkatastrophen 142
Unfallchirurgie 119
Unruhe 35, 94
Unterleibsschmerzen 123
Untersuchungsmethoden 123
Uranoscopidae 55, 75 ff.
Uranoscopus faber 75, 78
Urin 107
UW-Fotografen 63

Vaseline 43
Velella 42
Venusmuscheln 126
Veränderungen, farbliche 118
Verband 79
Verbreitungsstadium 54
Verbrennungen 43
Verdauung, extraintestinale 22
Verdauungsstörungen 127
Vergiftung, d. Algen 126
Vergiftung, schwere 59
Verteidigung 119, 131
Verteidigungsbiß 107
Verteidigungswaffe 139, 143
Verwundungen, schmerzhafte 79
Vielborster 23
Vitamin A 99
Viperqueise 58
Volventen 31

Walhai 90, 103, 104
Wanderungen, d. Rochen 90
Warmwasserfische 138
Warnsignal 58
Wasser, Verfärbungen v. 123 ff.

Wasserlungen 130
Weberfische 55 ff., 67
Weckmittel 51
Wehrpolypen 34, 39, 46
Weichböden 130
Weichstrahlen 143
Weichstrahlenfeuerfische 66
Weidegänger 14, 22
Weißer Hai 103, 105
Weißkehl-Doktorfisch 139
Westafrika 86
Westindien 23
Westpazifik 18
Wickelkapseln 34
Widerhaken 11, 15, 51, 83, 87
Wimpern 38
Wirbel 134
Wirksamkeit, antimikrobielle 134
Wirkung, antimikrobielle 19
Witterungsverhältnisse 38
Würfelquallen 31, 35, 38
Würmer 51
Wundbehandlung 75, 79,
Wundbrand 55
Wunde 63, 125
Wunde, klaffende 143
Wundinfektion 79
Wundspray 11
Wundstarrkrampf, s. Tetanus 55
Wundversorgung 143
Wurmattrappe 78
Wurzelmundquallen 35 ff.

Xanthurum 139
Xesurus 143

Z

Zackenbarsche 110, 142
Zahnanlagen 134
Zahnbildungstasche 51
Zahnplatte 131
Zebrafische 63, 66
Zebrahai 103
Zebrasoma, s. auch Xanthurum 139
Zehnfüßler 119
Zelluloseplatten 123
Zentralnervensystem 51
Zentralpazifik 134
Zephyrinidae 47
Zick-Zack-Muster 107
Zitterrochen 91 ff.
Zoea-Larve 119
Zoochlorellen 34
Zooxanthellen 34, 46, 95
Zubereitung 126
Zucker 43, 94
Zunge, Schwellung der 123
Zweistachler 79
Zwerchfell 51
Zwitter 50

Literaturverzeichnis

Bagnis, Raymond, Mazzellier, Bennett, Christian:
Poissons de polynésie. Les editions du pacifique Albin Michel Papeete, Tahiti 1972

Clark/Gohar:
The Fishes of the Red Sea, Order Plectognathi Cairo University Press, 1953

Dance, P.:
Das große Buch der Meeresmuscheln, Ulmer-Verlag, Stuttgart, 1974

Edmonds, C.:
Dangerous Marine Animals of the Indo-Pacific Region, Wedneil Publications, Newport/Australia, 1975

Eibl-Eibesfeld, I.:
Im Reich der 1000 Atolle, Piper Verlag, München, 1964

Ellis, R.:
The Book of Sharks, Grosset & Dunlap Publ., New York, 1976

Fricke, H. W.:
Bericht aus dem Riff, Piper Verlag, München, 1976
Korallenmeer, Belser-Verlag, Stuttgart, 1972

George, D. und G.:
Marine Life – An Illustrated Encyclopedia of Invertebrates in the Sea. Harrap, London, 1979

Grzimek, B.:
Grzimeks Tierleben, Bd. I und III, Kindler-Verlag, Zürich, 1971

Habermehl, G.:
Gift-Tiere und ihre Waffen, Springer-Verlag, Berlin, 1977

Halsteadt, B.:
Dangerous Marine Animals, Cornell Maritime Press, Cambridge, Maryland, 1959

Kaestner, A.:
Lehrbuch der Speziellen Zoologie, Bd. I, Fischer Verlag, Stuttgart, 1969

Kaiser, E.:
Tier- und Pflanzengifte, Goldmann, München, 1973

Klausewitz, W.:
Handbuch der Meeres-Aquaristik, Bd. I bis III, Priem-Verlag, Wuppertal, 1975-79

Klunzinger, C. B.:
Die Fische des Rothen Meeres, Repr. Junck, Lochem, 1975
Synopsis der Fische des Rothen Meeres, Repr. Cramer, Weinheim, 1964

Luther/Fiedler:
Die Unterwasserfauna der Mittelmeerküsten, Paray-Verlag, Hamburg, 1961

Ommanney, F. D.:
Die Fische, Time-Life, Amsterdam, 1964

Riedl, R.:
Flora und Fauna der Adria, Paray-Verlag, Hamburg, 1963

Schuhmacher, H.:
Korallenriffe, BLV, München, 1976

Smith, J. L. B.:
The Fishes of the Seychelles, Dept. of Ichthyolog., Grahamstown, 1963

Street, Ph.:
Die Waffen der Tiere, Wunderlich-Verlag, Stuttgart, 1971

Venzmer, G.:
Tierische Gifte und giftige Tiere, Kosmos-Verlag, Stuttgart, 1932

Reiseapotheke

Für die notfallmäßige Versorgung von Verletzungen aus dem Kontakt mit giftigen Meerestieren haben wir Ihnen eine kleine Reiseapotheke zusammengestellt. Versuchen Sie sich aber – über die Erste Hilfe hinaus – nur dann an einer Selbstbehandlung, wenn wirklich keine ärztliche Hilfe in realistischer Zeit zur Verfügung steht. Diese Reiseapotheke ist als Tip von Taucher zu Taucher gedacht und soll nicht zu gefährlichen Alleingängen ermutigen. Eine medizinisch-juristische Haftung des Verlages oder der Autoren besteht nicht.

A. Medikamentöse Behandlung

1) Antihistaminika (lassen Schwellungen zurückgehen, lösen Juckreiz)
- Tavegil-Tabletten und -Gel
- Calcium Sandoz fortissimum Brausetabletten

2) Schmerzstillende und fiebersenkende Mittel
- Novalgin-Tabletten
- Aspirin

3) Kreislaufstabilisierende Mittel (hier blutdruckanhebend)
- Effortil-Tropfen
- Novadral-Tropfen

4) Steroide (nur dann anzuwenden, wenn Antihistaminika keine ausreichende Wirkung zeigen)
- Ultralan-oral 20 mg-Tabletten

B. Wundversorgung

- je 2 bis 3 Verbandpäckchen 6 cm, 8 cm und 12 cm
- je 5 Mullbinden gleicher Breiten
- Dreieckstuch
- Sicherheitsnadeln
- 2 Pinzetten (stumpf und scharf)
- Rasierklingen oder Skalpell-Klingen (zum Aufritzen der Wunde, wegen Ausblutens)
- Pflaster und Leukoplast
- Pflasterschere
- eventuell Ambu-Beutel zur Beatmung
- Merfen-Orange-Lösung zur Desinfektion

C. Nur von einem Arzt anzuwenden

- Blutplasma-Expander
- Einwegspritze mit Kanüle
- Trachealtubus zur künstlichen Beatmung